本书受文化和旅游部全国公共文化发展中心乡村公共文化服务
研究院2022年度课题研究项目资助

乡村文化与旅游
融合发展创新论

赵朝峰　著

中国国际广播出版社

自　序

　　历经一年多的写作，数易其稿，融汇了我十几年来关于乡村文化与乡村旅游的思考与心得的《乡村文化与旅游融合发展创新论》终于付梓，虽然尚有很多遗憾，但恰如等待胎儿降生的母亲一样，有忐忑，更有欣喜。

　　我国著名的社会学家和人类学家费孝通在《乡土中国》中写道："从基层上看去，中国社会是乡土性的。"要探寻中国社会的文化之根，只能去乡村文化中感悟，这可能是乡村文化与旅游融合发展的内在文化驱动力。乡村文化融汇了国家、民族乃至地区的历史、传统、风俗、习惯等，是中华民族生生不息、繁衍延续的精神家园。乡村旅游作为一种新兴的旅游业态，近年来在我国得到了迅速发展，已经成为国民经济的重要支柱产业之一。乡村文化与旅游的融合发展，既是乡村振兴战略的重要内容，也是实现乡村文化传承与发展的有效途径。然而，如何实现乡村文化与旅游的有机融合，推动乡村文化的创新发展，仍然是一个亟待解决的问题。

　　在本书的撰写过程中，我深感乡村文化与旅游融合发展的重要性和紧迫性。我国是一个历史悠久、地域辽阔、民族众多的国家，乡村文化资源丰富，具有独特的魅力。然而，长期以来，我国乡村文化资源的保护和利用存在一定的问题，导致乡村文化的传承和发展面临着严峻的挑战。乡村文化与旅游融合发展，既可以推动乡村文化的传承与发展，也可以促进乡村旅游业的发展，实现乡村振兴战略的目标。因此，我认为，加强对乡村文化与旅游融合发展的研究，对于推动我国乡村文化的创新发展具有重要意义。

我虽然从事文化产业工作近二十年，从电视台编导做起，先后做过企业的策划部主任、公关公司总经理、影视公司总经理、大型集团的首席文化官等企业类岗位，也担任过报纸记者、城市品牌顾问、企业战略管理顾问、品牌定位顾问、影视剧制片人、大学老师等专业类岗位，更为了汇聚行业力量发起和参与了三个文化类协会社团的筹建和管理，陆续主导和参与了上百个大小不一、规模迥异的文化项目和科研课题。在这期间因为工作的需要，我对于乡村文化与乡村旅游曾有过关注，但对于乡村文化与乡村旅游的融合主题则处于无意识的思考状态中，虽然常有心得，但始终没有下定决心把这些心得和经验体会融会贯通，进行理论的构建和学术的提升。

自 2022 年主持文化和旅游部全国公共文化发展中心乡村公共文化服务研究院课题"乡村文化与旅游融合发展中的动力机制研究——以'乡村村晚'与'乡村网红'培育计划为例"（课题编号：XCGGWH2022004）以来，我致力于推进乡村文化与旅游融合发展的动力机制的建构，在研究过程中创造性地提出了乡村文化与旅游融合发展的动力机制的四种价值维度（人民性的价值立场、市场性的价值取向、共生性的价值目标、系统性的价值架构）、六种融合维度（理念融合、资源融合、产业融合、市场融合、技术融合、功能融合）和五种构建维度（互动机制、激励机制、管理机制、协同机制、评估机制），初步形成了独具我国乡村文化与旅游融合发展特色的动力机制体系。虽然课题被评定为"优秀课题"而顺利结题，但对于乡村文化与旅游融合发展的思考却如传说中的"息壤"一般，不断自我生长膨胀，把我近二十年在文化产业领域的所作所为、所思所想、所得所悟吸附在乡村文化与旅游融合发展这个"核"上，聚其形，凝其魂，凝结升华，最终完成了《乡村文化与旅游融合发展创新论》的写作。

在写作过程中，我深深地感悟到，乡村文化与旅游的融合发展虽然古已有之，但在当今政治、经济、科技、社会发展的大背景下，在建设中国式现代化的新道路上，不能单纯拘泥于乡村文化与乡村旅游的架构中，而是要具有宏大的视野，从乡村振兴、中华文化复兴、建设文化强国、推进城乡一体化、建设中国式现代化、提升文化自信、提升农民幸福感、建设生态文明、建设精神文明、建设社会文明、建设美丽乡村等十一个维度去探索乡村文化与旅游融合发展的耦合机制。

研究中令我感受最深的一点在于，随着信息化社会、智能社会的来临，在进入数字经济时代的中国推进乡村文化与旅游的融合发展，亟须启动"文化+科技"的引擎，充分激发关键影响要素——政府、企业、媒体、农民、艺术家的创新潜能，探索与数字经济时代相适宜的乡村文化与旅游融合发展的创新策略。为此，本书在第六章"乡村文化与旅游融合发展的创新实践模式"中，重点论述了数字经济视野下的乡村文化与旅游融合发展的多重维度的理论思考与实践探索。

本书是我在多年产业实践、专业教学和主题研究的基础上，对乡村文化与旅游融合发展进行的一次全面、深入的探讨，旨在通过对乡村文化与旅游融合发展的理论探讨和实践分析，为我国乡村文化与旅游融合发展提供理论支持和实践指导。在撰写过程中，我力求做到理论与实践相结合，既要有严谨的理论研究，又要有丰富的实践案例。然而，由于本人水平有限，书中难免存在一些不足之处，恳请各位读者朋友批评指正。

最后，我要感谢我的博士生导师、中国传媒大学二级教授齐勇锋教授，北京大学博士生导师、文化产业研究院院长向勇教授，对外经济贸易大学博士生导师、国家文化和旅游研究基地主任吴承忠教授，他们在本书的撰写过程中给予了我很多鼓励和指导。我要感谢文化和旅游部全国公共文化发展中心的领导和专家，正是他们的指导与督促才使得我的研究能够如期完成。我要感谢中国国际广播出版社的大力支持和编辑们的辛勤付出，正是他们的努力才使得本书得以顺利出版。同时，我也要感谢我的家人对我一直以来的支持和理解，正是有了他们的支持和鼓励，我才能够坚持研究和写作。

在新时代的背景下，乡村文化与旅游融合发展面临着前所未有的机遇和挑战。我相信，在党和政府的正确领导下，通过全社会的共同努力，我们一定能够使乡村文化与旅游融合发展取得更加丰硕的成果，为实现乡村振兴战略、建设美丽乡村、传承优秀传统文化做出积极贡献！

在未来的研究中，我将继续关注中国乡村文化和旅游业的发展动态与趋势，不断深化和完善相关理论与实践研究，为推动中国乡村振兴和旅游业的可持续发展贡献力量。希望广大读者能够通过阅读本书获得启示，共同关注和支持中国乡村文化与旅游业的发展。

我还要向所有关心和支持乡村振兴与旅游业发展的读者表示感谢。我相信本书的出版将会对中国乡村振兴和旅游业的发展产生积极的影响，也希望本书能够为从事文化产业和旅游业的研究者与管理者提供有益的参考和借鉴。

赵银峰

2024 年 2 月 29 日

目　录

绪　论

　　文化和旅游都是满足人民群众对美好生活的向往和追求的重要方式。党的二十大报告明确提出，要坚持以文塑旅、以旅彰文，推进文化和旅游深度融合发展。在乡村振兴和新型城镇化战略大背景下，乡村旅游与乡村文化关系更为紧密，构建文化与旅游的共生结构，促进乡村旅游业态创新与乡村文化资源的创造性转化，对发展乡村产业、传承乡村文化、改善乡村风貌、提升村民收入等有着巨大作用，能够满足人民群众对文化和旅游业的多样化、高品质、特色化需求。

　　乡村是寄托中国人精神的最基本媒介。早在中国古代，人们就通过多种艺术形式表达对乡村文化的向往与遐想，其中典型代表当数田园诗。田园诗作为中国独有的一种文学体裁，主要用于描绘田园生活和自然景色，强调人与自然的和谐相处。田园诗在中国有着悠久的历史和深厚的传统，在唐诗、宋词、元曲等文学作品中都有体现，代表了中国文化中的一种价值观和审美观，强调的是人与自然的和谐相处，强调人们对于自然的尊重和保护。随着人们生活水平的提升、生活方式的转变，乡村文化与旅游结合得越来越紧密，成为国人放松心情、陶冶情操的重要方式。

乡村文化旅游是我国全面建成小康社会的支柱产业之一，更是全面推进乡村振兴的优势产业。国家统计局发布的2023年国民经济和社会发展统计公报显示，全年国内出游48.9亿人次，比上年增长93.3%。其中，城镇居民国内出游37.6亿人次，增长94.9%；农村居民国内出游11.3亿人次，增长88.5%。国内游客出游总花费49133亿元，增长140.3%。入境游客8203万人次，入境游客总花费530亿美元。国内居民出境10096万人次。[①]

针对乡村文化的理论内涵，不同学者因专业背景和研究需求不同而有不同论述，但其核心指向多聚焦乡村居民在农业生产生活实践中逐步形成并发展起来的道德情感、社会心理、风俗习惯、是非标准、行为方式、理想追求等，表现为民俗民风、物质生活和行动章法等，反映了乡村居民的处事原则、人生理想以及对社会的认知模式等，是乡村居民生活的主要组成部分。其具体包括物态文化层面上的乡村山水风貌、乡村聚落、乡村建筑、民族民间工艺等，行为文化层面上的生活习惯、传统文艺表演、传统节日等，制度文化层面上的生产生活组织方式、社会规范、乡规民约等，以及精神文化层面上的孝文化、宗族家族文化、宗教文化等。乡村文化是乡村旅游发展的灵魂，乡村旅游是乡村文化的载体，依照"宜融则融、能融尽融""以文塑旅、以旅彰文"的思路，要想在深挖文化底蕴、凸显文化价值、重视文化效益、提升文化效能、增强文化自信等方面深入创新，需要在深化旅游意义、强化旅游解说、优化旅游体验、丰富旅游场景、赋能旅游发展等方面形成示范，需要在开放、包容、转化、赋能、增值上做文章，有效实现乡村文化活化、保护与传承，找准结合点，以重点工作为突破口，探索新路径，推进乡村文化与旅游的高效融合，实现美丽乡村、美

---

① 经济观察报.2023年国内游客出游总花费49133亿元［EB/OL］.（2024-02-29）［2024-03-20］.https://baijiahao.baidu.com/s?id=17922158498171868 34&wfr=spider&for=pcl.

丽家园、美丽中国的中国梦。

随着乡村文化与旅游融合发展的推进，学界的研究重点也发生了变化。部分学者开始关注新发展格局下乡村文化与旅游融合发展中的动力机制等问题。现阶段，乡村文化与旅游融合发展具有多方面的动力来源，形成了多层次的动力机制，其中旅游消费提档升级、产业健康持续发展、国家各项利好政策、技术创新等都是重要的动力影响因素。但是，关于乡村文化与旅游融合发展中政府、企业、媒体、艺术家与农民等五种因素的作用机制的深层次理论意涵，以及如何使这五种因素有机结合并形成全面推进乡村文化与旅游融合发展的动力机制，还缺乏宏观性、总体性、体系性的探讨，整体发展思路尚不明确，需要进行深入的理论研究和实践验证。

本书在考究不同核心概念意涵的基础上，将乡村文化与旅游融合发展的动力机制界定为：政府、企业、媒体、艺术家与农民等多元主体在友好对话、良性互动的基础上，以全面推进乡村振兴为目标，以满足农民日益增长的精神文化需求和物质财富需求为出发点，探究在乡村文化与旅游融合发展的过程中，五种因素以及因素之间由于某种机理的作用而形成的因果联系和运行方式。

目前，乡村旅游在发达国家已经成为重要的旅游方式和经济增长极，并已形成新的创汇产业。根据世界旅游组织的统计，近年来，欧洲每年的旅游产业总收入为2180亿美元，其中乡村旅游收入占5%—10%，乡村旅游全球化的趋势正在不断加强。意大利、美国、澳大利亚、法国、德国、荷兰、日本等国的乡村旅游项目，已发展成为集观光、休闲、度假、教育和体验于一体的观光农业园和农业带，形成了立体化、多功能、体系化的规模经营格局，其规模与效益也在同步增长，这些国家的实践显示乡村旅游业是农村地区经济发展和经济多样化的重要推动力。

自1998年开始，国家旅游局（2018年，文化部、国家旅游局合并为

"中华人民共和国文化和旅游部")先后四次推出了乡村旅游主题年，把乡村旅游推向了新的高潮。2017年10月，党的十九大召开，指出中国经济社会发展进入新时代，首次做出实施乡村振兴战略的重大决策部署，中共中央、国务院于2018年发布了《关于实施乡村振兴战略的意见》和《乡村振兴战略规划（2018—2022年）》。此后，国务院办公厅又发布了《关于促进全域旅游发展的指导意见》（2018年）和《关于进一步激发文化和旅游消费潜力的意见》（2019年），文化和旅游部等17部门联合印发了《关于促进乡村旅游可持续发展的指导意见》，国家发展和改革委员会、农业农村部也围绕乡村旅游（休闲农业）提质升级出台了行动方案并发布相关通知，有力推动了乡村旅游提质增效和可持续发展。党的十九届五中全会和2021年中央一号文件，进一步强调要优先发展农业农村，全面推进乡村振兴，加快农业农村现代化。在深入贯彻新发展理念，构建"双循环"新发展格局，全面推动改革创新和高质量发展，开启全面建设社会主义现代化国家新征程的新发展阶段，解决好"三农"问题，全面推进乡村振兴成为社会主义现代化建设的重中之重，发展乡村旅游成为实施乡村振兴战略的重要选择和支撑力量。

目前，乡村旅游已经成为现代旅游业的重要发展方向，显示出良好的发展前景和蓬勃态势。我国乡村旅游产业经过近30年的发展，尽管还呈现出管理不善、低水平扩张等许多问题，但由于迎合了大众亲近自然、返璞归真、休闲娱乐的消费心理，这种需求还在不断扩大，从而推动着乡村旅游蓬勃发展。目前，我国各地的乡村旅游开发均向集观光、考察、学习、参与、康体、休闲、度假、娱乐于一体的综合型方向发展，其中国内游客参与率和重游率最高的乡村旅游项目是以"住农家屋、吃农家饭、干农家活、享农家乐"为主要内容的民俗风情旅游，以收获各种农产品为主要内容的务农采摘旅游，以民间传统节庆活动为主要内容的乡村节庆旅游。

文化是旅游的内核和灵魂，旅游是文化传承和创新的载体，文化和旅游互利共生融合发展，对于新时代旅游产业经济转型升级具有重要意义。"文化＋旅游"创新模式发展正成为当前乡村振兴战略实施的主要手段之一。乡村振兴是建设美丽乡村的重要战略举措，2021年中央农村工作会议在贯彻党的十九大和十九届二中、三中、四中、五中全会精神的基础上，提出走乡村振兴道路，需重视传承农耕文明，走文化兴盛道路。党的十九届六中全会也进一步强调中华优秀传统文化创造性转化和创新性发展的重要性。我国乡村旅游将呈现井喷式发展态势，2021年农业农村部发布的《关于拓展农业多种功能　促进乡村产业高质量发展的指导意见》预估我国2025年乡村休闲旅游年接待游客40亿人次，年营业收入达1.2万亿元。提升消费者的乡村旅游消费需求是实现乡村旅游高质量发展的重要路径，也是实现乡村振兴和农村产业现代化的动力来源。

在乡村振兴和新型城镇化战略大背景下，乡村旅游与乡村文化的关系更为紧密，构建文化与旅游的共生结构，促进乡村旅游业态创新与乡村文化资源的创造性转化，对发展乡村产业、传承乡村文化、改善乡村风貌、提升村民收入等有着巨大作用，能够满足人民群众对文化和旅游业的多样化、高品质、特色化要求。

乡村文化是乡村旅游发展的灵魂和核心，是塑造乡村旅游吸引力的源泉。乡村旅游以游客了解乡村历史、感受乡村文化、体验乡村生活为主要目的，没有乡村文化内涵支撑，乡村旅游就缺少生命力和竞争力，农村原有的传统文化和现代文明是乡村旅游发展的文化精髓，也是乡村旅游可持续发展的原动力。

乡村旅游是乡村文化传承、保护和传播的有效载体。我国的历史文化之根在农村，农村深厚的文化积淀彰显了我国乡村发展的悠久历史。发展乡村旅游，挖掘、整理乡村文化遗存，理顺乡村传统文化和现代文明的关系，是积极保护乡村文化，实现文化长远利益的重要手段。我国的文化具有多样性特征，乡村文化更是多姿多彩，独具特色。通过发展乡村旅游可以最大限度地激发当地农民对乡村文化的认同感和自豪感，从而从保护整个乡村文化空间的高度实现乡村文化的保护和传承。同时，通过游客的亲身感受和体验，可以拓宽乡村优秀文化对外传播的领域和渠道，扩大先进文化的影响，增强优良文化的软实力和文化渗透作用。

乡村文化是维系乡村全面发展的内在动力，也是提高旅游吸引力的关键性要素，乡村文化建设不仅是社会主义新农村建设与和谐社会建设的要求，也是我国整体文化体系建设的具体内容。乡村旅游的提升和发展离不开乡村文化建设的支撑，乡村文化建设通过乡村旅游发展得以完善、深化，二者相辅相成，共同发展。

当下已有诸多学者探究了乡村文化与旅游融合发展的规律，并充分肯定了乡村文化对于旅游的重要作用，以及乡村旅游对于文化的关键意义。但相关研究认为乡村文旅融合是乡村文化与旅游单向的互动关系，对于乡村文化与旅游融合发展背后的深刻互动内涵探索尚显不足。根据理论推演和实践推进的相互佐证，我国乡村文化与乡村旅游正逐渐形成共同生存、协同进化的共生关系。因此，本书以共生机制为研究视角，重在分析深层次的乡村振兴下的文旅融合理念，聚焦发掘适宜乡村振兴战略实施的具体乡村文旅发展模式，致力于为推动中华优秀传统文化的创造性转化、创新性发展提供理论参考和实践指导。

第一章

"文化＋旅游"为我国乡村振兴带来新机遇

第一节 世界旅游产业的发展历程、现状与趋势

一、世界旅游产业的发展历程

旅游业作为全球最大的产业之一，其发展历程可以追溯到古代。早在现代人类出现之前，就已经有原始部落通过迁徙、狩猎和采集等方式进行旅行和活动。随着人类文明的发展，旅游业也逐渐兴起。在古代，旅游主要是贵族和富人享受的一种奢侈品。

现代旅游业的兴起可以追溯到19世纪末至20世纪初的欧洲和北美地区。这些地区的人们开始利用假期旅游，并出现了一些专门为游客提供服务的酒店、餐厅和旅游景点。随着交通工具和通信技术的不断发展，人们的旅游半径得到了较大的扩充，也推动着旅游业逐渐向其他地区扩展，如亚洲、拉丁美洲和非洲等。

纵观世界旅游产业的发展，大体可以分为四个阶段。

一是萌芽阶段。人类最早的旅游活动可以追溯到早期的狩猎和采集时期。这个时期的旅游活动以寻找食物和水源为主要目的，其旅游活动的范围较小。

二是发展阶段。随着人类文明的进步，旅游活动开始逐渐发展起来。在这个时期，旅游活动的范围逐渐扩大，旅游活动的形式也开始多样化。这个时期的代表性事件是18世纪的"大旅行"，当时的欧洲贵族和富人们

开始在欧洲大陆旅行，以探索文化和自然风光。

三是快速发展阶段。20世纪以来，旅游产业开始进入快速发展阶段。随着交通工具和通信技术的不断发展，旅游活动的范围不断扩大，旅游产业的规模也不断扩大。这个时期的代表性事件是20世纪60年代和70年代的"旅游革命"，这个时期的旅游活动开始逐渐成为一种全球性的产业。

四是现代化阶段。随着全球化进程的不断加快，旅游产业也开始逐渐现代化。在这个时期，旅游产业的规模不断扩大，旅游活动的形式也更加多样化。这个时期的代表性事件是近年来的"旅游大爆发"，旅游产业已经成为许多国家和地区的重要经济支柱。

二、世界旅游产业的发展现状

目前，旅游业已经成为全球最大的产业之一，对全球经济和就业的贡献也越来越大。根据联合国世界旅游组织的统计数据，2023年，旅游业对全球GDP的贡献约为3.3万亿美元，占全球GDP总值3%。国际旅游收入约为1.4万亿美元，约为疫情前2019年的93%。旅游业（含客运）出口总收入预计为1.6万亿美元，约为疫情前2019年的95%。截至2023年底，国际旅游已恢复至疫情前水平的88%，预计国际游客达到13亿人次。[①]全球旅游市场的发展也呈现出一些趋势：国内游和周边游仍然是全球旅游市场的主要组成部分，但是出境游的增长速度更快。亚太地区是全球最大的旅游市场，其次是北美和欧洲。休闲旅游和文化旅游是全球旅游市场的主要增长领域。数字化和智能化技术在旅游产业的广泛应用，使得在线预订、移动支付等智能化服务更加方便，同时也提升和丰富了多类型游客的旅游体验。

---

① 中国旅游报.世界旅游晴雨表：今年国际旅游有望恢复至疫情前水平［EB/OL］.（2024-01-25）［2024-03-11］. http://wlj.xa.gov.cn/wlxw/wlzx/1750327930397499394.html.

三、世界旅游产业的未来发展趋势

未来，旅游业依然是全球经济和就业增长的重要引擎。随着人们可支配收入的增加、交通工具和通信技术的进一步发展、全球化和文化多元化的发展趋势，旅游业的市场也将继续扩大。同时，环保和可持续发展也将成为未来旅游业的重要关注点。旅游业对环境和社会的破坏性影响越来越大，因此必须采取有效措施来减少和降低旅游活动对自然环境和文化遗产的直接和间接破坏。另外，随着人口老龄化和国际移民的增加，世界旅游业也将向更加多元化和个性化的方向发展，以满足不同层次、不同类别游客的精神和物质需求。

综合分析，世界旅游产业市场的发展也呈现出一些趋势和特点。

旅游需求持续增长。对世界旅游市场的需求不断增加，特别是与发达国家相比，在发展中国家，旅游市场的增长更为显著。

旅游形式多样化。随着旅游市场的发展和细化，游客的需求越来越多样化，包括文化、娱乐、休闲、探险、健康等多个方面。为了应对这些需求上的变化，世界各国的旅游业者也在积极主动创新，探索和开发新的旅游形式，激发新的旅游需求。

旅游业对自然和社会环境产生影响。从市场的角度评估，旅游业的不断发展也给人类社会带来了一些负面影响，包括自然环境的破坏、地方文化的消解、异质文化的冲突等。因此，在世界旅游业的发展实践中，旅游业者越来越注重自然环境保护和社会文化传承。

世界旅游业需可持续发展。从世界的角度来看，可持续发展已成为旅游业的重要发展趋势，包括降低碳排放、保护自然资源、支持当地经济发展等。

世界旅游业更加数字化和智能化。随着数字化和智能化等新技术的发展，世界旅游业也在积极主动地拥抱新技术，通过不断采用新技术，如电子门票、智能导航、虚拟现实等，提高游客的旅游体验和旅游业者的服务质量。

总而言之，世界旅游业的发展前景十分广阔，发展趋势良好，已经得到世界各国政府的重视。但其中也有一些问题需要得到重视和妥善解决，进而优化世界旅游业的发展模式，推进世界旅游业实现可持续发展和协调发展。

第二节　中国旅游产业的发展历程、现状与趋势

一、中国旅游产业的发展历程

中国旅游产业起步于20世纪70年代末，在当时改革开放的背景下，中国旅游业从无到有，逐渐兴起。在此之前，中国的旅游业根本没有形成产业，只是少数人的特权，如皇帝、贵族和有钱人。正是随着中国经济的快速发展和人民生活水平的提高，旅游业才逐渐呈现产业特性，进而成为一个重要的产业。

中国旅游产业的发展历程可以粗略划分为四个阶段。

一是起步阶段（20世纪70年代末至80年代初）。这一时期，中国的旅游业刚刚起步，外国游客还很少，主要是国内旅游。在这一时期，旅游业的发展主要是为了满足国内人民的旅游需求，旅游设施还比较简单，主要集中在少数旅游城市和风景区。

二是发展阶段（20世纪80年代初至90年代初）。这一时期，中国的经

济改革取得了重大进展，外国游客逐渐增多，国内旅游也有了较快的发展。在这一时期，旅游业的发展重点是完善旅游设施和提高服务水平，开发新的旅游景点和线路，加强旅游市场的宣传和促销。

三是快速发展阶段（20世纪90年代初至21世纪初）。这一时期，中国的经济实现了快速发展，人民的生活水平不断提高，旅游业也进入了快速发展阶段。在这一时期，旅游业的发展重点是加强旅游基础设施建设，提高旅游服务质量，拓展旅游市场，促进旅游与其他产业的融合发展。同时，中国政府也加大了对旅游业的支持和管理力度，出台了一系列政策和措施，促进旅游业的发展。

四是升级阶段（21世纪初至今）。这一时期，中国旅游业进入了升级发展阶段，旅游业从观光旅游为主向观光、休闲、度假并重阶段转变，从单一景点景区建设向综合旅游目的地发展转变，从粗放式发展向集约化、品质化发展转变。同时，中国政府也加强了对旅游业的宏观规划、业务管理和专业服务，致力于提高旅游业的综合效益和社会效益。

二、中国旅游产业的发展现状

中国旅游产业是中国国民经济的重要组成部分，也是中国对外交流的重要渠道。近年来，中国旅游产业发展迅速，成为中国经济的重要增长点，对国民经济的贡献越来越大。主要体现在：

市场规模不断扩大。中国旅游市场规模不断扩大，已经成为全球最大的国内旅游市场和世界第二大国际旅游市场。国家统计局发布的2023年国民经济和社会发展统计公报显示，全年国内出游48.9亿人次，比上年增长93.3%。其中，城镇居民国内出游37.6亿人次，增长94.9%；农村居民国内出游11.3亿人次，增长88.5%。国内游客出游总花费49133亿元，增长140.3%。入境游客8203万人次，入境游客总花费530亿美元。国内居民出境10096万人次。[①]

旅游产品多样化。中国旅游产品种类繁多，包括观光旅游产品、度假旅游产品、专项旅游产品、生态旅游产品、旅游安全产品等。同时，中国的旅游产品也在不断创新和升级，满足不同游客的需求。

国家政策支持。中国政府高度重视旅游业的发展，出台了一系列支持政策，包括减免税收、提供贷款和补贴、加强基础设施建设等。

区域发展不平衡。中国旅游业的发展存在区域不平衡的问题。例如一些地区已经成为世界知名的旅游目的地，而一些地区的旅游产业还处于发展初期。

行业整合加速。中国旅游业正在经历行业整合，一些大型旅游企业通过并购、重组等方式不断扩大市场份额。

新兴业态不断涌现。中国旅游业不断涌现出新兴业态，包括文化旅游、康养旅游、研学旅行、自驾游等。这些新兴业态的出现，为旅游产业的发展注入了新的活力。

然而，中国旅游产业也面临着一些挑战。一方面，随着中国经济的快速发展，人们的生活水平不断提高，其旅游消费的需求也越来越高，这就对旅游产业提出了更高的要求。另一方面，中国旅游产业也存在着一些问题，如旅游市场秩序混乱、旅游服务质量不高、旅游景区管理制度不完善等，这些问题都需要解决。

为了促进中国旅游产业的发展，中国政府已经采取了一系列措施，如加强旅游市场监管、提高旅游服务质量、加大旅游投资力度等。同时，中国旅游行业也需要不断创新，提高旅游产品的质量和多样性，满足不同游

---

① 经济观察报. 2023年国内游客出游总花费49133亿元［EB/OL］.（2024-02-29）［2024-03-20］. https://baijiahao.baidu.com/s?id=1792215849817186834&wfr=spider&for=pcl.

客的需求。只有这样，中国旅游产业才能实现可持续发展，成为中国经济的重要支柱。

三、中国旅游产业的未来发展趋势

立足现状面向未来，结合对世界旅游产业发展轨迹的分析，可以对中国旅游产业的未来发展趋势进行预测。

文化旅游成为热点。随着中国人民生活水平的提高，人们对文化和精神生活的需求越来越高。中国政府也在大力推动文化旅游，如《关于实施中华优秀传统文化传承发展工程的意见》等文件的出台，为文化旅游的发展提供了政策支持。

乡村旅游市场广阔。随着城市化进程的加快、乡村振兴战略的部署、共同富裕伟大目标的提出，人们的精神需求有了质的提升，越来越多的人开始向往回归自然，体验乡村生活。中国政府也在积极鼓励发展乡村旅游，这为乡村旅游的发展提供了广阔的市场空间和政策潜力。

旅游消费升级。随着人们收入的增加和消费观念的改变，旅游不再只是简单的观光和购物，更多的人开始注重旅游的品质和个性化体验。因此，旅游产品的升级和多样化成为趋势。

科技创新应用。随着信息技术的不断发展，元宇宙、AI（人工智能）、VI（视觉识别）、大数据等新兴技术的兴起，旅游业也开始加强科技应用，如智慧旅游、虚拟现实、在线预订等。这不仅提高了旅游的效率和质量，也为旅行者带来了更好的生理和心理体验。

总体来说，中国旅游产业发展前景广阔，但也面临着一些挑战，如旅游市场秩序混乱、环境保护和文物保护力度尚待提升、旅行者满意度不够高、旅游高峰时期的旅游体验欠佳等。因此，中国政府和旅游业界需要共同努力，使管理更加科学化、创新更加多元化，从而推动中国旅游业的绿色可持续发展。

第三节　中国乡村文化的渊源、发展现状与特点

中国乡村文化是中国传统文化的重要组成部分，随着经济的快速发展，其发展现状和特点也在不断变化。

一、中国乡村文化的渊源

中国乡村文化的渊源可以追溯到数千年前。在中国农业社会中，乡村文化是农民们在长期的农业生产和生活中形成的一种独特的文化形态，包括语言、民俗、艺术、建筑、饮食等多个方面。中国乡村文化的源头可以从以下几个方面来寻找：

中国古代的农业文明。中国是世界上最早种植农作物的国家之一，早在7000年前就已经开始种植水稻和小米等粮食作物。悠久的农业文明对中国乡村文化的形成和发展产生了深远的影响。

民间文学和传说。中国乡村有很多独特的民间文学和传说，如《白蛇传》《牛郎织女》《天仙配》等。这些故事和传说是中国民间文化的重要组成部分，也是乡村文化的重要来源之一。

乡村习俗和节日。中国有很多传统的乡村习俗和节日，如春节、清明节、端午节、中秋节、重阳节等。这些习俗和节日不仅具有浓郁的地方特色，也体现了中国乡村文化的精神内涵。

乡村建筑和艺术。中国乡村建筑和艺术也是中国乡村文化的重要组成

部分。例如，中国传统的民居建筑，剪纸、刺绣、绘画等传统艺术都是中国乡村文化的代表。

二、中国乡村文化的发展现状

（一）传统文化的保留与继承

中国乡村地区区别于城市地区的一个重要方面是，乡村地区保留了更多的传统文化。在这里，民俗文化、传统建筑、手工技艺等得到了较好的保留与传承，很多地方都有自己独特的民俗文化和传统技艺。

（二）基础设施建设得到加强

随着国家对农村地区投入的不断加大，农村地区的基础设施建设取得了明显进展。如今，中国乡村地区的道路、桥梁、水利设施等都有了较大的改善，为乡村文化的发展提供了坚实的物质基础。

（三）文化产业发展迅速

中国乡村文化产业近年来发展迅速，形成了以农业生态旅游、民俗文化体验、传统手工艺品等为代表的多种业态。同时，互联网的快速普及也为乡村文化产业发展提供了新的渠道和平台。

三、中国乡村文化的特点

（一）地域特色鲜明

中国乡村文化具有显著的地域特色。在不同地区，乡村文化的表现形式、内容和风格都有所不同，形成了独特的地域文化。

（二）民俗文化丰富

中国乡村地区民俗文化非常丰富，如春节、元宵节、清明节、端午节、中秋节、重阳节等传统节日，以及婚礼、葬礼等民俗活动，都体现了中国乡村文化的独特魅力。

（三）传统技艺精湛

中国乡村地区传统技艺种类繁多，如剪纸、编织、陶瓷制作、织染、木工、石工、蜡染、木雕、草编等，这些技艺都是中华民族优秀传统文化的重要组成部分。

总的来说，中国乡村文化历史悠久、内涵丰富，并且具有发自民间的活性。它随着时代的发展和历史的变迁而发展变化、历久弥新，具有盎然的生命力，是中华传统文化取之不尽的宝藏。

第四节　中国乡村旅游的渊源、发展现状与特点

一、中国乡村旅游的渊源

现代意义上的中国乡村旅游，起源于20世纪80年代，是中国旅游业的重要组成部分。它的渊源可以追溯到中国古代，尤其是中国传统的农业文化和乡村生活方式。随着中国经济的快速发展和人们精神文化需求的提升，乡村旅游也从小到大，从散漫到专业，逐渐兴盛起来。

在中国古代乡村旅游就已经存在。古代的文人墨客常常寄情于山水之间，游历于乡村田园，体验农家生活，通过游览山水、体验民俗风情来寻找艺术灵感，创作了大量的诗词、文赋和书画等艺术作品。这些艺术作品不仅描绘了乡村的自然美景和风土人情，也表达了他们对乡村生活的向往和热爱。

此外，中国的传统节日和庆典活动也与乡村旅游有关。例如，春节期间，中国人会回到家乡与亲人团聚，共同庆祝新年；清明节和端午节则是人们出门踏青、扫墓和赛龙舟的日子。这些传统的节日和庆典活动不仅是中国文化的重要组成部分，也是乡村旅游的重要内容。

近年来，随着中国经济的快速发展和城市化进程的加快，乡村旅游的发展也逐渐受到了重视。政府积极推动乡村旅游发展，加大对乡村旅游资源的保护和开发，同时也鼓励民间资本投入乡村旅游市场。这些努力使得中国的乡村旅游市场日益繁荣，成为中国旅游业的重要组成部分。

二、中国乡村旅游的发展现状

中国乡村旅游经历了30多年的发展，已经取得了巨大的成就。目前，中国乡村旅游已经形成了多种类型，包括民俗文化旅游、农业观光旅游、休闲度假旅游、乡村生态旅游、乡村红色旅游等，呈现出如下几大特色：

市场规模不断扩大。中国乡村旅游市场规模不断扩大，据统计，2019年中国乡村旅游接待游客已经超过了30亿人次，旅游收入达到了2.7万亿元，年均增长率达到10%以上。

产品类型多样化。中国乡村旅游产品类型多样化，包括民俗文化体验、农业生态观光、休闲度假、户外运动等。

区域发展不平衡。中国乡村旅游发展存在区域不平衡的问题，东部沿海地区发展较快，中西部地区发展相对滞后。

政策支持力度加大。中国政府加大了对乡村旅游的政策支持力度，出台了一系列扶持政策，包括税收优惠、土地政策、资金支持等。

乡村旅游带动农民增收。乡村旅游的发展带动了农民增收，提高了农民的生活水平。据统计，2019年中国乡村旅游带动了超过700万农民就业。

市场主体日益多元化。中国乡村旅游市场主体日益多元化，包括旅游企业、农业合作社、家庭农场等。

总之，中国乡村旅游经过多年的发展，已经形成了一定的规模和特色，成为中国旅游业的重要组成部分。未来，中国乡村旅游将继续向多元化、专业化、品质化方向发展，助力乡村振兴和农民增收。

三、中国乡村旅游的特点

中国乡村旅游主要有以下几个特点：

地域特色明显。不同地区的乡村旅游资源各具特色，如西北地区的草原风情、西南地区的傣族风情、江南水乡的园林景观等。

文化内涵丰富。乡村旅游不仅包括自然景观，还包括当地的民俗文化、传统技艺等人文资源，游客可以深入了解当地的民俗文化，感受传统文化的魅力。

产业链不断延伸。乡村旅游已经不再是单纯的旅游活动，它已形成了一条包括吃、住、行、游、购、娱等多个环节的产业链，对当地经济的发展起到了积极的推动作用。

政策支持力度大。中国政府对乡村旅游发展高度重视，出台了一系列扶持政策，为乡村旅游的发展提供了有力保障。

总的来说，中国乡村旅游正处于快速发展阶段，未来还有很大的发展潜力和空间。

第五节 中国古代山水田园诗词和乡村文化与旅游融合发展的关系

许多中国古代山水田园诗词中都蕴含着乡村文化与旅游融合发展的意蕴。下面我将选取其中具有代表性的佳作，对其蕴含的乡村文化与旅游融合发展的意蕴进行分析。

《山居秋暝》

空山新雨后，天气晚来秋。

明月松间照，清泉石上流。

竹喧归浣女，莲动下渔舟。

随意春芳歇，王孙自可留。

这首诗是享有"诗佛"美誉的唐代诗人王维晚年隐居辋川时所作。这首诗的精华在"明月松间照，清泉石上流"两句，被誉为"诗中有画"的典范，历来为人所称道。其文化内涵包括对传统文化的崇尚、对自然美的追求、对田园生活的向往等。

《山居秋暝》描绘了秋天傍晚时分山村的自然景色和山居村民的生活，创造了一个远离尘世喧嚣，充满自然情趣的意境，表现了诗人对自然美的喜爱和向往，以及对官场的厌恶和对隐逸生活的追求。这首诗是王维晚年的代表作之一，也是中国古典诗歌中的经典之作。这首诗体现了中国古代文化中道家的"归隐"思想和佛家的"禅定"思想。

在道家看来，大自然是最美好的、最值得人们向往和追求的，只有远离了人世的喧嚣和斗争，才能真正享受到生活的乐趣和美好。在佛家看来，只有通过修行和禅定，才能达到人生的真正境界。因此，这首诗既描绘了自然景色的美好，又表现了诗人对于这种美好生活的追求和向往，同时也体现了中国古代文化中道家和佛家的思想。

《饮酒（其五）》

结庐在人境，而无车马喧。

问君何能尔？心远地自偏。

采菊东篱下，悠然见南山。

山气日夕佳，飞鸟相与还。

此中有真意，欲辨已忘言。

《饮酒（其五）》是东晋诗人陶渊明的作品。该诗描绘了诗人在田园中的生活，表现了他对自由、隐逸、淡泊名利的生活态度的追求。其文化内涵包括对自然美的追求、对隐逸生活的向往和对人生境界的追求等。

这首诗描写了陶渊明的隐居生活和心境。首先，他说自己居住在人来人往的地方，却没有车马的喧嚣，因为他的内心已经超脱了世俗的纷扰，达到了一种超凡脱俗的境界。其次，他描述了自己在东篱之下采菊的情景，这是一种悠闲自得的生活状态，表现了他对大自然的热爱和欣赏。最后，他说在这种自然环境中，他感受到了一种难以言传的真意，这种真意是超越了世俗的利益和纷争的，是一种更高层次的精神境界。

这首诗表达了诗人对自由、隐逸、淡泊、自然的生活方式的追求，体现了道家"无为而治""顺应自然"的思想。同时，这首诗也是一种人生哲学，告诉人们不要被世俗的功名利禄所束缚，而是要追求内心的平静和自由，保持一种超然物外的心态。

此外，这首诗还有其文化内涵。"结庐在人境，而无车马喧"表现了诗人对"大隐隐于市"的生活方式的追求，这种生活方式体现了古代中国文人对自由和隐逸生活的追求。而"采菊东篱下，悠然见南山"则是一种对自然的热爱和欣赏，也是中国传统文化中一个重要的主题。这首诗具有深刻的文化内涵，是中国传统文化的重要组成部分。

《归园田居（其三）》

种豆南山下，草盛豆苗稀。

晨兴理荒秽，带月荷锄归。

道狭草木长，夕露沾我衣。

衣沾不足惜，但使愿无违。

这首诗是陶渊明的另一篇代表作，描写了他辞官归隐后在南山下种豆的生活情景。其中"道狭草木长，夕露沾我衣"表现了田园生活的自然之美和诗人对自然的亲近之情。而"带月荷锄归"则表现了诗人归隐田园、自食其力的生活态度。整首诗表达了诗人对田园生活的喜爱和追求，也体现了乡村文化与旅游融合发展的意蕴，吸引人们来到乡村体验自然之美，感受田园生活的乐趣。

《钱塘湖春行》

孤山寺北贾亭西，水面初平云脚低。

几处早莺争暖树，谁家新燕啄春泥。

乱花渐欲迷人眼，浅草才能没马蹄。

最爱湖东行不足，绿杨阴里白沙堤。

这首诗是唐代三大诗人之一的白居易的作品，描绘了春天的西湖美景。其中"几处早莺争暖树，谁家新燕啄春泥"表现了春天的生机与活力，"乱花渐欲迷人眼，浅草才能没马蹄"则表现了春天的自然之美。整首诗表现了诗人对杭州西湖的喜爱和赞美，也体现了乡村文化与旅游融合发展的意蕴，吸引人们来到杭州感受西湖的美景与乡村文化的魅力。

《游园不值》

应怜屐齿印苍苔，小扣柴扉久不开。

春色满园关不住，一枝红杏出墙来。

《游园不值》是南宋诗人叶绍翁的作品。该诗以游园为题材，表达了诗人对春天的喜爱和对生活的热爱。其文化内涵包括对春天的赞美、对生活的热爱、对美好事物的追求等。这首诗描绘了春天的园林景色，展现了园林中自然与人文相融合的美好风光，以及人们在这里游赏的情景。作品表达了对自然风光与人文景观相结合的园林文化的欣赏，同时也表现了对园林中自由、和谐的氛围和生活方式的向往。

《舟过安仁》

一叶渔船两小童，收篙停棹坐船中。

怪生无雨都张伞，不是遮头是使风。

《舟过安仁》是南宋诗人杨万里创作的一首七言绝句。杨万里是南宋著名诗人，与陆游、尤袤、范成大并称"中兴四大诗人"。《舟过安仁》浅白如话，充满情趣，展示了无忧无虑的两个小童充满童稚的行为，其行为透出了只有儿童才有的奇思妙想，体现了两个小童的可爱与思维敏捷。杨万里乘舟路过安仁时，看到两个小童收起竹篙停下船，坐在船中避雨的情景。虽然没有下雨，但他们却张开伞，诗人觉得很奇怪，于是问他们为什么这样做。小童回答说，这样可以使船行驶得更稳。作品展现了江南水乡的独特风情和人们的生活方式，以及人与自然相互依存、相互适应的关系。

《秦风·蒹葭》

蒹葭苍苍，白露为霜。所谓伊人，在水一方。

溯洄从之，道阻且长。溯游从之，宛在水中央。

蒹葭萋萋，白露未晞。所谓伊人，在水之湄。

溯洄从之，道阻且跻。溯游从之，宛在水中坻。

蒹葭采采，白露未已。所谓伊人，在水之涘。

溯洄从之，道阻且右。溯游从之，宛在水中沚。

《秦风·蒹葭》是中国古代第一部诗歌总集《诗经》中的一首诗。这首诗借助对蒹葭这种水生植物的描绘，展现了一种美好的爱情和文化意境。诗中的伊人象征着美好的事物和理想，而作品表达了人们在追求美好事物的过程中，不畏艰难险阻，勇往直前的精神和信念。这种精神与中国传统文化中强调的文化自信、文化自觉和文化自强相一致。

综上所述，中国古代山水田园诗词中表达乡村文化与旅游融合发展的作品很多，这些作品既展现了古人对自然美和文化美的追求，也表达了人与自然相互依存、相互适应的关系，同时也反映了中国传统文化中强调的文化自信、文化自觉和文化自强的精神。这些作品以自然之美、生活情趣和文化内涵吸引人们来到乡村，感受田园生活的乐趣，为我们今天的乡村旅游发展提供了很好的文化借鉴和启示。

第六节 "文化＋旅游"为我国乡村振兴
带来新机遇

乡村振兴已经成为国家战略。实施乡村振兴战略，是党的十九大做出的重大决策部署，是全面建成小康社会的助推器和全面实现农村现代化的新引擎，是新时代"三农"工作的总章程。2018年中央一号文件聚焦乡村振兴，提出要"坚持把解决好'三农'问题作为全党工作重中之重，坚持农业农村优先发展，按照产业兴旺、生态宜居、乡风文明、治理有效、生活富裕的总要求，建立健全城乡融合发展体制机制和政策体系，统筹推进农村经济建设、政治建设、文化建设、社会建设、生态文明建设和党的建设，加快推进乡村治理体系和治理能力现代化，加快推进农业农村现代化，走中国特色社会主义乡村振兴道路"。乡村振兴，文化先行，乡村文化振兴理应是乡村振兴的题中之义和发展之基。从文化治理的视角审视乡村文化建设，会发现乡村文化除了文化本身的功能之外，还具有政治、经济、社会等多重价值和功能。因此，乡村文化的全面振兴不仅可以有效地统筹推进农村经济建设、政治建设、文化建设、社会建设、生态文明建设，还能有力地助益于"产业兴旺、生态宜居、乡风文明、治理有效、生活富裕"总要求的实现。

一、传承中华文脉，继承与创新中国传统优秀乡土文化，助推乡村经济转型升级

中华文脉指中华民族创造和传承的文化血脉和精神命脉，具有以下

内涵：

历史悠久。中华文脉源远流长，自古以来中华民族就创造了独特的文化和文明。

博大精深。中华文脉深厚广泛，涵盖了文学、哲学、历史、艺术、科技等各个领域。

一脉相承。中华文脉一以贯之，传承至今，生生不息，蕴含着中华民族的文化基因和精神追求。

重视教育。中华文脉注重教育的作用，从古代的私塾、书院到现代的学校教育，中华民族一直重视文化的传承和人才的培养。

融合创新。中华文脉具有开放和包容的特点，不断吸收外来文化的精华，同时不断创新发展，形成了独特的文化魅力。

民族自信。中华文脉是中华民族的自信和骄傲，体现了中华民族的文化认同和文化自信。

乡村文化是传承历史传统并植入现代基因而形成的地方特色突出、乡土气息浓厚的文化。悠久的乡村文化是从古代到近代直至新中国成立以来各个时期的文化，包含农业耕作文化、村巷建筑文化、庭院居住文化、饮食文化等，丰富多彩，引人入胜。所谓"留住乡愁"实质上是留住奔乡愁而来的人。

随着经济的发展，在社会城镇化、市场化、现代化的进程中，乡村文化面对城市文化的冲击逐渐衰微。乡村文化的没落使得农民主体认同感缺失，而这一现象加剧了农村资源流失，年轻人离开农村扎根城市，使农村失去生机与发展活力。文化作为传承人类精神文明以及维护社会秩序的重要组成，乡村文化的重塑与建设对于维护社会公序良俗以及共建文化大繁荣具有重要意义。因此，积极推进乡村文化振兴，传承与保护乡村文化对于社会整体发展具有重要作用。乡村文化振兴作为乡村振兴战略的核心灵魂与活力基础，能够让乡村的文化自信、文化繁荣、文化复兴达到新高度。只有在先进文明和精神的指导下，乡村振兴才能够实现新的发展与突破，社会才能在时代浪潮的翻涌中保护好根基，实现文明传承。

中国传统优秀乡土文化是中国文化的重要组成部分，历史悠久，内涵丰富。在经济快速发展的今天，如何传承和创新中国传统优秀乡土文化，助推乡村经济转型升级，是一个亟待解决的问题。

首先，传承中华文脉，弘扬传统文化是推动乡村经济转型升级的重要途径。中国传统优秀乡土文化是中华文化的重要组成部分，包括民俗文化、农耕文化、地域文化等。这些传统文化是中华民族的精神家园，蕴含着丰富的价值观念、思想智慧和道德规范。传承中华文脉，弘扬传统文化，有助于提高人们的文化自信心和民族自豪感，促进乡村文化的繁荣和发展。同时，这些传统文化也为乡村经济转型升级提供了重要的精神支撑和文化引领。

其次，要继承与创新中国传统优秀乡土文化，推动乡村经济的转型升级。中国传统优秀乡土文化是中国文化的重要组成部分，但随着时代的变迁和城市化进程的加快，传统文化的传承和发展面临着一些困难。因此，在继承中国传统优秀乡土文化的同时，也需要不断创新，以适应现代社会的发展需求。一方面，要保护和传承传统文化的精髓，继承和发扬优秀的文化传统，如尊老爱幼、勤俭节约等。另一方面，要加强对传统文化的创新和发展，以满足现代社会的多元化需求，如发掘和利用新材料、新技术等推动传统文化的创新和发展。

最后，要处理好传承与发展的关系，推动乡村经济的可持续发展。传承与发展是相互依存、相互促进的，传承是发展的基础，发展是传承的保障。在推动乡村经济转型升级的过程中，既要保护和传承传统文化，又要注重发展乡村经济。要根据乡村的实际情况，制订合理的发展规划，推动乡村产业的转型升级，提高农村居民的生活水平和生活质量。同时，要处理好传承与发展的关系，避免过度开发和破坏生态环境，实现可持续发展。

综上所述，传承中华文脉，继承与创新中国传统优秀乡土文化，助推乡村经济转型升级，是一个重要的时代课题。在推动乡村经济转型升级的过程中，应该注重通过乡村文化与旅游的融合发展来传承中华文脉，弘扬传统文化。

二、统筹城乡经济发展，助力乡村振兴，促进乡村社会和谐稳定

"文化＋旅游"是一项有效的措施，可以统筹城乡经济发展，助力乡村振兴，促进乡村社会和谐稳定。

文化和旅游是两个紧密联系的领域，文化是旅游的灵魂，旅游是文化的载体。通过"文化＋旅游"的方式，可以将乡村的文化资源转化为旅游资源，促进乡村旅游发展，增加农民收入，同时也可以传承和弘扬乡村文化，保护和传承乡村历史文化遗产。在实践过程中，可以多措并举，例如：

发掘和保护乡村文化资源。加强对乡村文化资源的调查、发掘和保护，包括民俗文化、传统技艺、古建筑、古村落等。

打造特色乡村旅游项目。以乡村文化资源为依托，打造特色乡村旅游项目，包括民俗风情体验、传统技艺展示、乡村美食品尝等。

发展乡村文化创意产业。利用乡村文化资源，发展乡村文化创意产业，包括文化创意产品开发、文化旅游商品销售等。

通过以上措施，可以有效促进乡村文化与旅游的融合发展，提升乡村旅游的品质和吸引力，同时也可以保护和传承乡村文化，促进乡村社会和谐稳定。

三、推动乡村文化繁荣发展，改善乡村人居生态环境，满足人民对美好生活的追求

随着城乡一体化进程和城市化进程的加快，乡村文化的式微和消解成为一个亟待解决的问题。"文化＋旅游"模式的提出，为解决这一问题提供了一个全新的思路。在这种模式下，文化和旅游相互融合、相互促进，走出了一条文化繁荣、人居生态环境得到改善和人民生活更加美好的发展之路。

首先，"文化＋旅游"模式有利于推动乡村文化的繁荣发展。乡村文化是乡村的灵魂和根基，是乡村发展的重要支撑。但是，随着城市化进程的加速和现代化的发展，乡村文化逐渐式微和消解。而"文化＋旅游"模式通过将乡村的文化资源转化为旅游资源，吸引了大量的游客前来参观和体验，从而激活了乡村的文化活力。例如，一些乡村开始发展民俗文化，推广民俗文化艺术，举办民俗文化活动等，这些都有助于促进乡村文化的繁荣发展。

其次，"文化＋旅游"模式有利于改善乡村人居生态环境。随着城市化进程的加速和工业化的发展，乡村的生态环境遭到了严重的破坏。而"文化＋旅游"模式通过将乡村的文化资源和旅游资源相结合，促进了乡村生态环境的保护和改善。例如，一些乡村开始发展生态旅游，推广绿色生态、健康生活的理念，引导游客采取低碳环保的旅游方式，从而有助于改善乡村人居生态环境。

最后，"文化＋旅游"模式有利于满足人民对美好生活的追求。随着经济的发展和生活水平的提高，人们对旅游的需求也日益增长。而"文化＋旅游"模式满足了人们对于旅游的新需求。在这种模式下，游客不仅可以

欣赏美丽的自然风光，还可以了解和体验当地的文化，感受当地的风土人情，从而满足了人们对于美好生活的追求。

总之，"文化＋旅游"模式是一种有效促进乡村文化繁荣发展、改善人居环境和满足人民对美好生活追求的模式。因此，在今后的发展中，我们应该更加重视这种模式的应用和推广，让它成为促进乡村发展和繁荣的重要力量。

四、振奋乡村精神，提升农民的职业自信

在现代化进程加速推进、城市化日益普遍的背景下，乡村似乎成为落后、封闭、愚昧的代名词。然而，在城市化背景下，乡村仍然具有其独特的精神内涵。

人情味：在乡村社会中，人际关系是非常重要的，人们注重乡情、亲情、友情等人与人之间的情感维系。这种人情味可以让人感到温暖和安心。

坚韧不拔：乡村社会的生活并不像城市社会那样便利，许多乡村居民需要依靠自己的双手来维持生计，这培养了他们坚韧不拔的品质。他们不怕吃苦，不怕受累，有着强大的内心和意志力。

自给自足：在乡村社会中，人们注重自给自足，尽可能地利用当地的资源来满足自己的生活需要，这种自力更生的精神也是乡村社会的一个重要特点。

守望相助：在乡村社会中，人们注重互相帮助，共同维护社区的和谐与稳定。这种守望相助的精神可以让人感到安心，也可以促进社区的共同发展。

传统文化：乡村社会具有独特的传统文化，包括民俗、节庆、礼仪等，这些传统文化是乡村社会的精神内核，也是乡村社会的独特魅力所在。

总之，乡村社会虽然在某些方面不如城市社会发达，但是它所具有的精神内涵却是城市社会所不能比拟的。这些精神内涵包括人情味、坚韧不拔、自给自足、守望相助的精神以及传统文化等，是乡村社会独有的财富。

职业自信，是指一个人对自己的职业能力和职业前景的自信心。具备职业自信的人通常能够自信地面对工作挑战，对自己的职业能力有信心，相信自己能够成功完成工作任务；能够自主思考和做出决策；积极面对工作中的问题和挑战，不轻易放弃；有良好的沟通能力，能够与同事、客户和上级有效地沟通；具有适应变化的能力，能够适应不同的工作环境并取得成功。

总之，职业自信是一种积极的心态，能够让一个人更有动力和信心面对工作挑战，实现自己的职业目标。

农民的职业自信，是指农民对自己所从事的职业的自信心。这种自信源于农民对自己职业的认同和尊重，也源于他们在职业中取得的成就和做出的贡献。

具体来说，农民的职业自信包括以下几个方面：

一是对自己职业的认同和尊重。农民尊重自己的职业并对自己所从事的职业有着清晰的认识，他们认为自己的职业是创造社会财富、保障社会安全、维护社会稳定的重要力量。

二是对自己职业能力的自信。农民在长期的职业实践中，形成了自己独有的技能和经验，他们对自己的职业能力有着充分的自信，相信自己能够应对各种挑战和困难。

三是对自己职业前景的乐观。农民对未来充满信心，相信自己所从事的职业会越来越好。他们对国家政策的支持和农村经济的发展充满期待，相信自己能够在职业中获得更好的发展和收益。

四是对自己职业的贡献感到自豪。农民认为自己的职业是社会不可或缺的一部分，他们为自己对社会的贡献感到自豪和满足。他们认为自己的职业是有价值的，是值得被尊重和认可的。

总之，农民的职业自信是建立在他们对自己职业的认同、尊重和自豪感的基础上的。这种自信心和自豪感来源于农民在职业中的成就和贡献，也来源于社会对农民职业的认可和尊重。

乡村原本的主体是世代居住在那里的农民。农民所从事的农业其实是专业技术含量极高的职业，从事农业的农民是十分勤劳、充满智慧的群体。尤其在当代社会，职业农民已经成为田园、山水、森林、荒野等大自然最忠实的守护人。所以，农民理应是受人尊重的职业，农民理应是受人尊重的劳动者。农民的职业自信是留住乡村、坚守乡村、振兴乡村的原动力。

近年来，"文化＋旅游"模式在各地蓬勃发展，成为带动乡村经济发展的重要引擎。文化和旅游是两个紧密联系而又不同的概念。文化指一个地区或群体所具有的独特的精神风貌、文化传统、价值观念等。旅游指人们通过游览、观光、休闲等方式来感受文化、体验文化、了解文化。将文化和旅游相结合，能够振奋乡村精神，提升农民的职业自信。

文化是乡村的灵魂和根基，是乡村振兴的重要内容。传统的乡村文化是农民在长期的生产生活实践中形成的，是一种珍贵的精神财富和文化资源。文化和旅游相结合，可以更好地传承和弘扬乡村文化，提高农民的文化素养和自信心。

旅游业的发展可以带动乡村产业的升级和转型，促进农民增收致富。旅游业的发展需要大量的服务型人才，这些人才大多来自城市，可以促进乡村产业结构的优化和升级，为农民提供更多的就业机会和职业选择。

旅游业的发展可以改善乡村基础设施和公共服务，提高农民的生活质量。旅游业的发展需要大量的基础设施和公共服务来配套，这些设施和服务可以促进乡村的现代化和城市化进程，提高农民的生活质量，提升农民的幸福感。

　　旅游产品和服务的多样化和个性化是旅游业发展的重要趋势。文化和旅游的结合可以创造更多的文化主题旅游产品和服务，满足游客的多样化需求，提高旅游的品质和吸引力。

　　旅游业的发展需要城乡之间的交流和互动，文化和旅游的结合可以促进城乡居民的交流和互动，增进城乡居民的相互理解，促进城乡协调发展。

　　总之，文化和旅游的结合可以促进乡村的经济发展、社会进步和文化繁荣。在实践中，应该加强对文化和旅游的整合和规划，打造具有地方特色的文化旅游品牌，促进乡村振兴和城乡融合发展。

第二章

乡村文化与旅游融合发展的
内涵解读

第一节　核心概念解读

一、乡村文化

精神文明角度：乡村文化是人类与乡村自然相互作用过程中所创造出来的所有事物和现象的总和[①]；是农耕文明的集中体现，是民风民俗、乡音乡情，是乡村的共同意识、共同秩序，有着不同的存在形态，难以定量衡量，但却无处不在，承载着乡村居民的生活，一直是人们的心灵寄托[②]；是一种立足于农业生产实践背景的文化类型，包括农业生产实践条件之下特定的物质形态、文化生活、道德规范等内容[③]；承载着农民的道德情感、社会心理、生活习惯等，承载着乡村社会基本的生命姿态和价值理念，是农民的精神依托[④]；反映乡村生产生活，是长期生产生活中形成的思想意识、精神风貌、价值观念和生活方式的综合[⑤]。

---

① 张艳，张勇.乡村文化与乡村旅游开发［J］.经济地理，2007（3）：509-512.
② 王成利，鲁冰，程静静.乡村文化创造性转化创新性发展的建构路径研究［J］.山东社会科学，2022（10）：85-91.
③ 李重，林中伟.乡村文化振兴的核心内涵、基本矛盾与破解之道［J］.北京工业大学学报（社会科学版），2022，22（6）：39-48.
④ 陈彪，曹晗.乡村文化振兴的空间与进路：兼谈文旅乡建［J］.社会科学家，2022（8）：52-60.
⑤ 姜广多.乡村振兴战略中乡村文化建设对策［J］.农业经济，2022（7）：52-53.

秩序规范角度：乡村文化是生活秩序、精神秩序、自觉秩序[①]；是乡村场域中能够满足乡村居民文化生活需要并提供道德规范与人生秩序的综合体[②]，不仅包括民间音乐、民间工艺、民间传说等传统文化艺术形式，还包括村规乡约、伦理观念、道德习俗等传统伦理模式，以及传统精神信仰、乡村精神生活、乡民文化心理等传统文化思想范式[③]；是乡村生产生活方式、思想道德、价值观念、行为模式、风俗习惯、科学文化以及组织制度等的总和[④]。

历史发展角度：乡村文化是由历史发展进程中乡规民约、文化遗产、民俗活动等内化而成的思想体系[⑤]；是在农业生产生活实践中逐步形成并发展起来的道德情感、社会心理、风俗习惯、是非标准、行为方式、理想追求等，表现为民俗民风、物质生活和行动章法等，反映了乡村居民的处事原则、人生理想以及对社会的认知模式等，是乡村居民生活的主要组成部分[⑥]。

二、乡村旅游

乡村旅游肇始于1885年的法国，19世纪80年代开始大规模发展。"乡村旅游"的概念在学界尚未完全统一，但国内外学者普遍认为，地方性和

① 赵霞.传统乡村文化的秩序危机与价值重建［J］.中国农村观察，2011（3）：80-86.

② 韩鹏云.乡村文化的历史转型与振兴路径［J］.华南农业大学学报（社会科学版），2020，19（4）：1-9.

③ 舒坤尧.以中华优秀传统文化促进乡村文化振兴［J］.人民论坛，2022（3）：123-125.

④ 金伟，金妮.新时代乡村文化建设中的文化困境及其价值超越［J］.湖北社会科学，2021（5）：60-65.

⑤ 张中文.我国乡村文化传统的形成、解构与现代复兴问题［J］.理论导刊，2010（1）：31-33.

⑥ 杨同卫，苏永刚.论城镇化过程中乡村记忆的保护与保存［J］.山东社会科学，2014（1）：68-71.

乡村性是乡村旅游的核心。

国外对乡村旅游的研究，根据学者2023年针对乡村旅游30年的研究显示，国外学者以Web of Science（WOS）核心数据库为母本，通过主题检索发现，在英文关键词前20的排名中，sustainable development（可持续发展）、sustainable tourism（可持续旅游）和sustainability（耐久性）等三个关键词反映了可持续乡村旅游的高热度。管理（management）、影响（impact）、模式（model）、社区（community）等关键词的频次也名列前茅。[①]国外学者对乡村文化与旅游融合发展方面的研究极少。

1987年陈裕鹏发表在期刊《世界农业》上的《台湾省的观光农业》[②]一文，是我国可检索到的最早的乡村旅游文献。

从乡村旅游自身建设的视角：乡村旅游是以农村社区为目的地，以都市居民为目标市场[③]，以农村特有的山野风光、农事活动、乡村风情等乡村文化及自然生态环境为吸引物，通过科学规划与开发设计，为游客提供观光、休闲、度假、体验、娱乐等多项服务的旅游经营活动[④]，以满足游客娱乐、求知和回归自然等需求为目的的一种旅游方式。

从产业发展的视角：乡村旅游产业是以乡村地区为活动场所，以乡村自然生态环境景观、聚落景观、经济景观、文化景观、绿色农产品等资源为依托，以旅游设施为条件，以休闲为主要目的，为城市居民或游客提供

---

①　李志飞，夏家豪.乡村旅游研究30年：国内外文献回顾与展望［J］.华中师范大学学报（自然科学版），2024，58（1）：1-12.

②　陈裕鹏.台湾省的观光农业［J］.世界农业，1987（12）：36-37.

③　杜慧彬，李梦玲，王国庆，等.新时代宁夏乡村旅游产业发展研究［J］.农业经济，2019（12）：25-26.

④　郭凌，黄国庆，王志章.乡村旅游开发中土地流转问题研究［J］.西北农林科技大学学报（社会科学版），2009，9（5）：85-91.

休息、娱乐、观光、旅游、体验服务的经济活动[①]，形成了5种发展模式，即"需求拉动型模式""供给推动型模式""中介影响型模式""支持作用型模式""混合驱动型模式"。从旅游客源视角可以划分为景区依托型、城市依托型以及产业依托型等；从旅游形式视角可以划分为教育型、观光型、康乐型、参与型等；从旅游动机以及旅游需求视角可以划分为体验农村文化型、特色村镇度假型、生态休闲型、特色餐饮品尝型、科技教育型、综合体验型等[②]。

三、乡村文旅融合

在旅游领域中，学者们主要通过实证分析探寻旅游资源联动下区域空间共赢发展的内在逻辑。旅游共生作为一种可持续发展思路一直备受各界关注。旅游共生，是指在基于旅游业大市场环境的生态系统中，在整个生态系统中各个子系统多方或双方共享利益、互惠互利的基础上，各个旅游利益相关者之间相互促进、共同发展，通过共享利益与共担义务，构筑一个统一、和谐、共同发展的利益共同体，获得生态系统整体的最大利益[③]。

大旅游产业符合共生理论所要求的三要素。旅游业及其58个相关产业构成了共生单元，大旅游产业所包括的共生单元在一定的社会经济背景下即共生环境下发生各式各样的相互作用，即存在共生模式。按照共生理论，大旅游产业单元间既存在自组织过程，又具有共生过程的独特个性，这种

---

① 丁培卫.近30年中国乡村旅游产业发展现状与路径选择［J］.东岳论丛，2011，32（7）：114-118.

② 马艳国.体验需求驱动下我国乡村旅游产业升级的发展趋势［J］.农业经济，2017（9）：41-42.

③ 唐仲霞，马耀峰，肖景义.基于共生理论的青藏地区入境旅游区域合作研究［J］.青海民族研究，2012，23（1）：100-105.

共生过程的独特个性表现为各个产业单元间的协同性甚至创新性。也就是说，按照共生理论大旅游不是各产业单元的简单加总，其存在着"1+1＞2"的协同效应，甚至有可能通过产业融合催生出新的产业形态。

1984年，Stringer（斯特林格）等在对旅游社区的研究中首次运用共生理论。随后我国学者将共生理论应用于旅游研究。2001年，钟俊在《共生：旅游发展的新思路》一文中对旅游产业发展的共生理论、共生模式在旅游产业的具体表现，以及共生模式下促进旅游产业发展的具体措施等进行了研究。而后越来越多的学者围绕民族地区利益共生、旅游资源整合、产业链及产业集群共生等问题展开研究，对旅游共生模式的发展进行了探究。随着我国乡村旅游产业的快速发展，共生模式的研究转移到乡村旅游产业的维度上来，2006年邹统钎提出"经营者共生"战略的乡村旅游共生理论，开创了我国共生理论和乡村旅游结合的先河。自此，我国众多学者如严志铭[1]、弓志刚[2]、黄忠伟[3]、龚有坤[4]等都从不同的角度对乡村旅游产业与共生理论进行了研究和阐述，如文化和旅游的共生关系、产业链共生、跨行业整合共生、乡村旅游综合体共生等，填补了我国乡村旅游和共生理论结合的理论空白。

乡村文旅融合研究始于对文旅融合内涵的探讨以及对文化和旅游关系的思辨。二者逐渐从弱关系走向强关系成为学者们的普遍共识，对文旅融合内在逻辑的探索由体用说、文化认同和文化消费、融合生态系统说逐渐

---

① 严志铭.论永定客家土楼利用与保护间的共生关系［J］.龙岩师专学报，2002（4）：66-68.

② 弓志刚，李亚楠.乡村旅游产业链共生系统的特征及模式的演化和构建：以山西省为例［J］.农业现代化研究，2011，32（1）：73-77.

③ 黄忠伟.基于共生视角下广西乡村旅游跨行业合作研究［J］.旅游纵览（下半月），2013（22）：40-42.

④ 龚有坤，庄惠，范水生.基于共生理论福建省乡村旅游综合体构建研究［J］.科技和产业，2015，15（6）：25-29，36.

延伸至文化和旅游融合的空间和场域视角。文化和旅游融合不是二者的简单叠加、生硬组合，而是通过深度融合互渗发挥"1+1＞2"的聚合效应，彰显文旅融合的重要价值。乡村文旅融合价值向度的主要指向是文化价值。乡村文旅融合的社会发展价值向度是主流研究方向，现有研究主要结合乡村振兴战略，探讨乡村文旅融合对乡村振兴的原则导向价值、推动价值、机制解释价值、模式和路径探索价值等。对乡村文旅内涵的研究，则体现在以下三个角度：

第一，乡村文化振兴的角度。乡村文旅应以乡村文化保护为基础，以文旅融合为手段，推动乡风文明建设与乡村文化振兴①，乡村文化旅游拥有"造血"与"输血"的内外力量，是乡村文化建设的重要方式与支撑，有利于推动乡村文化的活态利用与现代转换，促进乡村现代化与美好生活的统筹实现②。

第二，乡村建设的角度。乡村文化是乡村旅游发展的精神根基，而当前乡村文化在旅游中的表达式微，应合理开发乡村文化资源，构建参与体验式乡村旅游模式③。

第三，旅游空间的角度。文化场域为文化与旅游融合提供了场所和空间，同时旅游空间实践对文化场域具有反作用④。空间生产是文化和旅游的发展载体和协同发展的基础⑤。

---

① 黄震方，张圆刚，贾文通，等.中国乡村旅游研究历程与新时代发展趋向［J］.自然资源学报，2021，36（10）：2615-2633.
② 陈彪，曹晗.乡村文化振兴的空间与进路：兼谈文旅乡建［J］.社会科学家，2022（8）：52-60.
③ 王卫才.中原地区传统乡村文化重构与乡村旅游融合发展研究［J］.农业经济，2018（3）：17-19.
④ 马勇，童昀.从区域到场域：文化和旅游关系的再认识［J］.旅游学刊，2019，34（4）：7-9.
⑤ 陈怡宁，李刚.空间生产视角下的文化和旅游关系探讨：以英国博物馆为例［J］.旅游学刊，2019，34（4）：11-12.

当前以共生关系为主题进行的乡村文旅研究主要集中在对宏观区域旅游的竞合和边界共生的讨论上，多关注如何通过加强旅游联动促进区域共同发展，缺乏对单个乡村遗产旅游目的地共生关系的微观研究。乡村文旅融合作为一项兼具时代意义和学术价值的研究议题，其专门研究却略显薄弱，多为定性研究，其中涉及发展文旅融合的本源性目的——价值表达的研究更是较少。尚未有学者对乡村文旅融合的价值向度和测量维度进行探索，难以解释文旅融合如何对乡村振兴产生内在的价值驱动力，没有形成系统性、可量化和测量、可普及的理论框架。

四、乡村振兴

乡村振兴是相对于农村衰落而言。农村衰落主要表现为农村居住人口过度减少而导致的空心化、老龄化等现象。实现乡村振兴，需要将快速工业化、城镇化阶段以解决"促进农业劳动力就业转移问题"为主的指导思想转变为新时期以解决"转移后问题"为主的指导思想；需要对国民经济分配格局做出重大调整，更快地补齐农村基础设施和公共服务的各项短板；需要改变各种发展要素主要由农村向城市单向流动的局面，创造城乡要素双向流动、相互融通的新格局，在激发农村内部动力和积极性的同时，更加开放地吸引、吸纳农村外部的资源。这标志着我国解决农业、农村、农民问题已经迈向了一个新时代。

中央农办原主任韩俊指出，乡村振兴战略是新时代党的十九大提出的七大战略之一，是全面建设社会主义现代化强国的重大战略任务，是党中央对"三农"工作做出的新的战略部署，是农业农村发展到新阶段的必然要求，其总要求是坚持农业农村优先发展，努力做到产业兴旺、生态宜居、乡风文明、治理有效、生活富裕。农业农村部原党组书记、部长韩长赋指出，把乡村振兴战略作为新时代的战略写入党章修正案是史无前例的；实施乡村振兴战略是新时代"三农"工作的总抓手，有丰富内涵和系统要求；当前我国最大的发展不平衡是城乡发展不平衡，最大的发展不充分是农村发展不充分；如果说，实现全面建成小康社会的第一个百年目标要消除绝对贫困，那么实现国家现代化的第二个百年目标就要缩小城乡差距。全国人大农业与农村委员会主任委员陈锡文指出，乡村的衰弱不是必然规律。在实现现代化的过程中农业、农村、农民到底会发生什么变化，实现现代化以后城乡格局是什么样的局面，需要我们自己的探索。中国人民大学教授刘守英提出，乡村振兴战略是对重农业、轻乡村的矫正，从"城乡统筹"到"城乡融合"体现了政府主导下"以城统乡"思路的转变，其核心是城市和乡村文化共存共荣，相互依赖需求。中国社会科学院学部委员张晓山认为，实施乡村振兴战略是社会主义新农村建设的升级版，是从根本上解决三农问题的行动纲领。将乡村振兴战略的内容与新农村建设相比较，内涵与外延都有很大的提升。产业兴旺突出了产业发展的重要性和一二三产的融合发展，生活富裕标志着农民群众的生活水平要有更大的提高。治理有效强调治理体制与结构的改革、完善及治理效率，生态宜居是乡村建设理念的升华，是一种质的提升。农业农村部农村经济研究中心原主任宋洪远认为，乡村振兴的总要求把产业兴旺摆在第一位，乡村产业兴旺必须发展现代农业，通过农业供给侧结构性改革，推进农业现代化，突出抓好加快建设现代农业产业体系、现代农业生产体系、现代农业经营体系等三个重点；实现乡村产业兴旺必须大力推进农村各项制度改革。国务院发展中心农村经济研究部部长叶兴庆认为，从村容整洁到生态宜居的主要变化是更加强调加强生态建设，在农业农村发展中尊重、顺应、保护自然，建设人与自然和谐共生的农业农村现代化；农村基础设施条件的改善以及基本公共服务从无到有的变化等，都为实现生态宜居打下了坚实的基础；关键是要建立健全激励机制，使农民从绿色发展中得到真金白银，使绿色生产成为农民的自觉行动。中国农业大学农民问题研究所所长朱启臻指出，实现乡村振兴必须解决撤点并校、限制农民建房、撤村并村、不尊重小农、以脱农为荣、城乡缺乏双向流动等问题。中国农业风险管理研究会会长张红宇特别强调了小农户仍然是中国农业经营的基本面，也是发展农业、繁荣农村、巩固执政基础的依靠力量；要引导新型经营主体通过股份合作、产业化经营、社会化服务等方式，带动小农发展现代农业，共同分享现代化成果。

　　关于乡村振兴的内涵，张京祥等认为，乡村复兴是对传统乡村转型概念的提升，其内涵可概括为"外在内涵"与"内在含义"。外在内涵即依照在城乡连续谱系中乡村所具有的独特性价值，让乡村回归乡村，使其在文化传承等方面发挥作用并与城市平等互补。内在含义即在城乡平等的互补关系下，乡村内部在经济、人居、治理和村民生计等方面实现自给与繁荣。[①]李智等认为，乡村复兴是对当前快速城镇化过程中乡村衰败现象与乡村传统发展模式的反思，旨在通过乡村重构使乡村发展焕发活力，实现乡村可持续发展。他们从要素、城乡联系、空间等三个方面探索了乡村复兴机理，总结了乡村复兴的四种模式：资源置换型、经济依赖型、中间通道型、城乡融合型。[②]张尚武等提出要实施促进城乡双向流动政策，并将保持乡村地区稳定和活力作为国家新型城镇化战略的重要政策取向和长期任务。[③]王超超等从乡村旅游视角对乡村复兴路径进行了剖析，认为乡村复兴

---

① 张京祥，申明锐，赵晨.乡村复兴：生产主义和后生产主义下的中国乡村转型［J］.国际城市规划，2014，29（5）：1-7.

② 李智，张小林，陈媛，等.基于城乡相互作用的中国乡村复兴研究［J］.经济地理，2017，37（6）：144-150.

③ 张尚武，李京生.保护乡村地区活力是新型城镇化的战略任务［J］.城市规划，2014，38（11）：28-29.

应与美丽乡村建设结合起来，比如将乡村公园模式视为一种有效模式。[①]

五、乡村

"乡村"一词通常指的是城市以外的地区，是指那些较为偏远、经济相对落后的地方。在不同的文化和历史背景下，"乡村"这个词的含义可能会有所不同。在一些地区，"乡村"可能指的是传统的农业社区，人们以种植粮食和蔬菜为生。在其他地区，"乡村"可能指的是城市以外的地区，那里的人们主要从事畜牧业、种植果树等。

"乡村"这个词还可以用来描述自然环境。在一些地区，"乡村"可能指的是风景优美、自然环境纯净的地方，人们可以在那里享受大自然的美景和宁静。在其他地区，"乡村"可能指的是气候寒冷、植被较为贫瘠的地方，人们主要以畜牧业为生。

总之，"乡村"一词具有多种含义和解释，它可以指人口稠密的城市地区以外的地方，也可以指自然环境优美的地方。无论是哪种含义，"乡村"都是人们生活和工作的重要场所之一。本书采用《中华人民共和国乡村振兴促进法》中关于"乡村"的定义，即指城市建成区以外具有自然、社会、经济特征和生产、生活、生态、文化等多重功能的地域综合体，包括乡镇和村庄等。

第二节　乡村文化与旅游融合发展的代表性理论

关于乡村文化与旅游融合发展的理论很多，以下是其中几种代表

---

① 王超超，李孝坤，李赛男，等.基于乡村旅游视角的乡村复兴探析：以重庆市万州区凤凰村乡村公园建设为例［J］.重庆师范大学学报（自然科学版），2016，33（6）：162-168.

性理论。

一、文化景观理论（Cultural Landscape Theory）

F.拉采尔最先系统地阐明文化景观的概念，他称之为历史景观。他主张对田地、村落、城镇及道路等进行分类，以便了解其分布、相互联系和历史起源。文化景观论是由德国地理学家 O.施吕特尔提出的。他在 1906 年提出文化景观与自然景观的区别，并要求把文化景观当作从自然景观演化而来的现象进行研究。他把文化景观分为可动的和不可动的两种形态，前者指人以及随人移动的货物等；后者通过文化作用于景观的全部效果来反映，如道路及其形式。美国地理学家 C.O.索尔继 O.施吕特尔之后提倡文化景观论，他在 1925 年发表的《景观的形态》一文中，把文化景观定义为由于人类活动添加在自然景观上的形态，认为人文地理学的核心是解释文化景观。该理论强调了乡村文化和景观之间的相互作用，认为乡村文化是由一系列相互关联的物质和非物质景观元素构成的，如自然景观、建筑、艺术品、传统习俗等，具有较高的美学、历史和文化价值。文化景观理论强调了乡村文化与旅游的结合，认为乡村旅游不仅是为了观光和消费，更是对乡村文化景观的深度体验和文化认知，为乡村旅游开发提供了理论指导，强调了旅游规划应该注重保护和尊重当地文化和景观特色。

（一）文化景观理论的内涵

文化景观理论的内涵包括以下几个方面：

第一，文化景观是一种整体的文化表达形式，包括人类在自然环境中所创造的所有文化表达形式。

第二，文化景观是动态、变化的，不同的文化景观之间存在着相互影响和交流。

第三，文化景观理论强调文化景观的地方性特点，不同地区的文化景观具有其独特的文化表达形式。

第四，文化景观理论重视文化表达形式与自然环境之间的关系，认为自然环境对文化景观的形成和发展具有重要的影响。

第五，文化景观理论通过研究文化景观的形成和演变，探讨文化与自然的关系，以及文化对人类社会的影响。

（二）文化景观理论的特点

文化景观理论的特点主要包括以下几个方面：

第一，整体性。文化景观理论认为文化景观是一种整体的文化表达形式，包括人类在自然环境中所创造的所有文化表达形式。

第二，动态性。文化景观是一种动态的、变化的文化表达形式，不同的文化景观之间相互影响和交流。

第三，地方性。文化景观理论强调文化景观的地方性特点，不同地区的文化景观具有独特的文化表达形式。

第四，关联性。文化景观理论重视文化表达形式与自然环境之间的关系，认为自然环境对文化景观的形成和发展具有重要的影响。

第五，跨学科性。文化景观理论是一种跨学科的理论，研究涉及人类学、地理学、历史学、哲学等多个学科。

二、体验经济理论（Experiential Economy Theory）

体验经济理论是由美国未来学家约瑟夫·派恩和詹姆斯·吉尔摩提出的，是指一种经济模式，其中服务和产品的价值不仅取决于它们的物理属性，还取决于人们的感官、情感、思想和体验。在乡村旅游中，游客更加注重的是独特的文化体验和与自然亲近的感觉，体验经济理论为乡村旅游的开发提供了新的思路。

（一）体验经济理论的内涵

人们在购买和消费产品和服务时，不仅关注产品本身的物理属性和功能，还关注产品或服务带给他们的感官、情感和思想体验。在体验经济中，产品和服务的价值不仅取决于它们的生产成本和市场价格，还取决于它们能够给消费者带来的满足感、幸福感、安全感和认同感等。

（二）体验经济理论的特点

一是重视消费者的体验。体验经济理论认为，消费者在购买和消费产品与服务时，更关注产品或服务给他们带来的感受和体验，而不仅仅是产品或服务的物理属性和功能。

二是关注产品和服务的附加价值。在体验经济中，产品和服务的附加价值不仅包括它们的生产成本和市场价格，还包括它们能够给消费者带来的满足感、幸福感、安全感和认同感等。

三是强调个性化和定制化。体验经济理论认为，在提供产品和服务的过程中，应该根据消费者的个性化需求和偏好，提供定制化和个性化的服务，以满足消费者的不同需求。

四是关注服务的质量和效率。体验经济理论认为，在提供产品和服务的过程中，不仅要关注服务的质量，还要关注服务的效率和速度，以提高消费者的满意度和体验感。

五是重视情感和文化因素。体验经济理论认为，在提供产品和服务的过程中，应该重视情感和文化因素的作用，以满足消费者的情感需求和文化需求，提高消费者的满意度和体验感。

总之，体验经济理论是一种重视消费者体验和感受的经济模式，它强调产品和服务的附加价值和个性化、定制化服务，关注服务的质量和效率，重视情感和文化因素的作用，以提高消费者的满意度和体验感。

三、文化资本理论（Cultural Capital Theory）

文化资本理论是由法国社会学家皮埃尔·布尔迪厄提出的一种理论，它探讨了文化在社会分层和社会阶层流动中的作用。该理论认为，文化资本是一种通过教育、学习、传承和创造等方式获得的资源，是一种具有生产力和再生产能力的社会资本。在乡村旅游中，文化资本可以促进当地文化的传承和发展，提高当地居民的生活质量和文化素养。文化资本理论为乡村文化与旅游的融合提供了理论支持。

（一）文化资本理论的内涵

文化资本，是指个体或群体所拥有的、用以表明其社会地位和文化特征的资产。这些资产包括文化知识、文化符号、文化实践、文化传统等。

文化资本的拥有不是一种平等的分配，而是一种社会分层和社会阶层流动的结果。拥有文化资本的个体或群体在社会中具有更高的地位和更大的机会。

文化资本理论强调文化的重要性，认为文化是一种具有生产性的力量，能够创造和维护社会不平等。

文化资本理论提供了一种分析社会不平等的方法，它揭示了社会中的文化差异和文化权力的存在。

（二）文化资本理论的特点

文化资本理论关注的是文化对社会分层和阶层流动的影响，探讨了文化在社会结构中的位置。

文化资本理论注重文化的生产性力量，强调文化在社会发展中的重要性。

文化资本理论从社会结构的角度分析文化，提供了一种不同于传统文化研究的视角。

文化资本理论强调文化的差异性和文化权力的存在，提出了文化多元性的问题。

四、创意农业理论（Creative Agriculture Theory）

创意农业起源于20世纪90年代后期，是指有效地将科技和人文要素融入农业生产，进一步拓展农业功能、整合资源，把传统农业发展为融生产、生活、生态为一体的现代农业。

创意农业是一种将创意、设计和科技等元素融入传统农业生产的现代化农业生产方式。其核心特点是在农业生产中注重创意、创新和科技应用，通过对农业产业链的全面整合和优化，提高农业生产效率和产品附加值，推动农业产业向高端化、品牌化和现代化方向发展。创意农业的实践领域非常广泛，包括但不限于农业观光旅游、创意农产品开发、农业科技孵化、农业文化传承、农业创业孵化等。通过创意农业的实践，可以有效促进农业产业的转型升级，提升农业综合效益和竞争力，促进农业可持续发展。

（一）创意农业的特点

第一，将科技与创意相结合。创意农业不仅是传统农业的升级版，还融合了现代科技，例如生物技术、信息技术、智能装备等。通过科技手段，创意农业可以更好地管理和利用资源，提高农业生产效率和质量。

第二，强调市场导向。创意农业的目标是创造更高的经济价值，因此它非常注重市场需求和消费者需求。在生产过程中，创意农业会更加关注如何提高农产品的品质，凸显其特色，以满足消费者的需求。

第三，注重农业生态环境的保护。创意农业不仅追求经济效益，还注重保护农业生态环境。因此，它会更加注重资源的可持续利用，减少对环境的污染，实现可持续发展。

第四，强调对农业文化的传承。创意农业不仅是现代科技和商业模式的产物，还具有深厚的农业文化传承意义。在发展创意农业的同时，要保护和传承农业文化，让农业生产更具有文化内涵和价值。

第五，强调农民的参与。创意农业的发展离不开农民的参与和创新。因此，创意农业会更加注重对农民的教育和培训，以提高他们的科技水平和创新能力，从而更好地参与农业生产。

总之，创意农业是一种将科技、创意、市场、生态、文化和农民参与相结合的现代农业生产方式，具有高效、特色、可持续和文化内涵丰富等特点。

（二）创意农业的属性

第一，生态性。创意农业注重保护和改善农业生态环境，强调生态平衡和可持续发展，倡导绿色、有机、无污染的生产方式。

第二，经济性。创意农业强调农业生产的经济效益和市场竞争力，注重品牌塑造和市场营销，以提高农产品的附加值和市场占有率。

第三，文化性。创意农业注重弘扬和传承农业文化，强调农业的历史、人文和社会价值，注重农业与文化、旅游等产业的融合发展。

第四，科技性。创意农业注重运用现代科技手段改善农业生产条件，提高生产效率和质量，包括智能化农业、精准农业、农业机器人等。

第五，合作性。创意农业注重发挥农民的主体作用，鼓励和支持农民专业合作社、家庭农场等新型农业经营主体的发展，实现农民与市场的有效对接。

总之，创意农业是一种综合性的农业生产方式，注重生态、经济、文化、科技和合作等多个方面的相互融合和协调发展。

（三）创意农业的四个层次

第一，产品创新。通过创新农产品的品种、品质、包装、营销等，提高农产品的附加值和市场竞争力，如引进新品种、采用新技术提高农产品的品质和口感，采用创意包装提高产品的辨识度和吸引力。

第二，生产创新。通过采用新技术、新设备和新工艺，提高农业生产的效率和质量，如采用无人机、智能灌溉系统、智能温室等现代化技术设备，提高种植、养殖、采摘等的效率和质量。

第三，经营创新。通过创新营销渠道、品牌塑造和产业链整合等手段，提高农业产业的综合效益和市场占有率，如采用电商、众筹等新型营销方式，打造特色品牌，整合产业链上下游资源，提高产业综合竞争力。

第四，生态创新。通过生态、环保、可持续发展的理念和技术，保护农业生态环境，减少对环境的污染，提高农产品的质量和安全性，如采用有机种植、循环农业等生态农业技术，建立农业生态系统和生态农业示范基地，实现农业的可持续发展。

（四）创意农业的成功模式

第一，家庭农场。家庭农场是一种传统的农业模式，但现代的家庭农场已经发展成为一种高效、可持续的创意农业模式。家庭农场通常采用现代技术和创新方法，如精准农业、无人机和物联网等，以提高产量和质量，同时保持生态平衡。

第二，农业公社。农业公社是一种合作社形式的农业模式，许多社区都采用这种模式。这种模式注重社区的支持和参与，同时通过可持续的方法为社区提供健康、有机的食品。

第三，都市农业。都市农业是一种利用城市空间进行农业生产的模式。这种模式通常采用垂直农业、屋顶农业和立体农业等方法，在城市中心创造出一个自给自足的农业生态系统。

第四，生态农业。生态农业是一种注重环境保护和可持续发展的农业模式。这种模式采用无化学农药、化肥和抗生素的方法，同时使用本地生产的有机材料和可再生能源，以保护环境和生态平衡。

第五，精准农业。精准农业是一种利用现代技术和数据分析的农业模式。这种模式使用传感器、GPS（全球定位系统）和其他数据采集技术，以更好地了解农作物的需求，从而实现更高效、可持续的生产。

总的来说，创意农业是一种将科技、创新和社会责任结合起来的新型农业模式。这种模式不仅可以提高农业生产效率，还可以保护环境和促进社会可持续发展。

（五）创意农业的国际模式解析

1.创意农业的法国模式

法国的创意农业模式主要是一种将传统农业与现代科技相结合，以创新和创意为核心的现代农业生产方式。这种模式在法国的许多地区都得到了广泛应用，其主要特点包括：将现代科技与传统农业相结合，如利用无人机、物联网等技术进行农业生产管理和监测；发展生态农业，采用可持续的农业生产方式，如有机农业、轮作、多样性保护等；推动农业创新，发展创意农业，如推出"农业公园"等创意项目，吸引游客参观、体验农业生产过程，促进农业与旅游业的结合；支持农业合作社和家庭农场的发展，提高农民的组织化程度和市场竞争力；鼓励青年人返乡创业，发展农业科技、文化、旅游等相关产业，推动乡村经济发展。

总的来说，法国的创意农业模式旨在通过现代科技的应用、生态环保的理念、创新创意的思维，推动传统农业向现代化、生态化、创意化方向发展，提高农业生产效率和质量，促进农业与旅游、文化等产业的融合，带动农民增收和乡村经济发展。

2.创意农业的德国模式

德国的创意农业模式在世界范围内受到了广泛的关注。德国的农业在过去几十年里经历了巨大的变革，从传统的以生产为主的农业模式转变为以创新、生态和社会责任为导向的模式。德国创意农业主要具有以下特点：

第一，生态农业。德国的创意农业注重保护环境和生态平衡，采用可持续的方法种植作物，使用天然的方法防治病虫害，并使用生态友好型的肥料和农药。

第二，创新科技。德国的创意农业不仅注重传统的农业技术，还注重应用现代科技，如物联网、人工智能、3D打印等，以提高农业生产效率和质量。

第三，社会责任。德国的创意农业不仅关注经济效益，还注重社会责任，包括环境保护、农民福利、社会公平等。德国政府制定了一系列的政策措施来支持创意农业的发展，如贷款、税收优惠、培训等。

第四，文化传承。德国的创意农业注重保护和传承本地的文化遗产，并将其与现代科技相结合，创造出独特的农业文化。

总之，德国的创意农业模式不仅对德国本国的农业发展起到了积极的作用，还为世界各地的农业发展提供了有益的借鉴。

3.创意农业的荷兰模式

荷兰被誉为"欧洲花园"和"农业创新之国"。荷兰在农业方面的成功得益于其对创新和可持续性的不懈追求，其模式可以为其他国家提供有益的经验。荷兰的创意农业模式主要包括以下几个方面：

第一，协作农场。荷兰的协作农场是一种新型的农业生产方式，旨在通过合作社、合作社联合会和其他合作组织将小农户组织起来，共同生产和销售农产品。这种模式可以提高生产效率、降低生产成本，同时还可以保证农产品的质量和可持续性。

第二，创新技术。荷兰一直以来都非常注重农业技术的研发和应用，这也是其农业成功的关键之一。荷兰的农民率先采用了许多创新技术，如精准农业、气候控制技术、无土栽培等，这些技术不仅可以提高生产效率，还可以保证农产品的质量和可持续性。

第三，可持续发展。荷兰在农业方面一直坚持可持续发展的理念，注重环境保护和生态平衡。荷兰的农民采用了许多可持续发展的方法，如使用有机肥料、保护水资源、防治农业病虫害等，这些方法不仅可以保护环境，还可以提高农产品的质量和可持续性。

第四，市场营销。荷兰的市场营销策略非常成功，荷兰的农民与超市、餐厅等销售渠道建立了密切的联系，同时还积极开拓国际市场。这种策略可以保证农产品的销路畅通，同时还可以提高农产品的附加值和市场竞争力。

总之，荷兰的创意农业模式不仅在荷兰本国取得了成功，还对世界各国的农业发展产生了积极的影响。这种模式可以为其他国家提供有益的经验，值得学习和借鉴。

4.创意农业的日本模式

日本的创意农业模式结合了科技、创新和传统农业，取得了可持续发展的成果。这种模式主要包括以下几个方面：

第一，多样化的生态系统。日本的创意农业模式注重维护和保护生态系统的多样性，包括种植多种作物、保护野生动植物和微生物群落等。

第二，精细化的耕作方式。日本农民采用精细化的耕作方式，包括利用滴灌技术、生物肥料和自然农法等来提高农作物的品质和产量。

第三，高科技的应用。日本的创意农业模式也注重对科技的应用，包括利用无人机和物联网技术来监测和管理农业生产过程，提高生产效率和农产品质量。

第四，传统文化的传承。日本的创意农业模式也强调对传统文化的传承，包括保护和传承传统的农业技术、农业知识和文化遗产。

总之，日本的创意农业模式是一种综合性的农业发展模式，注重科技、创新和传统文化的结合，为农业可持续发展提供了新的思路和方向。

5.创意农业的美国模式

美国是创意农业的领先者之一，以下是美国创意农业模式的几个关键特点：

第一，注重创新和技术。美国的创意农业企业通常会投资新技术和新产品开发，如生物技术、人工智能、物联网和3D打印等。这些技术可以提高生产效率和农产品质量，并有助于提高农场的可持续性和盈利能力。

第二，强调产品差异化。美国的创意农业企业通常会生产具有独特品质和风味的高端农产品，如有机、无麸质、无激素和无抗生素等。这些农产品具有更高的价格和更广泛的市场需求。

第三，重视市场营销。美国的创意农业企业通常会注重市场营销和品牌推广，以提高其产品的知名度和销售额。它们通常会通过社交媒体、电子商务和农业博览会等渠道来推销自己的产品。

第四，强调农业和城市的联系。美国的创意农业企业通常会与城市消费者建立更紧密的联系，通过直接销售、农贸市场、社区支持农业等方式来推广其产品。它们也会与城市中的餐馆、学校和企业合作，以生产定制的农产品。

第五，支持农民合作社。美国的创意农业企业通常会与农民合作社合作，以便更有效地管理和运输农产品，并提高农民的经济收益。这些农民合作社也有助于保护农民的权益和提高他们的社会地位。

总的来说，美国的创意农业模式是一个高度创新、市场导向和农民合作的体系。它注重提高农产品质量和可持续性，同时也注重市场营销和与城市消费者的联系。这种模式可以为其他国家提供一些有益的经验和启示。

总之，创意农业理论将创意元素与农业生产相结合，形成了一种新型的农业生产模式，具有多元化、个性化、高附加值、可持续性等特点，有助于提升农业的市场竞争力和可持续发展能力。

这些理论为我国乡村文化与旅游的融合发展提供了重要的理论支撑和实践指导，在实际应用中还需要根据不同地区的实际情况和需求进行灵活运用和创新发展。

第三节　乡村文化与旅游融合视角中的乡村文化资源及其分类

乡村文化资源，是指乡村地区所拥有的文化遗产、文化景观、民间文学、民间艺术、民俗文化、传统技艺、历史文化名人、文化传统等具有历史、文化、社会、经济等多重价值的各种资源的总称。这些资源是乡村地区独特的历史、文化和自然环境的体现，是乡村地区的瑰宝和精神财富，也是乡村地区发展旅游业、促进文化传承和繁荣的重要基础。

一、乡村文化资源的特点

随着人们生活水平的提高和旅游业的快速发展，乡村文化与旅游融合成为一个重要的研究领域。在这个视角下，乡村文化资源的特点如下：

第一，多样性和独特性。乡村文化资源具有极其丰富的多样性和独特性。由于中国各地的地理环境、历史传统、民族文化、风俗习惯等因素的差异，乡村文化资源的种类和特征也存在着很大的差异性。例如，北方农村地区有着深厚的农耕文化，南方农村地区则有着鲜明的渔猎文化。

第二，历史悠久。乡村文化资源的历史非常悠久，其中包括众多的历史文化遗产和传统技艺。例如，中国传统的四大发明中有两项（造纸和火药）就起源于农村地区。

第三，自然资源丰富。乡村地区自然资源丰富多样，包括山水风光、森林、草原、湿地、田园风光等。这些自然资源不仅美丽，而且对人们的身心健康有着积极的影响。

第四，生态文明建设。随着人们生态环境保护意识的提高，农村生态文明建设越来越受到重视。农村地区有着复杂多样的自然环境和生态系统，保护和发展乡村文化资源与生态文明建设密不可分。

第五，旅游价值。乡村文化资源具有很高的旅游价值，许多农村地区已经成为重要的旅游目的地。乡村旅游业不仅能够促进当地经济的发展，也有助于传承和弘扬乡村文化。

总之，乡村文化资源是中国农村地区的一笔宝贵财富，具有重要的历史、文化、经济、社会和生态等价值。在旅游业快速发展的今天，如何科学地保护和合理利用乡村文化资源，是一个值得深入探讨和研究的重要课题。

二、乡村文化与旅游融合中乡村文化资源的分类

在乡村文化与旅游融合视角下，乡村文化资源可以从不同的角度进行分类。

（一）按照文化类型分类

可以将乡村文化资源分为物质文化资源和非物质文化资源。物质文化资源包括建筑、交通工具、工具、服饰等，非物质文化资源包括民俗、民间文学、传统技艺、音乐、舞蹈等。

1.乡村物质文化资源

乡村物质文化资源是乡村文化最直接的载体，是指农村地区所拥有的，能够体现农村文化特色，为了满足乡村生存和发展所创造出来的物质产品所表现出来的文化，以及可以为游客提供观赏、体验、购物等旅游活动的物质文化产品和设施，包括乡村的建筑、工具、器具、服饰、音乐、舞蹈、戏剧、工艺、技术等一系列具有可视性、可触性的产品等。这些文化形态是乡村文化的重要组成部分，它们不仅反映了乡村的历史、文化传统和生活方式，还承载着乡村人民的价值观、信仰和审美观念。

（1）乡村物质文化资源的一般分类

传统聚落文化类：古建筑、传统民宿、乡村街道、特色村巷、牌坊、石窟、遗址、古墓、祠堂、宗教场所等。

农业设施类：道路、田园、鱼塘、河流、水库、水渠、温室、烤房、磨坊、榨油房等。

土地利用类：山林、植被、水系、土地利用状态等。

农林产品类：种植业产品、养殖业产品、野生动物、中药材等。

农业生产工具类：锄头、镰刀、犁、耙等农村地区传统的农业生产工具，这些工具承载着农民世代耕作的历史和文化。

手工艺品类：陶器、织锦、刺绣、剪纸等具有浓郁地方特色的手工艺品。

自然景观类：广阔的田野、山川、河流、湖泊等自然景观，这些景观与农村地区的民俗文化、农业生产等相互交融，构成了乡村独特的自然风光。

（2）乡村物质文化资源的特点

原生态性：乡村物质文化资源大多保留着原汁原味的乡村风貌，因此乡村是体验农村文化、回归自然的好去处。

多样性：乡村物质文化资源种类繁多，包括民居建筑、农业生产工具、手工艺品、民俗文化等多个方面，能够满足不同游客的需求。

参与性：乡村物质文化资源大多具有参与性，游客可以亲身体验农村生产、手工制作等活动，增加旅游的乐趣和互动性。

保护性：由于乡村物质文化资源大多保留着农村传统文化的特色，因此在旅游开发过程中需要注意保护这些文化遗产，避免过度开发和破坏。

2.乡村非物质文化资源

乡村非物质文化资源指的是乡村中的传统习俗、信仰、文学、艺术、体育等非物质形态的文化资源。这些文化资源是乡村文化的精髓，代表着乡村人民的独特精神风貌和文化品格。例如，节庆民俗、传统工艺、民间艺术、民间武术、村规民约、宗族观念、宗教信仰、道德观念、审美观念、价值观念以及古朴闲适的村落氛围等都属于非物质文化资源。非物质文化资源包括以下五类：

生产生活方式类：饮食、养生、祖传秘方、服饰、耕作方式、农产品加工技术、纺织技艺、传统手工艺、居住习惯等。

风俗习惯类：宗教与祭祀活动、语言、节庆、庙会、礼仪、丧葬、婚嫁等。

精神信仰类：宗教信仰、价值观念、世界观、村规民约、道德观念等。

文化娱乐类：文史、音乐、戏剧、绘画、民间艺术、民间舞蹈、民间杂技、民间体育、艺术作品等。

历史记录类：神话与传说、人物、事件、族谱、地方志等。

（二）按照活动类型分类

可以将乡村文化资源分为节日庆典类文化资源、民俗活动类文化资源、传统技艺类文化资源等。

1.节日庆典类文化资源

节日庆典类文化资源指在乡村文化旅游活动中，以特定节日或传统节庆为载体，所开展的各类庆祝活动、民俗表演、文化展示等。

（1）节日庆典类文化资源的分类

节日庆典类文化资源可以根据举办时间、举办地点、活动内容、参与人群等进行分类。

第一，按照举办时间分类。中国有春节、元宵节、清明节、端午节、中秋节、重阳节等传统节日；西方有圣诞节、万圣节、情人节等节日。除此之外，还有其他特殊节日，如国庆节、农民丰收节等。

第二，按照举办地点分类。本地区域性节日庆典，如地方戏曲节、美食节、文化节等；全国性或国际性节日庆典，如国际旅游文化节、世界文化遗产节等。

第三，按照活动内容分类。

民俗文化活动：舞龙舞狮、赛龙舟、庙会、灯会等，主要展示当地的民俗文化和历史传统。

文艺演出活动：戏曲、音乐、舞蹈等演出活动，通常由当地文艺团体或知名演出团体承办。

美食文化活动：美食展览、美食品尝、美食文化论坛等，主要展示当地的美食文化和特色餐饮。

旅游体验活动：农事体验、采摘节、摄影大赛等，主要让游客参与其中，增加旅游的互动性和趣味性。

第四，按照参与人群分类。

大众文化活动：面向广大游客，主要包括民俗文化活动和文艺演出活动等。

专业文化活动：面向文化艺术爱好者和专业人士，主要包括美术展览、书画展览等。

商贸文化活动：面向商贸企业和消费者，主要包括美食展览、特色商品展销等。

（2）节日庆典类文化资源的主要特点

第一，突出地域性和民族性。节日庆典活动是以乡村为基础，以民族文化为内核的文化资源。这些活动常常蕴含着浓郁的地域文化和民族风情，对游客具有很强的吸引力。

第二，具有浓郁的文化内涵。节日庆典活动是一种文化的载体，通过民俗表演、文化展示等方式，展现乡村特有的文化内涵和历史传承。游客可以在参与活动的过程中，了解和感受当地的文化底蕴。

第三，形式多样化。节日庆典类文化资源形式多样，包括民俗表演、传统手工艺展示、民族歌舞晚会等。这些活动既可以是单一的文化表现形式，也可以是综合性的文化活动。

第四，突出参与性和互动性。节日庆典类文化资源强调游客的参与和互动，游客可以亲身体验民俗文化，参与到节日庆典的各项活动中，增强游客的体验感和互动性。

第五，具有重要的文化价值。节日庆典类文化资源承载着乡村文化的历史传承和发展，具有重要的文化价值。通过这些活动，可以让游客更好地了解和感受当地文化的魅力，从而促进乡村文化的传承和发展。

2.民俗活动类文化资源

民俗活动类文化资源指以乡村文化为背景，以传统民俗活动为主要内容，具有较高历史、文化、艺术和科学价值的旅游资源。

（1）民俗活动类文化资源的类型

传统节日：春节、元宵节、清明节、端午节、中秋节等，这些节日在传统社会中有着特定的庆祝方式和习俗活动，是乡村文化的重要组成部分。

民间艺术：民间绘画、民间音乐、民间舞蹈、民间戏剧等，这些民间艺术形式是传统文化的重要载体，具有较高的艺术价值。

传统习俗：传统的婚丧嫁娶、祭祀仪式、生产习俗等，这些习俗活动传承了传统社会的文化传统，具有较高的历史价值。

民间工艺：传统的手工技艺、陶艺、木雕、刺绣等，这些民间工艺具有较高的艺术和科学价值。

乡村习俗：乡村的生活方式、习俗、信仰、伦理等，这些是乡村文化的重要组成部分，具有较高的文化价值。

（2）民俗活动类文化资源的特点

独特性：民俗活动类文化资源具有浓郁的地方特色，是独一无二的文化符号，体现了传统文化的丰富性和多样性。

参与性：民俗活动类文化资源强调参与性和体验性，游客可以亲身参与和体验传统民俗文化，增强互动性和参与感。

持续性：民俗活动类文化资源具有较高的持续性，不仅在特定节日中有所表现，在平时也会有相应的活动和习俗，具有较强的生命力。

教育性：民俗活动类文化资源具有较强的教育性，可以让游客了解传统文化的内涵和价值，加深文化认同感和民族自信心。

3.传统技艺类文化资源

传统技艺类文化资源指在乡村地区流传的、与特定技艺相关的、具有独特技艺和历史文化价值的活动和物质文化遗产。

（1）传统技艺类文化资源的类型

口头艺术：通过口头方式传承下来的技艺，例如民间故事、传说、谚语、顺口溜等。

手工技艺：通过手工操作完成的技艺，例如陶艺、织锦、编织、绘画、雕刻等。

表演艺术：通过表演形式展现的技艺，例如传统音乐、舞蹈、戏剧等。

实用技艺：与日常生活密切相关的技艺，例如烹饪、手工制作、维修等。

（2）传统技艺类文化资源的特点

地域性和民族性：这些技艺往往是在特定的地域和民族中发展起来的，具有浓郁的地域和民族特色。

历史文化价值：这些技艺是历史的产物，记录了特定时期的社会、文化和技术发展状况，具有重要的历史文化价值。

独特性和唯一性：每个地域和民族的传统技艺都有其独特性和唯一性，是不可替代和复制的。

可持续性：这些技艺和文化资源是代代相传的，具有可持续性和发展性。

（三）按照保护程度分类

可以将乡村文化资源分为受保护的文化资源和未受保护的文化资源。

受保护的文化资源指那些受到政府或社区保护的文化遗产，例如传统建筑、传统技艺等；未受保护的文化资源指那些没有得到充分保护和传承的文化资源，例如民间文学、民俗等。

1.受保护的文化资源

受保护的文化资源指在乡村文化旅游中需要特别保护的文化遗产和文化景观。

（1）受保护的文化资源的分类

传统建筑群：传统村落、古建筑群、宗教建筑等，这些建筑物具有独特的历史文化价值和建筑艺术价值。

民俗文化：民俗风情、民族文化、方言土语等，这些文化形式具有地域性和独特性，是乡村文化旅游的重要吸引物。

非物质文化遗产：民间文学、传统技艺、音乐舞蹈、戏剧等，这些文化形式具有历史性、文化性和独特性，是乡村文化旅游的重要资源。

文化景观：自然景观和人文景观，如名胜古迹、历史文化街区、传统商业街等，这些景观具有历史文化价值和旅游价值。

（2）受保护的文化资源的特点

突出地域性和民族性：乡村文化旅游资源大多与地域和民族文化有关，突出地域性和民族性，能够增强旅游的文化内涵。

保护和传承：由于乡村文化旅游资源大多是历史文化遗产和民俗文化，因此在旅游开发中需要注意保护和传承，以实现可持续发展。

开发和利用：乡村文化旅游资源的开发和利用需要遵循科学规律和可持续发展原则，避免过度开发和破坏。同时，要通过合理利用，促进乡村文化的传承和发展。

2.未受保护的文化资源

未受保护的文化资源指那些没有得到政府、文化机构或社会各界的充分保护和管理的文化遗产和文化景观。这些资源可能包括古建筑、传统工艺、民俗文化、历史事件等。这些资源的价值往往被忽视或被低估，但它们却是农村文化的重要组成部分，也是农村文化旅游的重要吸引物。

（1）未受保护的文化资源的主要类型

传统建筑：古民居、古建筑群、祠堂、古村落、古庙宇、古戏台、古桥梁等，这些建筑物代表了农村文化的历史和传统，具有独特的历史文化价值和建筑艺术价值，但由于年久失修、缺乏维护，面临着损坏和消失的危险。

民俗文化：民俗风情、民间艺术、方言土语、节日庆典、祭祀仪式、传统技艺等，这些文化资源是乡村文化的重要组成部分，具有很高的文化和历史价值。但由于缺乏传承和推广，许多民俗文化正在逐渐消失。

农业文化：传统农业生产方式、农耕文化、节气文化等，这些文化资源是乡村旅游的重要吸引物之一，但随着现代化农业的发展，这些资源正在逐渐减少。

生态环境：山水林田湖草等自然生态系统和野生动植物资源，这些资源是乡村旅游的重要依托，但由于过度开发和环境污染，也面临着破坏和退化的风险。

传统工艺：传统手工艺、制茶技艺、酿酒技艺、织布技艺等，这些传统工艺体现了人们对农村文化的传承，具有很高的文化和历史价值。但由于缺乏市场认可和创新，许多传统工艺正在逐渐消失。

历史文化：历史名人、历史事件、战争遗址等，这些历史事件和名人代表了农村文化的历史和传统，具有很高的文化和历史价值。但由于缺乏宣传和保护，许多历史事件和名人正逐渐被人们遗忘。

（2）未受保护的文化资源的特点

独特性和唯一性：这些文化资源因其历史文化价值、建筑艺术价值或地域性等，具有独特性和唯一性，是其他地区所没有的。

保护难度大：由于这些文化资源分布比较分散、非常脆弱、保护难度大，加之缺乏足够的保护经费和人力，因此很容易受到环境污染、自然灾害、文化冲击等因素的影响。

旅游价值高：这些未受保护的文化资源是乡村旅游的重要吸引物之一，具有独特的文化内涵和观赏价值，开发潜力巨大。

保护和传承的紧迫性：由于这些文化资源面临着被破坏和消失的威胁，因此对其进行保护和传承的紧迫性非常高，需要采取有效的措施。

原生态性：未受保护的乡村文化资源大多保留着原生态的风貌、生态和文化系统，具有很高的原生态价值。

（四）按照地理位置分类

1.地理位置的内涵

地理位置是指地球表面某一点的经纬度位置，或者某一地区的地理位置。地理位置包括该地区的自然环境，如地形、气候、水文、植被等。地理位置还与该地区的社会经济条件有关，如人口、城市分布、经济发展水平、交通运输等。地理位置也与该地区的人文历史有关，如历史名胜、文化传统、民族风情等。

综合来说，地理位置是一个地区自然、经济、社会、文化等多方面的特征的综合体现。

从地理位置的视角，可以将乡村文化资源分为本土文化资源和区域文化资源。其中本土文化资源指的是只存在于某个特定地区的文化资源，例如地方戏曲、方言等；区域文化资源指的是存在于某个地区的文化要素的总称，例如庙会、花会等。

2.本土文化资源

本土文化资源指特定地区或社群所独有，由本地居民创造、传承和享用的文化遗产及其相关的自然景观、生态环境和人文景观，如文化遗产、风俗习惯、方言土语、民间艺术、传统技艺等，是乡村文化旅游资源的重要组成部分。

（1）本土文化资源的分类

本土文化资源可以根据其类型进行分类。

民俗文化资源：民族民间文学、传统音乐、传统舞蹈、传统戏剧、传统节日等。

传统技艺资源：传统手工艺、传统建筑技艺、传统农业技术、传统手工制茶技艺等。

生态文化资源：生态景观、自然资源、生物多样性、传统生产方式等。

人文历史资源：历史名人、历史事件、历史遗迹、传统文化教育等。

（2）本土文化资源的特点

独特性：本土文化资源是由特定地区或社群自身的历史、地理、环境、风土人情等多种因素综合作用形成的，具有独特性和不可替代性，即其内容、形式、风格等与其他文化资源相比有明显的不同之处，是乡村文化旅游的核心吸引物之一。

价值性：本土文化资源是当地人民在长期生产生活实践中创造的，蕴含着丰富的文化内涵，具有重要的文化价值、历史价值、艺术价值、科学价值等，是乡村文化旅游的重要吸引物之一，具有重要的保护和传承意义。

可持续性：本土文化资源与当地民众的生产生活密切相关，对当地经济和社会发展具有重要的推动作用。因此，在乡村文化旅游开发中，应注重保护和传承本土文化资源，促进当地可持续发展。

参与性：本土文化资源的形成和传承与当地民众密不可分，因此，在乡村文化旅游中，应注重吸引当地居民参与文化旅游活动，增强其主人翁意识和文化认同感。

本土性：本土文化资源是由当地居民创造、传承和享用的文化遗产，而非外来文化。

地域性：本土文化资源具有明显的地域性特征，即只有在特定的地域范围内才能被认为是本土文化资源。

原生态性：本土文化资源是原汁原味的，没有经过任何现代文明的污染和改造。

丰富性：由于本土文化资源深深植根于当地的社会、历史和环境之中，因此其内容、形式和表现方式都非常丰富多彩。

真实性：本土文化资源是真实的、原生态的文化遗产，具有很高的历史、文化和科学价值。

3.区域文化资源

区域文化资源指特定地区所独有的文化遗产、民俗文化、历史文化、民俗风情、文化艺术、建筑风格等文化要素的总称。

（1）区域文化资源的分类

地方特色文化：某一地区所特有的文化形态，包括民俗文化、传统技艺、音乐、舞蹈、戏剧等。例如，中国传统的剪纸、年画、陶瓷、织锦等都是具有地方特色的文化资源。

历史文化：某一地区在历史演变过程中所形成的独特文化资源，包括历史名人、历史事件、古建筑、古遗迹等。例如，北京的故宫、天坛、颐和园，西安的兵马俑、大雁塔，南京的中山陵、夫子庙等都是历史文化资源。

民族文化：某一地区居民所属的民族所独有的文化资源，包括民族习俗、民族语言、民族歌舞、民族服饰等。例如，藏族的酥油茶、青稞酒、藏传佛教文化，蒙古族的马头琴、蒙古包、蒙古族服饰等。

生态文化：乡村地区生态系统、动植物群落及其与人类活动相互作用的文化资源，包括传统的生态知识、生态伦理、生态美学等。例如，中国传统的稻作文化、茶文化、园林文化等，都体现了人与自然和谐共生的生态文化。

以上几种类型的区域文化资源都具有独特性、地域性、时代性和传承性的特点。这些特点使得区域文化资源成为乡村文化旅游的重要吸引物，能够带给游客丰富的文化体验和知识启示。

（2）区域文化资源的特点

独特性：区域文化资源是特定地区或区域所独有的，其他地方无法替代。

传承性：区域文化资源是当地人民世代传承下来的，具有鲜明的地域特色。

多样性：区域文化资源种类繁多，涵盖了物质文化、非物质文化、文化景观等多个方面。

珍贵性：区域文化资源是珍贵的文化遗产，具有重要的历史、文化和科学价值。

以上这些分类方法仅是简单的概括，实际上乡村文化资源的分类方法还有很多。在实践中，应该根据具体情况进行细致的分类和管理，以更好地发挥乡村文化资源的价值。

第四节　乡村文化与旅游融合视角中的产品类型

一、产品类型的内涵

产品类型，是指在市场上销售的、具有相同功能、用途或生产过程的一组产品。产品类型是一个多维的概念，可以从不同的角度来理解和描述。

从市场角度来看，产品类型指针对特定市场需求、购买力和竞争情况而开发的产品组合。不同的市场需求和竞争情况可以导致不同的产品类型。例如，在高端市场，可能需要销售高品质、高价格的产品，而在低端市场，可能需要销售低价格、低品质的产品。

从生产角度来看，产品类型指生产过程中所使用的相同或相似的工艺、技术、材料和设备。生产相同或相似的产品可以使生产过程更加高效、成本更低，并且可以提高产品的一致性和可靠性。

从产品角度来看，产品类型指具有相同功能、用途或属性的一组产品。例如，手机可以被视为一个产品类型，因为它们都具有通信功能和相似的用户界面。

总的来说，产品类型是一个复杂的概念，它涉及多个方面，包括市场、生产、产品本身。通过理解产品类型的内涵，可以帮助企业更好地了解和管理其产品组合，提高产品的竞争力和市场份额。

二、乡村文化与旅游融合视角中的产品类型

（一）娱乐型

随着乡村旅游的不断发展，娱乐型乡村文化与旅游融合产品也应运而生。娱乐型乡村文化与旅游融合产品是将乡村文化与旅游活动相结合，以提供给游客丰富多彩的体验为主要目的的一种产品类型，是指以乡村文化为主要内容，以旅游活动为载体，将乡村生活、民俗文化、风情景观、美食等资源进行整合，为游客提供多元化、个性化、情境化的旅游体

验。这种产品类型强调文化性、娱乐性和互动性，旨在打造一种新型的乡村旅游模式，既满足了游客的观光、休闲需求，又提供了一种独特的文化体验。

1.娱乐型乡村文化与旅游融合产品的特点

一是文化性。娱乐型乡村文化与旅游融合产品以乡村文化为核心，将乡村的历史、民俗、风情等文化资源融入旅游活动，使游客在旅游过程中了解和体验乡村文化，感受乡村的独特魅力。

二是娱乐性。娱乐型乡村文化与旅游融合产品通过各种互动、体验式的活动设计，让游客参与其中，增加旅游的趣味性和互动性。

三是差异性。娱乐型乡村文化与旅游融合产品突破了传统的旅游模式，注重差异化和个性化，打造出不同于其他乡村旅游产品的特色体验，让游客留下深刻的印象。

四是合作性。娱乐型乡村文化与旅游融合产品强调和乡村居民进行合作，通过与当地居民的交流和互动，让游客了解乡村的文化、历史和风俗，同时也增进游客与当地居民之间的感情。

2.娱乐型乡村文化与旅游融合产品的开发要素

一是主题化。娱乐型乡村文化与旅游融合产品的主题化开发要素指根据当地的文化特色、风土人情等，设计出相应的主题，如田园风光、民俗文化、乡村度假等主题，吸引游客参与。

二是文化性。娱乐型乡村文化与旅游融合产品应该体现当地的文化特色，如民俗文化、传统技艺、历史文化等，增强游客的参与感和体验感。

三是创意性。娱乐型乡村文化与旅游融合产品应该具有创意性，如创新的游乐设施、特色的表演活动、精美的景观设计等，给游客带来新奇的感受。

四是参与性。娱乐型乡村文化与旅游融合产品应该注重游客的参与性，如农事体验、手工制作、篝火晚会等，让游客参与其中，增加互动和趣味性。

五是体验性。娱乐型乡村文化与旅游融合产品应该注重游客的体验性，如良好的交通环境、舒适的住宿条件、优美的景观等，让游客在游玩中获得美好的体验。

六是生态性。娱乐型乡村文化与旅游融合产品应该注重生态保护，遵循可持续发展的原则，保护当地的自然环境和文化遗产，为游客提供更加优美、健康的旅游环境。

（二）教育型

随着社会的发展和人们生活水平的提高，乡村旅游成为一种热门的休闲方式。但是，仅仅有单纯的农家乐和民俗文化展示已经难以满足游客的需求。因此，融合了教育元素的乡村文化和旅游产品应运而生。

1.教育型乡村文化与旅游融合产品的市场需求

教育型乡村文化与旅游融合产品的市场需求主要来自两个方面：一是现代家庭对孩子教育的重视，二是学生对农村文化的好奇心和探究欲望。随着城市化进程的加快和教育水平的提高，越来越多的家长选择带孩子到乡村体验农家生活、感受田园风光、增长知识见识。同时，随着近年来乡村旅游的兴起，越来越多的学生也希望到乡村探究传统文化、了解农村生活方式和发展历程。因此，教育型乡村文化与旅游融合产品可以满足这些市场需求，成为旅游市场的新热点。

2.对乡村文化与旅游资源进行整合

要得到教育型乡村文化与旅游融合产品，需要对乡村文化和旅游资源进行有效整合。首先，需要对乡村的文化遗产、民俗风情等进行深入挖掘和研究，根据游客的需求和兴趣，开展相应的教育主题活动。其次，需要将乡村的自然景观、建筑风格、特色产业等融入旅游产品，让游客在游览中学习，在体验中感悟。最后，需要加强旅游服务和管理，提高旅游产品的品质和安全性，让游客能够安心、舒适地参加教育型乡村文化与旅游融合产品。

3.教育型乡村文化与旅游融合产品的产品设计

教育型乡村文化与旅游融合产品的产品设计应该注重游客的参与性和体验感。

第一，深入挖掘当地文化资源。在设计产品时，需要对当地的文化资源进行深入挖掘，包括民俗文化、历史文化等。通过挖掘本地文化，打造出独具特色的旅游产品，吸引游客的到来。

第二，注重教育性和互动性。教育型乡村文化与旅游融合产品应该以教育为主要目的，同时具备互动性。游客可以通过参与体验，了解当地的文化和历史，增加对乡村的认识和了解。

第三，设计多元化的旅游产品。除了传统的观光旅游，教育型乡村文化与旅游融合产品还应该注重设计上的多元化，如手工制作、农耕体验、文化讲座等。这些旅游产品既可以增加游客的参与度，也可以让游客更深入地了解当地的文化。

第四，打造优质的旅游服务。旅游服务是旅游产品的重要组成部分。在设计教育型乡村文化与旅游融合产品时，需要打造优质的旅游服务，包括提供优质的交通、住宿和餐饮等，让游客有更好的体验。

第五，建立良好的品牌形象。教育型乡村文化与旅游融合产品需要建立良好的品牌形象，提高知名度和美誉度。在品牌形象的设计中，需要注重视觉形象的统一性和传播性，以及文化内涵的表达。

总之，教育型乡村文化和旅游融合产品的产品设计需要深入挖掘当地文化资源，注重教育性和互动性，设计多元化的旅游产品，打造优质的旅游服务，建立良好的品牌形象，从而提高产品的吸引力和竞争力。

（三）审美型

随着城市化进程的不断加快，越来越多的人开始向往乡村的宁静和自然，审美型乡村文化应运而生。审美型乡村文化指以乡村自然环境、文化遗产和风土人情为主要资源，以审美为核心，注重文化、生态和情感的有机融合，满足人们的精神和文化需求的文化形态。与此同时，旅游作为一种新型的生活方式和消费方式，已经成为现代人重要的生活内容之一。因此，审美型乡村文化与旅游融合产品成为当今旅游市场的热门。

1.审美型乡村文化与旅游融合产品的特点

文化性：乡村文化是审美型乡村文化的核心，具有浓厚的地方特色和民族特色。乡村文化遗产是乡村历史、文化和生态的重要载体，是乡村独特魅力的重要来源。在旅游产品的开发中，应注重对乡村文化的保护和传承，挖掘和展示乡村文化的内涵和价值。

生态性：随着城市化进程的加快，环境污染、资源短缺等问题日益严重，人们对生态环境的重视和保护程度也越来越高。审美型乡村文化与旅游融合产品应注重生态保护和可持续发展，采用环保、低碳的先进技术和管理方式，保护乡村自然环境和生态系统，提高旅游产品的品质和可持续性。

情感性：乡村有着深厚的文化底蕴和人文情感，乡村居民和游客之间有着天然的亲近感和认同感。在旅游产品的开发过程中，应注重情感交流和人文关怀，营造温馨、和谐、舒适的旅游氛围，增强游客的体验感，提高其满意度。

创意性：旅游产品的创新是旅游产业发展的重要驱动力。审美型乡村文化与旅游融合产品应注重创意和创新，开发独特、新颖、有趣的旅游产品，满足游客的个性化需求和审美趣味。

2.审美型乡村文化与旅游融合产品的开发策略

挖掘和呈现乡村美学价值：在旅游产品开发过程中，需要深入挖掘乡村的美学价值，包括建筑、景观、艺术等方面。可以通过展览、演出、艺术创作等方式，将这些美学价值呈现给游客，让他们在乡村中获得独特的美学体验。

体验乡村生活方式：在乡村旅游中，游客可以深入了解当地的生活方式，包括传统的手工艺、美食、节日等。可以开发一些与乡村生活方式有关的旅游项目，如农家乐、民宿、手工艺体验等，让游客亲身体验乡村生活的美好。

倡导可持续的乡村发展：在乡村旅游产品的开发过程中，需要遵循可持续发展原则，注重环保和社会公益等方面的问题。可以开发一些与乡村可持续发展有关的旅游项目，如生态农业、环保公益活动等，让游客在乡村中感受到可持续发展的力量。

营造独特的乡村文化体验：在乡村旅游中，游客可以感受到当地独特的文化氛围和历史传统。可以开发一些与乡村文化有关的旅游项目，如民俗文化体验、传统手工艺制作等，让游客深入了解和体验当地的文化。

发掘乡村的历史和故事：在乡村旅游中，游客可以了解当地的历史和故事。可以开发一些与乡村历史和文化有关的旅游项目，如历史遗迹探索、文化名人故居参观等，让游客在乡村中深度了解当地的历史和文化。

（四）保健型

保健型乡村文化与旅游融合产品指在乡村地区，将文化和旅游相结合，提供以保健、健康为主题的旅游产品。这种产品既包含了乡村的文化特色，也融入了健康、养生的元素，适合注重健康生活方式的游客。保健型乡村文化与旅游融合产品的出现，既满足了人们对健康生活方式的追求，也为乡村地区的发展带来了新机遇。这类产品的市场前景广阔，具有很大的开发潜力，是旅游行业中一个新的发展方向。

1.保健型乡村文化与旅游融合产品的特点

以健康为主题：保健型乡村文化与旅游融合产品的最大特点就是以健康为主题，旨在为游客提供一种健康、养生的旅游体验。这类产品主要包括健康养生、温泉疗养、瑜伽健身等，让游客在乡村环境中放松身心，促进身体健康。

强调文化性：保健型乡村文化与旅游融合产品并不只是简单地将健康元素融入乡村旅游，还十分注重文化性。这类产品主要展示当地的文化特色，让游客了解乡村的历史、文化、风俗等，加深对乡村的认识和了解。

休闲性强：保健型乡村文化与旅游融合产品注重为游客提供一种舒适、轻松的旅游体验，让游客在乡村环境中放松身心，享受大自然的美景。

2.保健型乡村文化与旅游融合产品的开发策略

准确定位和细分市场：要准确定位乡村市场的特点和需求，细分市场，针对不同的消费群体打造差异化的产品。保健型乡村文化与旅游融合产品应以提供健康、养生、休闲的服务为主要卖点，吸引城市居民来乡村度假，放松身心，缓解工作压力。

强化健康主题，打造特色体验：保健型乡村文化与旅游融合产品的核心主题应是健康。因此，在产品规划和设计中，应突出健康主题，设计一系列与健康相关的活动，如瑜伽、太极拳、健身课程、有机食品品尝等。同时，结合当地的自然和文化资源，打造特色体验，提高产品的吸引力和竞争力。

整合资源，提供一站式服务：保健型乡村文化与旅游融合产品的开发需要整合乡村中的各种资源，包括文化、旅游、健康等方面的资源。在产品设计中，应注重提供一站式服务，将各种资源和服务有机地结合起来，为消费者提供全方位的服务和体验。

营销推广，扩大知名度：在产品开发和推广过程中，应注重营销推广，扩大知名度。可以通过各种渠道宣传保健型乡村文化与旅游融合产品的特点和优势，吸引更多消费者关注和参与。此外，还可以结合当地的文化节庆活动、农业节庆活动等，开展各种宣传推广活动，提高产品的知名度和吸引力。

强调健康生活方式，引导健康消费：在保健型乡村文化与旅游融合产品的开发中，应强调健康生活方式，引导健康消费。通过推广健康的生活方式，传递健康的生活理念，提高人们的健康意识和生活质量。同时，在产品的设计和服务中，也应注重健康消费的引导和推广，让消费者在享受产品和服务的同时，也能够受到健康生活方式的熏陶和影响。

（五）观光型

观光型乡村文化与旅游融合产品，指的是在乡村地区发展的一种结合了文化和旅游的新型产品。观光型乡村文化和旅游融合产品既能够保护和弘扬当地的文化传统，又能够促进乡村地区的经济发展，具有较强的生命力和市场竞争力。

1.观光型乡村文化与旅游融合产品的特性

文化性：观光型乡村文化与旅游融合产品强调的是乡村地区的文化特色和传统。这种产品通常会展示当地的民俗文化、历史遗迹、传统建筑、民族艺术等，让游客了解和体验当地的文化。

生态性：观光型乡村文化与旅游融合产品还强调了生态环保的理念，鼓励游客采用环保的旅游方式，例如步行、自行车等，减少对环境的破坏。

多样性：观光型乡村文化与旅游融合产品提供了多样化的旅游体验，包括文化体验、休闲度假、健康养生、生态旅游等多种类型，满足了不同游客的需求。

创新性：随着旅游市场的不断发展，观光型乡村文化与旅游融合产品也在不断创新，通过各种新技术、新媒体、新业态，提升游客的旅游体验感和参与度。

依存性：观光型乡村文化与旅游融合产品的发展依赖乡村地区的自然环境、文化传统和旅游资源等因素，因此，这种产品的发展需要保护和合理利用这些资源，实现可持续发展。

2.观光型乡村文化与旅游融合产品的开发策略

建立完善的规划体系：观光型乡村文化与旅游融合产品的开发需要科学规划，对当地自然、人文、社会环境等要素进行系统性、整体性、长远性的统筹考虑。要注重保护和传承当地独特的文化和景观资源，确保开发过程中的可持续性。在规划过程中要引入专业的旅游开发机构和人才，从旅游市场需求出发，根据当地实际情况进行合理定位和设计。

深挖乡村文化内涵：观光型乡村文化与旅游融合产品的开发要立足于当地深厚的文化积淀，将乡村的历史、民俗、建筑、美食、生态等资源进行有机整合，创新文化体验产品。通过互动式、体验式的活动设计，让游客深入了解乡村文化内涵，形成独特的文化印象。

培育多元化的旅游业态：观光型乡村文化与旅游融合产品的开发要以游客需求为导向，提供多元化的旅游业态，既要有观光、采摘、垂钓等传统项目，又要有文化创意、主题娱乐、运动休闲等新兴业态，让游客能够全方位、多层次地感受乡村魅力。

营造温馨的旅游氛围：观光型乡村文化与旅游融合产品的开发要以优质的服务为保障，营造温馨的旅游氛围，要从游客接待、导游讲解、餐饮住宿等方面入手，提供全方位、人性化的服务，让游客感受到乡村的温情和暖意。

拓展销售渠道和市场推广：观光型乡村文化与旅游融合产品的开发要充分利用现代化的销售渠道和市场推广手段，拓展客源市场。可以通过网络营销、社交媒体、电视广告等方式进行宣传推广，吸引更多的游客前来体验。同时，也要积极开拓旅游商品市场，创新旅游商品，提高产品附加值。

三、乡村文化与旅游融合视角中的产品类型的价值

在乡村文化与旅游融合视角下，乡村文化旅游的产品类型具有以下几个方面的价值：

第一，促进文化保护和传承。乡村文化与旅游融合可以促进当地文化的保护和传承，让更多的人了解和接受传统文化，从而增强文化自信心。

第二，带动产业发展。乡村文化与旅游融合可以带动当地产业的发展，增加就业机会，提高居民收入，促进乡村经济的繁荣和发展。

第三，提升游客体验。乡村文化与旅游融合可以为游客提供更加丰富、多样、个性化的旅游体验，让游客在欣赏自然美景、了解当地文化的同时，也能够获得更好的服务和保障。

第四，保护环境和生态。乡村文化与旅游融合需要遵循生态环境保护的原则，避免对自然环境的破坏，促进生态环境的保护和可持续发展。

第五，传承和弘扬民族文化。在乡村文化与旅游融合中，当地民族文化得以传承和弘扬，吸引更多人关注和了解民族文化，从而增强民族文化认同感。

综上所述，在乡村文化与旅游融合视角下的产品类型具有多重价值，

既有利于促进文化保护和传承，也有利于带动产业发展、提升游客体验、保护环境和生态、传承和弘扬民族文化，有助于实现乡村文化和旅游业的可持续发展。

第三章

乡村文化与旅游融合发展的耦合维度

耦合维度，是指在一个系统中各个部分之间相互影响、相互依存的程度。耦合维度通常用来描述系统中各个部分之间的交互方式，以及它们在解决问题时的协作方式。

在系统工程中，耦合维度是一个非常重要的概念，因为它可以帮助我们更好地理解系统中各个部分之间的关系，以及它们在整个系统中的作用。耦合维度通常包括以下几个方面：

功能耦合，是指不同部分之间的功能交互，即一个部分的输出是否依赖于另一个部分的输入。如果两个部分之间的功能耦合度高，那么它们之间的依赖关系就比较紧密，解决问题时需要考虑彼此间的影响。

时间耦合，是指不同部分之间的时间交互，即一个部分的输出是否依赖于另一个部分的输入的时间顺序。如果两个部分之间的时间耦合度高，那么它们之间的依赖关系就比较紧密，解决问题时需要考虑彼此间的影响。

信息耦合，是指不同部分之间的信息交互，即一个部分需要从另一个部分获取或共享信息。如果两个部分之间的信息耦合度高，那么它们之间的依赖关系就比较紧密，解决问题时需要考虑彼此间的影响。

空间耦合，是指不同部分之间的物理位置交互，即一个部分是否需要与另一个部分在同一地点或不同地点运行。如果两个部分之间的空间耦合度高，那么它们之间的依赖关系就比较紧密，解决问题时需要考虑彼此间的影响。

综上所述，耦合维度是一个非常重要的概念，它可以帮助我们更好地理解系统中各个部分之间的关系，以及它们在解决问题时的协作方式。通过分析系统的耦合维度，我们可以更好地优化系统的设计，提高系统的整体性能和可靠性。

本章我们将从乡村文化与旅游融合发展的耦合维度，具体分析乡村文化与旅游融合发展和乡村振兴、中华文化复兴、建设文化强国、推进城乡一体化、建设中国式现代化、提升文化自信、提升农民幸福感、建设生态文明、建设精神文明、建设社会文明、建设美丽乡村的耦合关系。

第一节　推进乡村文化与旅游融合发展和乡村振兴的关系

乡村振兴，是指通过对乡村地区的经济、社会、文化、环境等方面进行综合治理和改善，促进乡村地区的全面发展和繁荣。它是一个全面的、系统性的工程，旨在促进农村的产业发展、生态建设、文化保护和社会治理，提高农民的生活水平和幸福感，推动城乡一体化和区域协调发展。

一、乡村振兴的内涵

产业兴旺：发展乡村经济，促进农业现代化、产业化、市场化，支持和引导农民参与产业发展，提高农业生产效益和农民收入水平。

生态宜居：加强农村生态环境保护和治理，倡导绿色发展，推进生态文明建设，建设美丽宜居的新农村。

乡风文明：倡导文明乡风，弘扬中华优秀传统文化，推动移风易俗，树立文明新风尚。

治理有效：加强和创新乡村治理，建立健全乡村组织体系和治理机制，提高乡村治理能力和水平。

生活富裕：提高农民生活水平和幸福感，实现农村居民收入增长、生活质量提高、文化素质提升、社会保障完善。

总之，乡村振兴是一个全方位、多层次的发展战略，旨在促进农村地区的全面发展和繁荣。

推进乡村文化与旅游融合发展，有助于促进乡村经济发展，改善乡村居民生活质量，保护乡村传统文化，提升乡村知名度和吸引力，从而为实现乡村振兴提供强大的支撑和保障。

一方面，乡村文化与旅游融合发展，可以推动乡村经济发展。文化和旅游是天然的共生关系，旅游业的发展可以为乡村带来大量的人流、物流、资金流，促进当地的农业、手工业、服务业等产业的发展，增加居民收入，提高其生活水平。

另一方面，乡村文化与旅游融合发展，可以保护和传承乡村传统文化。许多乡村地区拥有独特的民俗文化、历史遗迹等资源，但随着城市化进程的加速，这些资源正在逐渐消失。发展乡村文化和旅游，可以将这些文化资源转化为旅游产品，吸引更多的游客前来观光、体验，从而保护和传承乡村传统文化。

此外，乡村文化与旅游融合发展，可以提升乡村知名度和吸引力，为乡村振兴提供强大的品牌支撑和保障。优美的自然风光、独特的文化景观、悠久的历史传统，都是吸引游客的重要因素。通过发展乡村文化和旅游，可以让更多的人认识和了解乡村，提升乡村的知名度和吸引力，为乡村振兴奠定坚实基础。

综上所述，推进乡村文化与旅游融合发展，对于促进乡村经济发展、保护和传承乡村传统文化、提升乡村知名度和吸引力，具有重要的现实意义和深远的历史意义，是实现乡村振兴的有力支撑和保障。

二、推进乡村文化与旅游融合发展和乡村产业振兴的关系

随着经济的不断发展，人们对生活质量的要求也越来越高。在城市化快速发展的今天，乡村文化旅游成为人们追求高品质生活的重要途径。乡村文化与旅游融合不仅可以提高乡村的经济水平，还可以保护和传承乡村的文化遗产，成为实现乡村产业振兴的重要途径。

（一）乡村产业振兴的内涵

习近平总书记在河北承德考察时指出："产业振兴是乡村振兴的重中之重，要坚持精准发力，立足特色资源，关注市场需求，发展优势产业，促进一二三产业融合发展，更多更好惠及农村农民。"[①]产业振兴是乡村全面振兴的基础和关键。乡村振兴是包括产业振兴、人才振兴、文化振兴、生态振兴、组织振兴的全面振兴，其中最重要、最根本、最关键的是产业振兴。乡村产业振兴要走一二三产业融合发展之路，推动农业产业链延伸融合，推动乡村产业功能拓展融合，培育壮大三产融合发展组织载体，实现工业与农业、城镇与乡村联动发展。

（二）乡村文化与旅游融合对乡村产业振兴的作用

乡村文化与旅游融合对乡村产业振兴的作用主要体现在以下几个方面：

一是增加就业机会。乡村文化与旅游融合可以创造更多的就业机会，吸引更多的游客前来观光、旅游、度假等。乡村文化和旅游融合

---

① 农民日报·中国农网评论员.抓住产业振兴这个重中之重［N］.农民日报，2021-08-27（1）.

可以引入更多的产业链条，增加乡村的商业价值，创造更多的就业岗位。这对于改善乡村居民的生活质量、增加居民收入具有非常重要的意义。

二是改善生态环境。乡村文化与旅游融合可以促进乡村生态环境的改善。乡村文化和旅游产业的发展可以引导游客更加注重环境保护，增强他们对环境的保护意识。同时，乡村文化和旅游产业的发展也需要建设大量的基础设施，这可以促进乡村道路、水电等基础设施的完善，提高乡村生态环境的质量。

三是提高经济水平。乡村文化与旅游融合可以提高乡村的经济水平。随着乡村旅游的发展，乡村居民的生活质量将会得到显著提高，他们的收入也会增加。同时，乡村文化与旅游融合也可以带动乡村传统产业的升级和发展，促进乡村产业结构的优化。

四是促进文化传承。乡村文化与旅游融合可以促进乡村文化的传承。乡村文化和旅游产业的发展可以引导游客更加关注和了解乡村文化，增强他们的文化认同感。同时，乡村文化和旅游产业的发展也可以促进乡村传统文化的保护和传承，提高乡村文化的品牌价值和文化软实力。

总之，乡村文化与旅游融合对于实现乡村产业振兴具有非常重要的意义。当然，乡村文化与旅游融合发展也面临着一些挑战。为了更好地发挥其作用，需要从资金、基础设施、管理等多个方面加以解决，为乡村文化与旅游融合发展提供良好的环境。

三、推进乡村文化与旅游融合发展和乡村生态振兴的关系

在全球化背景下，传统乡村文化面临着逐渐消失的风险。在城市化和现代化进程的不断推进下，许多乡村的传统文化逐渐被遗忘，民俗文化、

传统建筑和农耕文化等逐渐失去了原有的生命力和活力。旅游业的发展为保护和传承乡村文化提供了新的思路和途径。在乡村旅游的带动下，越来越多的人开始关注和认识乡村文化，并且通过旅游业的发展，推动乡村经济的发展，促进乡村生态环境的改善。

乡村文化与旅游融合有利于乡村生态环境的保护。在传统的农业生产方式下，农业生产和生态环境的保护往往是分离的，农业生产对于生态环境的影响比较大。然而，在旅游业的带动下，乡村旅游可以成为保护乡村生态环境的新途径。旅游业的发展有利于乡村生态环境的保护和改善，引导人们更好地了解和认识乡村生态环境，推动乡村生态文明建设。

随着经济全球化的不断加速和城市化的不断推进，乡村文化与旅游融合将成为乡村发展的新趋势。乡村旅游业将成为乡村经济发展的新引擎，带动乡村产业的转型升级和生态环境的保护和改善。

乡村生态振兴指通过采取有效措施，保护和恢复乡村地区的自然生态系统和生态环境，促进乡村经济、社会和文化的可持续发展。

（一）乡村生态振兴的内涵

保护和恢复自然生态系统：加强对乡村地区自然生态系统的保护和修复，包括对森林、草原、湿地、河流、湖泊等自然资源的保护，控制人类活动对自然生态系统的破坏，维护生态平衡。

促进生态经济发展：鼓励和支持乡村地区发展生态经济，推广绿色、低碳、可持续发展的生产方式和生活方式，提高资源利用效率，减少污染排放，促进经济与生态保护的协调发展。

改善人居环境：开展农村人居环境整治行动，加强农村垃圾、污水处理设施建设，推进农村"厕所革命"，改善农村居住环境，提高农民生活质量。

弘扬生态文化：加强农村生态文化建设，弘扬生态文明理念，普及生态知识，增强农民生态意识和环保意识，促进人与自然和谐共生。

建立长效机制：建立健全乡村生态振兴的政策、法律、制度和管理机制，加强对乡村生态振兴的统筹规划和管理，确保乡村生态振兴工作的可持续性和长效性。

（二）乡村文化与旅游融合发展对乡村生态振兴的作用

为了实现乡村文化与旅游融合发展对乡村生态振兴的作用，需要采取以下策略：

一是制定政策。政府应该出台相关政策，鼓励和支持乡村旅游业的发展。同时，应该制定相应的法律法规，保护乡村文化和旅游资源，促进乡村生态环境的保护和改善。

二是加强规划。政府和旅游业应该加强规划，制订科学合理的乡村旅游发展规划，保护乡村文化和旅游资源的原真性和完整性。

三是挖掘文化内涵。在乡村旅游发展中，应该注重挖掘和传承乡村文化内涵，通过旅游业的发展，推动乡村文化的传承和发展。

四是发挥产业优势。乡村旅游业应该发挥其产业优势，拓展乡村产业的领域和范围，提高乡村产业的质量和效益。

五是保护生态环境。在乡村旅游发展中，应该注重保护生态环境，推动生态文明建设。

综上所述，乡村文化与旅游融合对于实现乡村生态振兴具有重要的作用。在未来的发展中，应该制定相应的政策，加强规划，挖掘文化内涵，发挥产业优势，保护生态环境，促进乡村文化与旅游融合发展，实现乡村经济的可持续发展和生态环境的良性循环。

四、推进乡村文化与旅游融合发展和乡村人才振兴的关系

乡村人才振兴指的是通过各种手段和措施，从人才培养、引进、使用等方面，促进乡村人才的发展，为乡村经济、文化、社会等方面的发展提供坚实的人才支撑。

（一）乡村人才振兴的内涵

培养本土人才：加大对乡村本土人才的培养力度，通过开展职业技能培训、创业培训等方式，提高乡村人才的素质和技能水平，使其能够更好地服务于乡村经济和社会发展。

引进外部人才：积极引进外部人才，尤其是具有专业技能和实践经验的人才，充实乡村各领域人才队伍，为乡村发展提供智力支持和技术支撑。

留住本地人才：采取措施，留住本地人才，使其在乡村工作和生活中有归属感和认同感，从而更加积极地投身于乡村建设和发展。

搭建人才平台：为乡村人才提供更多的发展机会，使其能够在乡村经济、文化、社会等各个领域中施展才华，实现自身价值。

优化人才服务：提供优质的人才服务，解决乡村人才在工作和生活中遇到的各种问题和困难，使其能够安心在乡村工作和生活。

近年来，随着城乡差距的不断拉大和城市化进程的加速，乡村的发展面临着诸多挑战。如何促进乡村人才振兴成为摆在我们面前的一个重要问题。乡村文化和旅游融合是一种有效的手段，可以挖掘和传承乡村文化遗产，创新旅游产品和业态，提高乡村经济发展水平，为乡村人才的培养和集聚提供支撑。

（二）乡村文化与旅游融合对乡村人才振兴的作用

一是促进创新创业。乡村文化与旅游融合可以为乡村的发展提供新的思路和机遇，推动乡村经济的转型升级。通过旅游产品和业态的创新，可以创造更多的就业机会，吸引更多的人才回流乡村。同时，旅游业也可以成为乡村发展的重要支柱产业，带动乡村经济的全面发展。

二是提高乡村社会文明程度。乡村文化与旅游融合可以促进乡村社会文明程度的提高，提升乡村居民的素质和修养。通过旅游教育和宣传，可以加强乡村居民对文明旅游的认识和理解，促进游客自觉遵守乡村规范和文明礼仪，从而营造文明和谐的乡村旅游环境。

三是促进乡村人才回流。要加大对乡村发展的支持力度，出台一系列优惠政策，吸引更多的人才回流乡村创新创业。同时，积极引导返乡人才参与乡村文化与旅游融合发展，为乡村人才振兴注入新的活力。

总之，乡村文化与旅游融合是促进乡村人才振兴的有力手段，可以挖掘和传承乡村文化遗产，创新旅游产品和业态，提高乡村经济发展水平。各级政府和社会各界应加强规划引导，加强基础设施建设，挖掘和培育乡村文化旅游品牌，促进乡村人才回流，推动乡村文化与旅游融合的深入发展。

五、推进乡村文化与旅游融合发展和乡村组织振兴的关系

乡村组织振兴，是指在乡村地区推动组织建设和组织创新，以提高乡村社会的发展质量和水平。

（一）乡村组织振兴的内涵

建立健全组织体系：在乡村地区，要通过加强基层组织建设，建立健

全村级组织、农民合作社、家庭农场等各类新型农业经营主体，并发挥其在生产、供销、信用、技术推广等方面的作用，提高农业生产效率和农民的组织化程度。

培育新型农民：在乡村组织振兴中，要注重培育有文化、懂技术、善经营、会管理的新型农民，提高他们的科学素质和经营能力，以适应现代农业发展的需要。

创新农村治理方式：在乡村组织振兴中，要创新农村治理方式，建立健全自治、法治、德治相结合的乡村治理体系，提高乡村治理能力和水平。

发展乡村特色产业：在乡村组织振兴中，要注重发展乡村特色产业，推动乡村旅游、农村电商等新业态的发展，提高乡村经济的发展水平和质量。

弘扬优秀文化传统：在乡村组织振兴中，要注重弘扬优秀文化传统，保护和传承乡村文化遗产，促进乡村文化的繁荣和发展。

总之，乡村组织振兴是一个系统工程，需要政府、市场、社会各方面的力量共同参与，才能实现乡村社会的全面发展和繁荣。

（二）乡村文化与旅游融合对乡村组织振兴的作用

一是促进乡村治理的创新和发展。乡村文化与旅游融合可以有效地促进乡村组织振兴，提高乡村治理水平。乡村文化与旅游融合有助于改善乡村治理，促进乡村治理的创新和发展。旅游业的发展需要政府提供更好的公共服务和管理，从而向乡村地区的治理提出了新的挑战。乡村文化与旅游融合可以促进居民对本地文化的认同和保护，增强居民的社区意识和参与意识，提高乡村治理的水平。

二是提供就业机会和创业机会。乡村旅游的发展可以为乡村地区居民提供更多的就业机会和创业机会，增加居民的收入。旅游业的发展需要大量的服务人员和管理人员，这为乡村地区居民提供了就业机会。同时，旅游业的发展也可以带动农产品销售和特色产品开发，增加居民的收入。

综上所述，要想实现乡村文化和旅游的有机结合，推动乡村组织振兴，需要政府和社会各界的共同努力，从政策、资金、技术、人才等多个方面支持乡村旅游的发展。建议政府加大对于乡村旅游的扶持力度，从政策、资金、技术等多个方面支持乡村旅游的发展。

第二节　推进乡村文化与旅游融合发展和中华文化复兴的关系

习近平总书记指出："我们说的共同富裕是全体人民共同富裕，是人民群众物质生活和精神生活都富裕，不是少数人的富裕，也不是整齐划一的平均主义。"[①]文化，是一个国家和民族的灵魂。文化兴，则国运兴；文化强，则民族强；文化自信，则人民自信；文化崛起，则民族崛起。以习近平同志为核心的党中央始终将文化建设放在突出位置，大力发展社会主义先进文化，传承中国优秀传统文化，不断巩固全党全国各族人民团结奋斗的共同思想基础，日益扩大中华文化的国际影响力，促使文化体制改革和文化建设不断取得一个又一个举世瞩目的伟大成就。

中华文化复兴，是指中国在现代化和全球化的双重背景下，重新发现、认识和传承自己独特的文化传统，并以此为基础推动中华民族的全面复兴。

中华优秀传统文化是中华文明的智慧结晶和精华所在，是中华民族的根和魂，"对形成和维护中国团结统一的政治局面，对形成和巩固中国多民族和合一体的大家庭，对形成和丰富中华民族精神，对激励中华儿女维护民族独立、反抗外来侵略，对推动中国社会发展进步、促进中国社会利益

---

① 习近平.扎实推动共同富裕［EB/OL］.（2021-10-15）［2023-10-22］.https://www.gov.cn/xinwen/2021-10/15/content_5642821.htm.

和社会关系平衡，都发挥了十分重要的作用"①，不仅如此，它已经成为中华民族的基因，植根在中国人的内心，潜移默化影响着中国人的思想方式和行为方式。

一、中华文化复兴的内涵

中华文化复兴的内涵包括以下几个方面：

第一，重新认识和评价中华传统文化。中华文化复兴需要深入挖掘和整理传统文化资源，并对其进行重新评价和定位，从而更好地发掘其在现代社会中的价值和意义。

第二，传承和弘扬中华文化传统。中华文化传统具有丰富的内涵和价值，传承和弘扬中华文化传统需要加强教育、文化交流、文化产业等方面的建设，推动中华文化在现代社会中的传承和发展。

第三，推动中华文化的创新发展。中华文化复兴不是简单的回归传统，而是在传承和弘扬传统文化的基础上，推动中华文化的创新发展，以适应现代社会的需要。这需要中华文化在保持自身特色的基础上，不断吸收和借鉴其他文化的优点，从而创造出更加先进、现代化的中华文化。

第四，促进中华文化与世界文化的交流互鉴。中华文化是世界文化的重要组成部分，在全球化背景下，中华文化复兴需要加强与世界其他文化的交流互鉴，不断扩大中华文化的国际影响力，为人类文明进步做出更大的贡献。

第五，增强中华民族的文化自信心和民族自豪感。中华文化复兴的最

---

① 《求是》杂志编辑部.建设中华民族现代文明和社会主义文化强国的行动指南［EB/OL］.（2023-09-01）［2023-11-22］. http://politics.people.com.cn/n1/2023/0901/c1001-40068238.html.

终目的是增强中华民族的文化自信心和民族自豪感，让中华民族能够更加自信地面对世界，推动中华民族的全面复兴。

二、推进乡村文化与旅游融合发展对中华文化复兴的作用

推进乡村文化与旅游融合发展和中华文化复兴密切相关。

首先，乡村文化与旅游融合发展可以促进中华文化的传承与弘扬。中华文化是中国几千年历史的积淀，乡村文化与旅游融合发展可以让更多人了解、体验和感受到中华文化的魅力，从而促进中华文化的传承与弘扬。例如，中国传统村落、古镇、民俗文化等都是中华文化的重要组成部分，通过旅游的方式可以更好地展示和传播这些文化，让更多的人认识、了解和喜爱中华文化。

其次，乡村文化与旅游融合发展可以带动中华文化的创新与发展。随着社会的发展，中华文化也需要通过不断创新和发展来适应时代的需求。乡村文化与旅游融合发展可以为中华文化的创新与发展提供新的思路和途径，例如一些乡村地区利用当地的文化资源发展创意农业、文化旅游等新兴产业，不仅推动了当地经济的发展，也促进了中华文化的创新与发展。

最后，乡村文化与旅游融合发展可以促进乡村经济的发展和农民增收。随着城市化的快速发展，大量农村人口流入城市，导致农村地区出现了不少空心化现象。乡村文化与旅游融合发展可以为乡村地区带来新的发展机遇，促进乡村经济的发展和农民增收。例如，一些乡村地区利用自身的自然风光、文化资源等优势发展乡村旅游，吸引了大量游客，带动了当地的经济发展和农民增收。

因此，推进乡村文化与旅游融合发展是促进中华文化复兴的有效途径

之一，可以让更多人了解、体验和感受到中华文化的魅力，同时也可以推动中华文化的传承与弘扬、创新与发展，促进乡村经济的发展和农民增收。

第三节　推进乡村文化与旅游融合发展和建设文化强国的关系

文化强国，是指一个国家在文化领域具有强大的综合实力和竞争优势，能够通过文化的传承、创新和发展，提升国家的文化软实力和国际影响力，在世界文化格局中占据重要地位，进而推动国家经济、政治和社会的全面发展，并为全球文化发展做出重大贡献。

一、文化强国的内涵

一是文化价值观的引领作用。文化影响力是文化强国的重要标志，包括国家文化的国际影响力、文化软实力、文化产品的国际市场份额等。文化强国的价值观是其文化软实力的重要组成部分，包括国家的文化自信、对文化多样性的尊重、对文化平等的倡导等。文化强国应该具有独特的文化价值观，能够引领社会思潮、凝聚社会共识、形成文化自信，并通过有效的文化传播手段，将其传递到世界各地。

二是强大的文化创新力。文化创新是文化强国的核心，包括文化产业的发展、文化艺术的创造和创新、文化科技的应用等。文化产业是文化强国的重要组成部分，涉及文化艺术、新闻出版、广播影视、文化旅游等领域。文化产业应该具有较强的市场竞争力和国际影响力，能够在经济、社会和文化发展中发挥重要作用。

三是优秀的文化人才。文化强国需要有一批具有较高文化素质、创新能力和专业水平的文化人才，包括文化艺术人才、文化科技人才和文化管理人才等。他们能够创作出优秀的文化作品、传承和弘扬传统文化、推动文化创新和发展。

四是广泛的文化传播能力。文化强国应该具有广泛的文化传播能力，能够通过多种渠道将自己的文化传播到世界各地，并在国际文化交流中发挥重要作用。

五是深厚的文化底蕴。一个国家的文化传承是其文化强国的基础，包括对自身文化遗产的保护、研究和传承，以及对其他国家和民族文化的借鉴。文化强国应该具有深厚的文化底蕴，能够展现出独特的文化魅力和历史文化遗产，吸引世界各地的人前来了解和体验其文化。

总之，文化强国是一个国家在文化领域全面发展的表现，它需要具备强大的文化创新力、优秀的文化人才、广泛的文化传播能力和深厚的文化底蕴。

二、推进乡村文化与旅游融合发展对建设文化强国的作用

推进乡村文化与旅游融合发展和建设文化强国是密不可分的两个方面。

首先，乡村文化与旅游融合发展可以促进农村经济的发展，增加农民收入，提高生活水平。旅游业是一个综合性产业，可以带动农业、林业、工业、服务业等多个行业的发展。同时，旅游业也可以为农村地区提供更多的就业机会，增加居民的收入。这对于推进乡村振兴战略，实现农业农村现代化具有重要意义。

其次，建设文化强国可以为乡村文化与旅游融合发展提供深厚的文化支撑。文化是旅游的灵魂，旅游是文化的载体。没有深厚的文化底蕴，旅

游业就缺乏内涵和持久的生命力。因此，建设文化强国，加强文化遗产保护和传承，弘扬优秀传统文化和民俗文化，可以为乡村文化与旅游融合发展提供更加丰富的文化内容，促进旅游业的可持续发展。

最后，乡村文化与旅游融合发展和建设文化强国也是相互促进的关系。发展乡村旅游可以为乡村文化的传承和弘扬提供载体，同时也可以促进乡村文化的保护和发展。而建设文化强国则可以为乡村旅游的发展提供更加广阔的视野和更高的标准，促进乡村旅游的升级和提质。因此，推进乡村文化与旅游融合发展和建设文化强国是相辅相成、相互促进的。

第四节　推进乡村文化与旅游融合发展和推进城乡一体化的关系

城乡一体化，是指在城乡之间实现经济、社会、政治、文化等各方面的一体化发展，使城市和乡村之间的发展相互衔接、相互协调和相互促进。它旨在打破城乡二元结构，使城市和乡村在资源、机会、权利和义务等方面享有平等的待遇和机会，实现城乡协调发展。

一、城乡一体化的内涵

具体来说，城乡一体化的内涵包括以下几个方面：

第一，城乡产业一体化。城乡一体化要求城市和乡村的产业发展应该具有一定的协调性和互补性，避免出现产业结构失衡的问题。城市和乡村应该共同发展现代农业、高科技产业、文化创意产业等，实现产业链的延伸和互补。

第二，城乡基础设施一体化。城乡一体化要求加强城乡基础设施建设一体化建设，包括交通、水利、电力、通信等方面。要加强城乡交通网络建设，打通城乡之间的交通瓶颈，实现城乡之间的快速通达。

第三，城乡公共服务一体化。城乡一体化要求加强城乡公共服务一体化建设，包括教育、医疗、文化、体育等方面。要促进城乡教育、医疗等资源的共享，加强文化体育设施的建设，促进城乡公共服务水平的提高。

第四，城乡社会管理一体化。城乡一体化要求加强城乡社会管理一体化建设，包括社会保障、社会治安、社会组织等方面。要促进城乡社会保障的一体化建设，加强社会治安管理，支持发展社会组织，增强城乡社会管理的合力。

第五，城乡生态建设一体化。城乡一体化要求加强城乡生态一体化建设，包括生态保护、生态修复和生态经济发展等方面。要促进城乡生态环境的共建共享，加强生态保护和修复，发展生态经济，推动城乡可持续发展。

二、推进乡村文化与旅游融合发展对推进城乡一体化的作用

推进乡村文化与旅游融合发展和推进城乡一体化是相辅相成的两个方面，二者可以相互促进，共同推动农村经济和社会发展。

首先，乡村文化与旅游融合发展可以促进城乡一体化。随着城市化进程的加快，城乡差距不断扩大，而乡村旅游的发展可以有效促进城乡之间的人口、资金、信息等要素的流动，推动城乡一体化的进程。乡村旅游的发展可以为城市居民提供一个新的休闲度假目的地，同时也可以带动农村基础设施建设、产业升级和增加就业机会，提高农村居民的生活水平和收入水平，从而实现城乡之间的协调发展。

其次，推进城乡一体化也可以为乡村旅游发展提供更好的环境和条件。城乡一体化的推进可以为乡村旅游的发展提供更完善的基础设施、更好的公共服务和更安全的社会环境，吸引更多的游客前来旅游，从而带动乡村经济的发展。

因此，推进乡村文化与旅游融合发展和推进城乡一体化是相互依存、相互促进的关系，只有同时推进这两个方面，才能实现农村经济和社会的全面发展。

第五节　推进乡村文化与旅游融合发展和建设中国式现代化的关系

中国式现代化是在遵循现代化普遍规律的基础上，立足中国实际，遵循中国特色社会主义的发展道路，通过中国特色社会主义的制度和文化优势，实现国家现代化的发展目标。

一、中国式现代化的内涵

根据党的二十大报告，中国式现代化的本质要求是：坚持中国共产党领导，坚持中国特色社会主义，实现高质量发展，发展全过程人民民主，丰富人民精神世界，实现全体人民共同富裕，促进人与自然和谐共生，推动构建人类命运共同体，创造人类文明新形态。

中国式现代化是中国共产党领导的社会主义现代化，既有各国现代化的共同特征，更有基于自己国情的中国特色。

中国式现代化是人口规模巨大的现代化。我国十四亿多人口整体迈进现代化社会，规模超过现有发达国家人口的总和，艰巨性和复杂性前所未有，发展途径和推进方式也必然具有自己的特点。

中国式现代化是全体人民共同富裕的现代化。共同富裕是中国特色社会主义的本质要求，也是一个长期的历史过程。我们坚持把实现人民对美好生活的向往作为现代化建设的出发点和落脚点，着力维护和促进社会公平正义，着力促进全体人民共同富裕，坚决防止两极分化。

中国式现代化是物质文明和精神文明相协调的现代化。物质富足、精神富有是社会主义现代化的根本要求。物质贫困不是社会主义，精神贫乏也不是社会主义。我们不断厚植现代化的物质基础，不断夯实人民幸福生活的物质条件，同时大力发展社会主义先进文化，加强理想信念教育，传承中华文明，促进物的全面丰富和人的全面发展。

中国式现代化是人与自然和谐共生的现代化。人与自然是生命共同体，无止境地向自然索取甚至破坏自然必然会遭到大自然的报复。我们坚持可持续发展，坚持节约优先、保护优先、自然恢复为主的方针，像保护眼睛一样保护自然和生态环境，坚定不移走生产发展、生活富裕、生态良好的文明发展道路，实现中华民族永续发展。

中国式现代化是走和平发展道路的现代化。我国不走一些国家通过战争、殖民、掠夺等方式实现现代化的老路，那种损人利己、充满血腥罪恶的老路给广大发展中国家人民带来深重苦难。我们坚定站在历史正确的一边、站在人类文明进步的一边，高举和平、发展、合作、共赢旗帜，在坚定维护世界和平与发展中谋求自身发展，又以自身发展更好维护世界和平与发展。

总之，中国式现代化是一个有机统一的整体，既体现现代化的普遍性，又体现中国特色和中华文化传统的独特性，是中国特色社会主义现代化的实践形态和目标追求。

二、推进乡村文化与旅游融合发展对建设中国式现代化的作用

推进乡村文化与旅游融合发展是建设中国式现代化的重要内容之一，它有助于实现以下几个目标：

一是促进城乡协调发展。通过乡村文化与旅游融合发展，可以增加农民收入，缩小城乡收入差距，推动城乡协调发展。

二是推动生态文明建设。乡村文化与旅游融合发展可以促进生态保护和生态经济发展，助力实现碳达峰、碳中和目标，建设美丽中国。

三是提升乡村治理水平。通过乡村文化与旅游融合发展，可以推动乡村治理现代化，提高乡村基层组织的领导能力和管理水平，增强乡村社会的凝聚力和向心力。

四是助力乡村文化传承。乡村文化与旅游融合发展可以促进乡村文化遗产的保护和传承，增强文化自信，弘扬中华优秀传统文化。

五是满足人民日益增长的美好生活需要。乡村文化与旅游融合发展可以提供优质的旅游产品和服务，满足人们回归自然、追求健康、愉悦身心的需求，提升人们的生活品质。

因此，推进乡村文化与旅游融合发展对于建设中国式现代化具有重要意义，它可以为实现城乡协调发展、生态文明建设、乡村治理现代化、文化传承和美好生活需要提供有力支撑。

第六节　推进乡村文化与旅游融合发展和提升文化自信的关系

文化自给自足是国家和民族发展中最重要、最深、最稳的力量，没有文化的繁荣发展，就不会有民族的伟大复兴。建设文化强国和具有深厚历史文化遗产的社会主义国家，需要强化文化自信。自党的十七大报告首次正式提出"提高国家文化软实力"这一概念以来，习近平总书记多次围绕"国家文化软实力"重点强调、深刻阐明并提出"建设具有强大感召力和影响力的中华文化软实力"的重大论断。坚定文化自信才能不断提升我国的文化软实力。文化自信指一个人或一个民族对自身文化的价值、能力、特色和发展前景充满信心。它涉及对自己的文化传统、文化价值观、文化特色和文化创造力等方面的认知和评价。

一、文化自信的内涵

文化自信的内涵包括以下几个方面：

第一，对自身文化的认知和理解。一个民族需要对自己的文化传统、文化特色、文化精神等有深刻的认知和理解，了解自己的文化在世界文化中的地位和影响，从而对自己的文化充满自信。

第二，对自身文化的价值和优势的评价。一个民族需要对自己的文化价值和优势有客观的评价，充分认识到自己文化的独特性和不可替代性，从而对自己的文化充满自信。

第三，对自身文化的发展前景的信心。一个民族需要对自己的文化发展前景充满信心，相信自己的文化能够不断创新、发展和繁荣，从而对自己的文化充满自信。

第四，对其他文化的尊重和包容。一个民族需要尊重和包容其他文化的存在和发展，以开放的心态和包容的精神与其他文化交流互鉴，从而更好地认识自己的文化和其他文化。

总之，文化自信是一个民族对自身文化的认知、评价、信心和发展前景的综合体现，是文化发展的重要前提和基础。

二、推进乡村文化与旅游融合发展对提升文化自信的作用

推进乡村文化与旅游融合发展可以促进乡村经济发展，增加就业机会，提高居民收入水平，同时也有利于保护和传承乡村文化，提升文化自信。

乡村文化与旅游融合发展可以促进乡村经济发展，增加就业机会，提高居民收入水平。这不仅有利于改善乡村居民的生活水平，也有利于吸引更多的人才回流乡村，推动乡村的可持续发展。同时，旅游业的发展也可以带动农业、手工业、文化创意产业的发展，推动乡村产业结构的优化升级。

此外，乡村文化与旅游融合发展也有利于保护和传承乡村文化，提升文化自信。在旅游的带动下，越来越多的人开始关注和了解乡村文化，这有利于加强对乡村文化的保护和传承。同时，乡村也可以借助旅游业的发展，打造独特的文化品牌，提升文化产品的附加值，增强文化自信。

因此，推进乡村文化与旅游融合发展不仅是促进乡村经济发展和保护传承乡村文化的有效途径，也是提升文化自信的重要举措。

第七节　推进乡村文化与旅游融合发展和提升农民幸福感的关系

幸福感是一种重要的人类需求，它与人的身心健康、生活满意度和生活质量密切相关。幸福感是一种心理状态，是指一个人对自己生活的满意度以及对未来充满信心和希望的程度。幸福感可以来自内部，也可以来自外部，可以是短暂的快乐，也可以是长期的满足感。

一、幸福感的内涵

幸福感的内涵包括以下几个方面：

一是生活满意度。一个人对自己生活的总体满意度，包括对自己的财富、地位、人际关系、健康等方面的满意度。

二是积极的情绪。一个人经常体验到的积极情绪，如快乐、幸福、满足感等。

三是投入感。一个人对自己所从事的工作或事业的投入程度，以及对生活中的其他活动的参与程度。

四是社会支持。一个人感受到的来自家人、朋友、同事等支持的程度。

五是对未来的信心。一个人对未来充满信心和希望的程度，相信自己能够实现自己的目标和愿望。

六是心理健康。一个人的心理健康状况，包括自尊、自信、自我效能感、情绪稳定性等。

二、推进乡村文化与旅游融合发展对提升农民幸福感的作用

推进乡村文化与旅游融合发展可以有效促进农村经济发展和增加农民收入，同时也能够提升农民的幸福感。

首先，乡村文化与旅游融合发展可以促进农村产业结构的调整和升级，带动农村经济发展。旅游业的发展可以为农村创造更多的就业机会，增加农民的工资性收入。同时，旅游业的发展也可以推动农村种植业、养殖业等传统产业的转型升级，提高农产品附加值，增加农民的经营性收入。

其次，乡村文化与旅游融合发展可以改善农村基础设施和公共服务水平，提升农民的生活质量。旅游业的发展可以带动地方政府加大对农村基础设施和公共服务设施的投入，完善道路、供水、电力、通信等基础设施，提升农村医疗、教育、文化等公共服务水平。这些投入和改善也会让农民感受到实实在在的好处，提升他们的生活质量和幸福感。

最后，乡村文化与旅游融合发展可以促进农村社会文明进步和生态环境保护，实现可持续发展。旅游业的发展可以引导农民改变传统的生产生活方式，提高他们的环保意识和文明素质。同时，旅游业的发展也可以促进农村生态环境的保护和修复，实现经济效益、社会效益和生态效益的有机统一。

综上所述，推进乡村文化与旅游融合发展可以有效地提升农民的幸福感，促进农村经济发展和社会进步。

第八节　推进乡村文化与旅游融合发展和建设生态文明的关系

生态文明，是指人类在经济、社会、文化和环境等各个方面建立和谐、协调、持续发展的关系和制度，以实现人与自然、人与社会、人与人之间的和谐共生的一种文明形态。其核心是人与自然的和谐共生，强调人类应尊重自然、顺应自然、保护自然，建立人与自然和谐共生的生态文化、生态经济、生态环境和生态制度，使人类在经济、社会、文化和环境等各个方面均达到可持续发展的状态。

一、生态文明的内涵

生态文明的内涵包括以下几个方面：

第一，尊重自然。人类应该尊重自然，尊重自然的生态系统、生态平衡和自然规律，不以牺牲自然环境为代价换取经济利益。

第二，保护生态。人类应该采取积极的措施保护自然生态环境，包括对大气、水、土壤、植物、动物等自然资源的保护，防止其被污染、破坏。

第三，持续发展。人类应该遵循经济、社会、环境可持续发展的原则，在保护生态环境的前提下，推动经济、社会和文化的发展，实现人类的长远利益和可持续发展。

第四，社会公平。人类应该在保护生态环境的同时，注重社会公平，包括对弱势群体的关爱和保护，实现人与自然、人与社会、人与人之间的和谐共存。

第五，科学发展。人类应该遵循科学规律，具有科技创新的精神，采取科学的方法和技术手段保护和改善生态环境，提高生态文明建设的水平和质量。

总之，生态文明是人类文明发展的一种新形态，它强调人与自然的和谐共存，追求经济、社会、环境的协调发展，推进生态文明建设是实现可持续发展的必由之路。

二、推进乡村文化与旅游融合发展对建设生态文明的作用

推进乡村文化与旅游融合发展和建设生态文明有着密切的关系。

首先，乡村文化与旅游融合发展可以促进生态文明建设。乡村地区是生态文明建设的重要领域之一，旅游业的发展可以带动当地产业结构的优化和升级，促进农业、林业、渔业等产业的发展，推动生态环境的保护和修复，实现生态、经济和社会的协调发展。

其次，旅游业的发展也需要生态文明建设的支撑。旅游业是一个高度依赖自然环境和文化资源的产业，在发展过程中需要严格遵守生态环境保护和文化遗产保护的相关法律法规，加强生态文明建设，才能实现可持续发展。

因此，推进乡村文化与旅游融合发展和建设生态文明是相辅相成、相互促进的。要实现乡村文化与旅游融合发展，就必须坚持生态优先、绿色发展，加强生态文明建设，保护好乡村的自然环境和文化遗产，同时，也要提高乡村旅游的品质和服务水平，满足游客的需求，推动乡村经济的发展。

第九节　推进乡村文化与旅游融合发展和建设
精神文明的关系

精神文明，是指人类在社会化生活中所创造的文化和社会现象的总和，

以及人们在这些文化和社会现象中所表现出来的价值观、道德观、行为规范和心理状态等方面的总称。它包括人们在政治、经济、文化、艺术等各个领域中所取得的成就和进步，以及人们在社会生活中所表现出来的公民素质和社会责任感。

一、精神文明的内涵

精神文明的内涵非常丰富，包括但不限于以下几个方面：

第一，价值观念。人们对于道德、伦理、信仰等方面的认识和看法，包括对真、善、美的追求和理解。

第二，文化素养。人们在文学、艺术、科学、历史等领域中的修养和素质，包括对文化遗产的保护和传承。

第三，道德规范。人们在社会生活中所遵循的行为准则和规范，包括尊老爱幼、扶贫济困、助人为乐等美德。

第四，心理状态。人们在面对困难、挫折、压力等时的心理状态和应对能力，包括对心理健康的重视和维护。

第五，社会责任。人们在社会生活中所承担的责任和义务，包括对家庭、社区、国家、全球化等方面的担当和贡献。

总之，精神文明是人类在社会化生活中所创造的一切文化和社会现象的总和，它不仅反映了人们的精神面貌和文化素养，更是人们在社会生活中所表现出来的价值观、道德观、行为规范和心理状态等方面的综合体现。

二、推进乡村文化与旅游融合发展对促进乡村精神文明建设的作用

推进乡村文化与旅游融合发展有助于促进乡村精神文明建设，具体表

现在以下几个方面：

第一，发掘和保护乡村文化。在旅游的推动下，乡村文化得到了更好的保护和传承。旅游业的发展需要深入挖掘乡村的历史文化、民俗文化、建筑文化等，促进了对乡村传统文化的发掘和保护。

第二，提升乡村居民文化素质。乡村旅游发展需要大量的服务人员，这就为乡村居民提供了更多的就业机会和培训机会，有助于提高他们的文化素质和服务水平。

第三，促进乡风文明建设。发展乡村旅游可以创造文明、健康、和谐的旅游环境，引导居民形成健康、文明的生活方式，促进乡风文明建设。

第四，推动乡村经济发展。乡村旅游的发展可以带动当地经济的发展，增加居民收入，改善生活质量，从而促进精神文明建设。

因此，推进乡村文化与旅游融合发展有助于促进乡村精神文明建设，实现乡村全面发展。

第十节　推进乡村文化与旅游融合发展和建设社会文明的关系

社会文明，是指人类在社会化生活中所形成的相互尊重、关爱、协作的行为方式，以及在此基础上形成的社会道德、行为规范和价值观念等方面的总称。它包括人类在社会化生活中所创造的物质财富和精神财富，以及在此基础上形成的社会制度、文化传统、社会秩序和社会精神等。社会文明是人类文明的重要组成部分，是人类文明发展的重要标志。

一、社会文明的内涵

社会文明的内涵包括以下几个方面：

第一，人类对自然环境的尊重和保护，包括对物种的保护、对生态平衡的维护等。

第二，人类对社会规则的尊重和遵守，包括法律、道德、礼仪等。

第三，人类对他人的尊重和关爱，包括互相帮助、互相支持、互相理解等。

第四，人类对自身的尊重和完善，包括提高文化素质、发展科技、追求精神生活等。

第五，人类对社会组织的尊重和参与，包括参与公共事务、社会建设等。

这几个方面相互作用、相互影响，共同构成了社会文明的内涵。社会文明的提升需要人们共同努力，从自身做起，从小事做起，不断完善自己，同时积极参与社会建设和公共事务，为社会文明的进步做出贡献。

二、推进乡村文化与旅游融合发展对建设社会文明的作用

推进乡村文化与旅游融合发展和建设社会文明是密不可分的关系。

首先，乡村文化是乡村的灵魂和根基，是乡村发展的重要支撑和内在动力。乡村文化的发掘和传承有助于提升乡村的文化内涵和知名度，促进乡村旅游的发展。同时，旅游业的发展也有助于带动文化资源的保护和传承，促进乡村文化与旅游的深度融合。

其次，建设社会文明是推进乡村振兴的重要目标和任务。社会文明包括公民素质、社会秩序、社会风尚等方面，它的提升有助于促进乡村社会的和谐发展。乡村文化与旅游融合发展可以促进乡村居民文化素质的提升，从而使乡风文明、治理有序。

最后，推进乡村文化与旅游融合发展和建设社会文明是相辅相成、相互促进的。只有在文化与旅游的融合发展中，才能更好地保护和传承乡村文化；只有加强社会文明建设，才能更好地推进乡村文化与旅游的融合发展。因此，在实践中，要注重协调推进文化与旅游发展，加强社会文明建设，实现乡村文化与旅游的高质量发展。

第十一节　推进乡村文化与旅游融合发展和建设美丽乡村的关系

美丽乡村，是指一个拥有优美自然环境、人文环境和社会环境的地方，它注重生态环境保护，同时也注重经济、社会、文化等方面的协调发展。美丽乡村建设旨在促进农村地区的可持续发展，提高农民生活质量，建设文明、富裕、美丽的新农村。美丽乡村建设需要充分考虑当地的自然环境、文化传统和经济发展水平等因素，通过统筹规划、政策扶持、社会参与等多种方式，实现农业、农村、农民的全面发展。

一、美丽乡村的内涵

美丽乡村的内涵包括以下几个方面：

第一，环境美。美丽乡村的环境应该是干净、整洁、优美的，没有污染，没有乱扔的垃圾，没有乱排放的污水，有花有草，有树有林，能够给人们提供一个良好的生活和休闲环境。

第二，生活美。美丽乡村应该是一个宜居的地方，这里的人们生活安逸、舒适，有良好的住房条件和基础设施，有稳定的工作和收入，有和谐的社会关系和文化氛围。

第三，产业美。美丽乡村应该有一定的产业基础，有发展潜力和特色，能够带动当地经济发展，提供更多的就业机会，同时能够保护当地的生态环境和文化遗产。

第四，人文美。美丽乡村应该有深厚的文化底蕴和人文关怀，这里的人们尊重自然、尊重文化，有良好的社会公德和文明风尚，能够形成一个有活力、有凝聚力的社区。

第五，治理美。美丽乡村的治理应该是科学、民主、公正的，政府和社会组织能够有效地管理和服务乡村，保障人们的权益和利益，同时能够调动广大村民参与乡村建设和管理的积极性。

二、推进乡村文化与旅游融合发展对建设美丽乡村的作用

推进乡村文化与旅游融合发展可以促进乡村经济发展、改善乡村居民生活质量、保护和传承乡村文化，从而实现建设美丽乡村的目标。

首先，乡村文化与旅游融合发展可以促进乡村经济发展。旅游业是一个综合性产业，可以带动餐饮、住宿、交通、购物等相关产业的发展。在乡村文化与旅游融合发展过程中，可以注重发掘和展示当地独特的民俗文化、历史文化等资源，吸引更多的游客前来观光、体验、购物等，从而推动乡村经济发展。

其次，乡村文化与旅游融合发展可以改善乡村居民生活质量。随着城市化进程的加快，越来越多的人选择到城市生活和工作，导致乡村人口流失、经济衰退。发展乡村旅游可以为乡村居民提供更多的就业机会，增加他们的收入来源。旅游业的发展也可以带来先进的理念、技术和管理经验，促进乡村基础设施和公共服务的改善，提升乡村居民的生活质量。

最后，乡村文化与旅游融合发展可以保护和传承乡村文化。在现代化进程中，很多乡村文化逐渐消失，许多传统技艺、民俗文化、历史建筑等正在逐渐失去其原有的价值。发展乡村旅游可以为保护和传承乡村文化提供一种有效的途径。在发展旅游的过程中，可以注重保护和修复当地的文化遗产，挖掘和展示当地独特的文化资源，吸引更多的人前来了解、体验和传承乡村文化。

综上所述，推进乡村文化与旅游融合发展是建设美丽乡村的重要途径，可以促进乡村经济发展、改善乡村居民生活质量、保护和传承乡村文化。

第四章

对乡村文化旅游资源的价值评估

第一节　价值评估

价值评估，是指对一个事物或对象的价值进行评定、估算和衡量的过程。

一、价值评估的内涵

价值评估的内涵包括以下几个方面：

第一，客观性。价值评估是基于客观事实和数据进行的，不受主观意识、情感和价值观等因素的影响。

第二，相对性。价值评估是相对的，不同的人或不同的时间点对同一事物的价值评估可能会存在差异。

第三，目的性。价值评估具有明确的目的，是为了对某一事物或对象的价值进行量化和比较，以便做出合理的决策和评价。

二、价值评估的意义

价值评估的意义在于为决策者提供关于某一事物或对象的价值信息，以便做出更加科学、合理的决策。价值评估可以应用于各种领域，例如企业管理、资产评估、收购兼并、政府采购、慈善捐赠等。通过科学的价值评估，可以为决策者提供更加准确的信息，帮助其更好地进行决策和管理。同时，价值评估也可以为投资者和金融机构提供投资和融资的参考依据，帮助其更好地评估风险和收益。

三、价值评估的理论依据

价值评估的理论依据主要包括以下几个方面：

从经济学理论角度：价值评估是经济学研究的重要内容之一。经济学理论认为，价值是凝结在商品中的无差别的人类劳动，价格是由市场供求关系决定的。因此，价值评估需要考虑市场需求、生产成本、竞争情况等因素。

从心理学理论角度：心理学理论认为，人的行为决策受到心理因素的影响。在价值评估中，人们的需求、偏好、预期等心理因素会影响他们对某一事物或对象的评价。因此，在价值评估中需要考虑人类心理因素的影响。

从数学和统计学理论角度：价值评估需要进行定量分析和数据处理。数学和统计学理论可以提供精确的计算方法和数据分析工具，帮助人们更好地理解和评估价值。

从博弈论理论角度：博弈论理论研究的是人们在决策时的相互影响和博弈关系。在价值评估中，博弈论理论可以帮助人们更好地理解竞争情况和市场供求关系，从而更好地评估价值。

从实证分析理论角度：实证分析理论是一种基于实证数据的分析方法。在价值评估中，实证分析理论可以帮助人们更好地理解价值的实际情况和变化趋势，提高价值评估的准确性和可靠性。

总之，价值评估的理论依据涵盖了经济学、心理学、数学和统计学、博弈论以及实证分析等多个领域，这些理论的综合运用可以帮助人们更好地评估价值。

四、价值评估方法

价值评估的对象包括资产、技术、企业、自然资源等，以下是几种常见的价值评估方法：

成本法，通过计算成本来评估资产的价值。这种方法可以计算出资产的历史成本、重置成本或现行成本，从而确定其价值。成本法是一种基于资产成本的评估方法。该方法通常涉及确定被评估资产的重置成本或重建成本，然后将其与资产的当前市场价值相比较。这种方法通常适用于不可替代的资产，例如土地、设备等。

收益法，通过预测未来收益来评估资产的价值。这种方法需要对资产未来的收益进行预测，然后根据预测的收益计算出资产的价值。收益法是一种基于未来预期收益的评估方法。该方法通常会对被评估资产在未来产生的现金流量进行预测，然后计算资产的预期收益率。资产的价值可以通过将预期未来收益率与适当的折现率相结合来确定。这种方法通常适用于有持续稳定现金流量的资产，例如房地产、股票等。

市场法，通过比较类似资产的销售价格或交易价格来评估被评估资产的价值。这种方法需要有一个活跃的市场，从而获得类似资产的销售价格或交易价格，然后根据这些价格来评估被评估资产的价值。市场法是一种基于市场交易数据的评估方法。该方法通常会比较被评估资产与最近交易的类似资产的价值，然后计算一个相对价值。这种方法通常适用于可替代的资产，例如股票、债券等。

资产组合法，通过将多项资产组合在一起来评估资产的价值。这种方法适用于企业的价值评估，可以将企业的各项资产组合在一起，然后根据这些资产的价值计算出企业的总价值。

清算价值法，通过评估企业清算时的价值来评估企业的价值。这种方法假设企业将被清算，所有资产将被出售，然后根据出售所得的现金来计算企业的价值。

基于价值的评估，是一种基于被评估资产的未来潜在价值的评估方法。该方法通常会评估被评估资产的品牌价值、市场占有率、研发能力等无形资产。这种方法通常适用于知识密集型行业，例如科技、媒体、娱乐等。

需要注意的是，不同的价值评估方法适用于不同的情况，并且需要考虑各种因素，如市场趋势、经济环境、法律法规等。

第二节　对乡村文化旅游资源进行价值评估

一、对乡村文化旅游资源进行价值评估时应遵循的原则

（一）客观性原则

对乡村文化旅游资源进行价值评估时，应该坚持客观性原则。这意味着评估应该尽可能地客观、公正、不带偏见、不受个人主观因素的影响。

客观性原则指在对乡村文化旅游资源进行价值评估时，要做到实事求是，需要尽可能客观、公正地反映其真实价值，避免主观因素的干扰和影响。这就要求评估者必须具备专业的知识和经验，对乡村文化旅游资源进行全面、深入的调查和分析，充分考虑其自身特点和市场需求，以科学、客观的方法进行评估。只有这样，才能真实反映出乡村文化旅游资源的价

值，为其开发和利用提供可靠的依据。

1.客观性原则的内涵

具体来说，客观性原则包括以下几个方面的内涵：

第一，数据可靠性。评估者需要采用科学、可靠的数据采集方法，收集准确、完整、可靠的数据，避免对通过道听途说、主观臆断等方式得来的不可靠数据的使用。

第二，方法科学性。评估者需要根据乡村文化旅游资源的特点和市场需求，选择科学、合理的评估方法和工具，充分考虑各种因素的影响，避免主观判断和经验主义的干扰。

第三，全面性。评估者需要对乡村文化旅游资源进行全面、系统的调查和分析，全面了解其自身特点、优势和不足，避免片面性和局限性。

第四，可比较性。评估者需要选择同类型的乡村文化旅游资源进行比较分析，充分考虑其与其他资源的异同，避免因资源的独特性而导致评估结果的偏差。

第五，公正性。评估者需要遵守公正、客观的评估原则，不受个人偏见和利益的影响，保证评估结果的公正性和可信度。

2.客观性原则对于评估人员的要求

具体来说，这一原则要求评估人员尽可能多地搜集数据和信息，对资源进行全面的分析和评估；采用科学的方法和工具，对资源的价值进行量化和科学化的评估；避免主观臆断和偏见，对资源的价值进行客观的评价；与其他专家和利益相关者进行充分的沟通和交流，听取他们的意见和建议；确保评估结果的公正性和透明度，为决策者提供准确的参考依据。

只有坚持客观性原则，才能确保乡村文化旅游资源的价值评估结果真实可信，为旅游开发和资源保护提供有力的支持。

（二）系统性原则

在进行评估时，要做到不重不漏，要综合考虑乡村文化旅游资源的自然、经济、社会影响。

1.系统性原则的内涵

第一，全面性。系统性原则要求评估人员全面考虑乡村文化旅游资源的各个方面，包括自然景观、人文景观、民俗文化、历史文化等。只有全面考虑这些因素，才能真正评估出乡村文化旅游资源的价值。

第二，整体性。系统性原则要求评估人员从整体上考虑乡村文化旅游资源的价值，不能只关注其中一个或几个方面。在评估过程中，需要对资源的各个部分进行综合分析，从而更好地把握整体价值。

第三，可持续性。系统性原则要求评估人员考虑资源的可持续性，包括生态环境和经济环境等方面。只有具有可持续性的资源才能持续地为旅游业带来价值，因此评估时需要考虑如何保护和利用资源，使其可持续发展。

第四，动态性。系统性原则要求评估人员关注资源的动态变化，包括资源的变化趋势、市场需求等。只有把握住了资源的动态变化，才能更好地评估其价值，为旅游业的发展提供有效的决策支持。

第五，多角度性。系统性原则要求评估人员从多个角度考虑乡村文化旅游资源的价值，包括经济、社会、文化等方面。只有多角度考虑，才能更全面地评估资源的价值，避免片面性。

2.系统性原则对于评估人员的要求

了解评估指标：评估人员应该了解并熟悉评估指标的内容和计分标准，以便能够公正、客观地评估申请人。

保持中立：评估人员应该保持中立，不偏袒任何一方，以避免影响评估结果的公正性。同时，评估人员应该避免与申请人或其他利益相关者建立任何关系。

采用标准化的评估方法：评估人员应该采用标准化的评估方法，以确保评估结果的可比性和准确性。这可以通过采用相同的评估工具、设定相同的评估标准、实施相同的评估程序等方式实现。

进行全面评估：评估人员应该对申请人进行全面评估，考虑申请人在各方面的表现和素质，包括但不限于学术成绩、专业技能、领导能力、沟通能力、团队合作能力等。

保证评估过程的透明度：评估人员应该确保评估过程的透明度，包括评估标准、评估程序、评估结果等都应该对申请人和其他利益相关者公开透明。同时，评估结果应该经过核实和审查，以确保其准确性和公正性。

（三）典型性原则

对乡村文化旅游资源进行价值评估的典型性原则指在进行价值评估时，需要考虑到乡村文化旅游资源的典型性。典型性原则强调的是资源的独特性和代表性。在评估时，需要考虑到这些资源在整个行业中的独特性和代表性，以及它们对于游客的吸引力和价值。这个原则可以帮助旅游管理者更好地认识到哪些资源是最具有价值的，并对其进行有效的保护和管理。

1.典型性原则的内涵

典型性原则是价值评估中的一项重要原则，指的是在进行价值评估时，应该选取具有代表性的样本，以反映整体的价值特征。具体来说，典型性原则的内涵包括以下几个方面：

第一，样本的选择应该具有代表性，能够反映出所评估事物或事件的主要特征和属性。

第二，样本的数量应该充足，能够提供足够的统计数据和信息，以便对事物或事件的价值进行准确的评估。

第三，样本的分布应该均匀，以便反映出事物或事件的真实价值，而不是由于样本的偏差而导致的偏见。

第四，在进行价值评估时，应该考虑到样本的变化对整体价值的影响，以保证评估结果的稳定性和可靠性。

总之，典型性原则是价值评估中一个非常重要的原则，它可以帮助我们更准确地评估事物或事件的价值，避免由于样本的偏差而导致评估结果失真。

2.典型性原则对于评估人员的要求

专业知识和经验：评估人员应该具备相关领域的专业知识和经验，能够理解和评估被评估对象的特性。

公正性和客观性：评估人员应该公正、客观地进行评估，不受个人偏见、情感、利益等因素的影响。

全面性和细致性：评估人员应该对被评估对象的各个方面进行全面的考虑和分析，不遗漏任何重要特性。同时，评估人员应该对细节进行仔细的观察和分析。

可重复性和可比较性：评估人员应该保证评估结果的可重复性和可比较性，即在不同时间、不同地点、不同评估人员之间，评估结果应该具有一致性和可比性。

反馈和交流：评估人员应该及时向被评估对象提供反馈和意见，并与被评估对象进行充分的交流和沟通，以便更好地理解被评估对象。

独立性和中立性：评估人员应该保持独立和中立，不受任何外部因素的干扰和影响，以保证评估结果的公正和客观。

二、对乡村文化旅游资源进行价值评估的维度

在对乡村文化旅游资源进行价值评估时，应从文化价值、美学价值、

经济价值、社会价值等四个方面展开。

（一）文化价值

乡村文化旅游资源的文化价值是其最核心的价值。这些资源可以是传统的民俗文化、历史文化、建筑文化等。这些文化资源的价值在于它们反映了特定地区的文化传统和历史背景，具有独特性和唯一性。

文化价值是人们在感受乡村文化旅游的过程中，在精神和心理方面产生的认知的提升和认同感上的满足，以及观赏带来的愉悦感。令人拍案叫绝的剪纸艺术、惟妙惟肖的画像、玲珑剔透的石雕，都能给人以美的享受。这些让人感受到愉悦的作品，不仅在形式上具有美感，更蕴含着人们对大自然和生活的热爱。

1.选择文化价值维度的原因

选择文化价值维度作为乡村文化旅游资源价值评估的重要因素有以下几个原因：

首先，乡村文化旅游资源本身具有独特的文化内涵和历史背景，这些文化价值是吸引游客前来体验的重要因素之一。因此，在评估乡村文化旅游资源的价值时，需要考虑其所蕴含的文化价值。

其次，乡村文化旅游资源的开发和利用，不仅是为了满足游客的旅游需求，还有助于保护和传承当地的文化遗产。因此，在评估乡村文化旅游资源的价值时，需要考虑其对于当地文化传承和发展的贡献。

再次，随着人们对文化旅游的需求不断增加，文化价值越来越成为旅游消费者选择旅游目的地时考虑的重要因素。因此，在评估乡村文化旅游资源的价值时，需要考虑其在文化旅游市场中的竞争力和吸引力。

最后，乡村文化旅游资源的开发和利用，不仅有助于促进当地经济和社会的发展，还可以促进当地居民文化意识的提升和文化素质的提高。因此，在评估乡村文化旅游资源的价值时，需要考虑其对于当地社会和文化发展的贡献。

2.文化价值的评估指标

一是文化多样性。乡村文化旅游资源包含了当地独特的文化，如民俗文化、传统技艺、宗教信仰、历史文化等。这些文化越多样，就越具有吸引力和价值。

二是历史价值。乡村文化旅游资源可以反映当地的历史文化背景，如历史名人、古建筑、传统工艺等。这些历史文化遗产不仅具有独特的观赏价值，也是人们认识和了解当地历史的有效途径。

三是生态价值。乡村地区通常保留着原生态的自然环境和生态系统，如动植物、土壤、水资源等。这些生态资源对维护生物多样性和生态平衡具有重要意义，也是乡村旅游的重要吸引力之一。

四是经济价值。乡村文化旅游资源可以带动当地经济的发展，增加当地居民的收入。其经济价值包括旅游收入、就业机会、特色产品销售等。

五是文化认同感。乡村文化旅游资源可以增强游客对当地文化的认同感和归属感。游客在旅游过程中与当地人民交流、体验当地文化，可以加深对当地文化的了解和欣赏，从而增强文化认同感。

综上所述，文化价值是乡村文化旅游资源价值评估中不可或缺的内容。通过对文化多样性、历史价值、生态价值、经济价值和文化认同感等方面的评估，可以更全面地了解和评价乡村文化旅游资源的价值，从而更好地开发和利用这些资源。

（二）美学价值

乡村文化旅游资源的美学价值指其所拥有的自然风光、建筑风格、景观等的美学特征。这些美学特征可以给游客带来美感和愉悦的体验，促进游客的身心健康，对游客产生感官和精神上的影响。

1.选择美学价值维度的原因

在乡村文化旅游资源价值评估中选择美学价值维度的原因如下：

美学价值是乡村文化旅游资源价值的重要组成部分。乡村的自然环境、建筑、民俗、艺术等文化资源都具有独特的美学价值，这些美学价值能够给游客带来视觉、听觉、味觉、触觉等方面的感官体验，为游客带来美感，使游客产生愉悦感，进而激发游客的文化认同感，提高游客的旅游体验满意度。

美学价值对游客的吸引力较大，使游客的留存率较高。美学价值是乡村文化旅游资源吸引游客的重要因素之一，游客在观赏和体验乡村的自然风光、建筑、民俗、艺术等文化资源的过程中，能够感受到其与城市不同的魅力，进而留下深刻的印象和美好的回忆，提高游客的满意度和忠诚度。同时，美学价值也是影响游客留存率的重要因素，游客在旅游过程中获得了美好的体验，往往会再次选择到这个地方旅游，或者向亲友推荐这个地方，进而提高乡村文化旅游的回头率和口碑效应。

美学价值可以促进乡村文化旅游的可持续发展。美学价值不仅是乡村文化旅游资源吸引游客的重要因素，也是乡村文化旅游资源保护和可持续发展的重要因素。在乡村文化旅游开发过程中，注重保护和传承乡村的美学价值，可以促进乡村文化的繁荣和发展，提高乡村社区的生活质量和文化自信心，实现乡村文化旅游的可持续发展。

因此，在乡村文化旅游资源价值评估中，选择美学价值维度可以更全面地反映乡村文化旅游资源的价值，对于游客体验、旅游吸引力、游客留存率和乡村文化旅游的可持续发展都具有重要意义。

2.美学价值的评估指标

一是景观美学价值。乡村文化旅游资源的景观美学价值是其最基本的美学特征。游客可以欣赏到如画的田园风光、古朴的村落、壮丽的山川等，感受到大自然的美妙和神奇。

二是建筑美学价值。乡村文化旅游资源中的建筑物也具有独特的美学价值。这些建筑物可能是传统的民居、庙宇、戏台等，也可能是现代化的建筑物，这些都能够给游客带来不同的视觉和文化体验。

三是文化美学价值。乡村文化旅游资源中蕴含着丰富的文化内涵，游客可以了解当地的民俗文化、历史文化、饮食文化等，从中感受当地的独特文化气息和历史沉淀。

四是情感美学价值。乡村文化旅游资源能够激发游客的情感共鸣，让游客感受到乡村的亲切、温馨和自然之美，从而释放压力，放松身心。

总之，乡村文化旅游资源的美学价值是多方面的，需要从多个角度进行评估和欣赏。

（三）经济价值

乡村文化旅游资源可以带动当地经济的发展，增加居民收入。这种经济价值主要表现在两个方面：一是直接的经济效益，即旅游业的发展可以为当地居民提供更多的就业机会，增加旅游收入；二是间接的经济效益，即旅游业的发展可以带动当地的服务业、交通运输业等产业的发展，从而激发整个地区的经济活力。

1.选择经济价值维度的原因

在乡村文化旅游资源价值评估中选择经济价值维度的原因有以下几点：

乡村文化旅游资源的经济价值是显而易见的。旅游业是一个重要的产业，能够直接带来大量的经济收益，因此乡村文化旅游资源的经济价值是评估其价值的重要指标之一。

经济价值可以直接反映出乡村文化旅游资源的开发潜力。在进行旅游开发时，经济价值是一个非常重要的考虑因素，因为只有具有较高经济价值的资源才能够吸引更多的投资，从而更好地实现开发和利用。

乡村文化旅游资源的经济价值可以为当地居民带来实际的经济收益。在进行旅游开发时，可以带动当地居民参与到旅游产业中，从而提高当地居民的收入水平，促进当地经济的发展。

因此，在乡村文化旅游资源价值评估中选择经济价值维度是非常重要的。

2. 乡村文化旅游资源的经济价值的内涵

一是增加就业机会。乡村文化旅游资源的开发和利用可以为当地居民提供更多的就业机会，增加当地居民的收入。

二是增加财政收入。乡村文化旅游资源的开发和利用可以为当地政府增加财政收入，促进当地经济发展。

三是促进产业结构升级。乡村文化旅游资源的开发和利用可以促进当地产业结构的升级，提高第三产业在国民经济中的比重。

四是改善基础设施。乡村文化旅游资源的开发和利用可以改善当地基础设施条件，提高旅游接待能力和服务水平。

3. 乡村文化旅游资源的经济价值的特点

一是长期性。乡村文化旅游资源的开发和利用需要较长时间的投资和经营，具有长期性。

二是稳定性。乡村文化旅游资源的开发和利用可以为当地居民带来稳定的收益，具有稳定性。

三是综合性。乡村文化旅游资源的开发和利用涉及文化、经济、社会等多个方面，具有综合性。

四是带动性。乡村文化旅游资源的开发和利用可以带动当地其他产业的发展，具有带动性。

4.经济价值的评估指标

对乡村文化旅游资源进行价值评估时，经济价值的评估指标有：

一是旅游收入。旅游收入指旅游业所带来的总收益，通常包括门票、住宿、餐饮、购物、娱乐等方面的收入。它是衡量乡村文化旅游资源经济价值的重要指标之一。

二是就业贡献。乡村文化旅游资源的发展可以为当地居民提供就业机会，提高当地居民的生活水平和经济收入。就业贡献也是评估乡村文化旅游资源经济价值的重要指标之一。

三是经济带动效应。乡村文化旅游资源的发展可以带动当地的经济发展，促进当地产业结构的升级和优化，形成新的经济增长点，从而带动整个地区的经济发展。

四是文化价值。乡村文化旅游资源不仅具有经济价值，还具有独特的文化价值。文化价值包括历史文化、民俗文化、建筑文化等方面的价值。这些文化价值是乡村文化旅游资源的核心竞争力，也是吸引游客的重要因素之一。

五是环境价值。乡村文化旅游资源的发展可以保护和改善当地的生态环境，减少环境污染和破坏，提高当地居民的生态意识和环境保护意识。因此，环境价值也是评估乡村文化旅游资源经济价值的重要指标之一。

（四）社会价值

乡村文化旅游资源可以促进当地社会的发展和文化的传承。在旅游业发展的过程中，当地居民可以获得更多的收入和更高的社会地位，从而提高他们的生活水平和文化素质。同时，乡村文化旅游资源的保护和传承也可以促进当地文化的传承和发展。

1.选择社会价值维度的原因

在乡村文化旅游资源价值评估中选择社会价值维度作为一个重要因素，

是因为社会价值对于乡村地区的发展和保护具有重要意义。

许多乡村地区拥有独特的文化遗产，如传统建筑、民俗文化、传统手工艺品等。这些文化遗产对于研究历史、传承文化、保护文化多样性具有重要意义。因此，在评估乡村文化旅游资源时，从社会价值维度应该考虑其对这些文化遗产的保护和传承。

乡村文化旅游资源不仅可以促进当地经济的发展，还可以带动当地社会的发展。通过旅游业的发展，可以增加当地就业机会，改善基础设施和公共服务设施，提高居民生活水平和文化素质。因此，在评估乡村文化旅游资源时，从社会价值维度应该考虑其对当地社会发展的贡献。

乡村文化旅游资源可以促进当地居民与外界的交流和沟通，增强社会凝聚力和和谐度。同时，也可以促进当地居民的文化自信和文化认同，增强民族意识和爱国主义精神。因此，在评估乡村文化旅游资源时，从社会价值维度应该考虑其对社会和谐的贡献。

2. 乡村文化旅游资源的社会价值的内涵

一是促进文化传承。乡村文化旅游资源是传承和弘扬当地民俗文化、历史文化的重要载体，对于保护和传承民族文化具有重要意义。

二是促进经济发展。乡村文化旅游资源的开发可以促进当地经济的发展，增加当地居民的收入，从而改善其生活水平。

三是促进社会和谐发展。乡村文化旅游资源的开发可以促进当地社会的和谐发展，增强当地居民的社区意识和凝聚力。

四是促进环境保护。乡村文化旅游资源的开发要求保护当地的自然环境和生态系统，有利于环境保护和可持续发展。

3. 乡村文化旅游资源的社会价值的特点

一是综合性。乡村文化旅游资源的社会价值评估涵盖了文化、经济、社会、环境等多个方面，是一个综合性的评估体系。

二是长效性。乡村文化旅游资源的社会价值评估是一个长期的过程，需要在较长时间内对其社会价值进行评估和管理。

三是差异性。乡村文化旅游资源的社会价值评估要考虑到不同地区、不同民族的文化差异和资源特点，做到因地制宜、有所侧重。

四是可持续性。乡村文化旅游资源的社会价值评估需要考虑到资源的可持续利用和环境保护问题，保证资源的可持续发展。

因此，对于乡村文化旅游资源的社会价值评估，需要从多个方面进行综合考虑，以确保评估的准确性和全面性。

4.社会价值评估的指标

社会价值指文化旅游资源对社会产生的贡献和影响。对社会价值进行评估的指标包括：

文化传承价值：文化旅游资源对于传承和弘扬当地的民族文化、历史文化、建筑文化等方面的贡献。

社会教育价值：文化旅游资源对于提高社会大众的文化素质和教育水平的贡献，包括但不限于博物馆、艺术中心、民俗文化村等。

生态环境价值：文化旅游资源对于保护当地生态环境、促进可持续发展的贡献，包括但不限于自然保护区、风景名胜区、森林公园等。

经济发展价值：文化旅游资源对于促进当地经济发展、增加就业机会和居民收入的贡献，包括但不限于特色商业街、民俗文化村、度假酒店等。

社会和谐价值：文化旅游资源对于促进当地社会和谐、增强社区凝聚力和文化认同感的贡献，包括但不限于民族团结、文化交流、公共文化设施等。

在对乡村文化旅游资源进行价值评估时，需要充分考虑以上指标，并结合实际情况进行具体分析和评估。

第五章

乡村文化与旅游融合发展的政策法规研究

旅游业是我国经济社会发展的综合性产业，是国民经济和现代服务业的重要组成部分。通过改革创新促进旅游投资和消费，对于推动现代服务业发展，提高就业率和居民收入，提升人民生活品质，具有重要意义。随着城乡差距的不断扩大和消费结构的升级，乡村旅游成为中国旅游业中的一个重要板块。自2010年起，国家逐步出台了一系列政策来支持乡村文化与旅游的融合发展。

第一节　政策法规的定义与特点

政策法规广义上是指国家或地区的政府机构制定的有关规定和条例，通常包括法律、法规、规章和条例等。政策法规是国家或地区政府机构为了实现一定的目标而制定的行为准则，旨在规范政府、企业和个人的行为，以达到特定的社会、经济和政治目标。政策法规的制定和实施需要遵循一定的程序和原则，以确保其合法性、公正性和可行性。

政策法规的特点如下：

一是权威性。政策法规具有法律效力，由政府机构制定，并经过法定程序通过，因此具有权威性和强制力。

二是广泛性。政策法规适用于广泛的领域和范围，涵盖了社会、经济、政治、文化等各个方面。

三是稳定性。政策法规一经制定，通常具有相对稳定性，不会经常变动。但是，在特殊情况下，政策法规也可能会进行修订或补充。

四是可操作性。政策法规通常具有可操作性，即对于政策法规的解释和执行有明确的规定，便于实施和操作。

五是时效性。政策法规通常有一定的时效性，即有有效期限或实施期限，过期或不符合要求的政策法规需要进行修订或废止。

总的来说，政策法规是国家或地区政府机构为了实现特定目标，通过制定规范性文件来规范社会和经济等方面的行为，以达到维护社会稳定和促进经济发展的目的。

第二节　政策法规发挥作用的经典理论

一、政治结构功能主义理论（Functionalism of Political Structure）

该理论认为，政策法规的作用在于提供明确的规则和框架，使得政府机构和公民能够在一定的结构和规范下进行行为选择和互动。政策法规通过提供规则和确定责任，为政府机构和公民提供了一个稳定的预期，从而促进了社会的稳定和进步。

（一）政治结构功能主义理论的内涵

阿尔蒙德的政治结构功能主义理论是一种政治学理论，它强调政治系统中的结构和功能的重要性。阿尔蒙德认为，政治系统是由不同的组成部分构成的，如政治结构、政治过程和政治决策等。这些组成部分的相互作用和配合构成了政治系统的整体功能。

在阿尔蒙德的理论中，政治结构是指政治系统中各种制度和组织的安排，包括宪法、法律、政府机构和政治组织等。政治结构的作用是为政治过程提供基本的框架和规则，确保政治决策的合法性和公正性。政治过程是指政治系统中各种政治行为和决策的过程，包括立法、行政、司法和选举等。政治过程的作用是实现政治结构所确定的目标和任务，推动政治系统的运行。政治决策是指政治系统中对重大问题的决策，包括国家发展方向、政策制定和政策执行等。政治决策的作用是为政治过程提供方向和指导，确保政治系统的稳定和发展。

阿尔蒙德认为，政治结构功能主义理论可以用来分析和评价不同国家的政治制度和政治效率。通过考察政治结构和政治过程的合理性和有效性，可以发现政治系统中存在的问题和不足，进而提出改进和完善的建议。该理论也可以为政治制度的设计和改革提供指导，帮助政治家们更好地管理政治系统，实现政治目标和促进社会发展。

（二）政治结构功能主义理论的特点

阿尔蒙德的政治结构功能主义理论的主要特点包括：

第一，强调政治结构的重要性。阿尔蒙德认为，政治结构是社会的核心部分，它对社会的运行和发展起着至关重要的作用。

第二，区分了政治结构的不同层面。阿尔蒙德认为，政治结构由不同层面的组成部分构成，包括国家、次国家和社会等不同层面。

第三，提出了政治结构的功能主义理论。阿尔蒙德认为，政治结构的作用是提供必要的功能，如保护国家安全、促进经济增长、维护社会秩序等。

第四，强调政治制度的适应性。阿尔蒙德认为，政治制度应该能够适应社会和环境的变化，并随着时间的推移不断改变和完善。

第五，重视政治参与和民主。阿尔蒙德认为，政治参与和民主是政治结构功能正常运行的重要保障，能够促进社会的发展和进步。

总之，阿尔蒙德的政治结构功能主义理论强调政治结构在社会中的重要性，并认为政治制度应该适应社会和环境的变化，同时重视政治参与和民主，以促进社会的发展和进步。

二、实证主义理论（Positive Activism）

该理论认为，政策法规的作用在于实现特定的目标，如经济增长、社会福利和环境保护等。政策法规通过明确目标和提供激励，促使政府机构和公民采取行动，以实现既定的目标。

实证主义是一种哲学思潮和方法论，它在19世纪末和20世纪初流行于欧洲大陆，尤其是在法国和德国。实证主义理论的创始人是法国哲学家奥古斯特·孔德（Auguste Comte）。他提出了"实证哲学"的思想，认为哲学应该研究实证的问题，即可观察和可测量的事实，而不是抽象的概念和形而上学的问题。孔德还提出了"三元论"的思想，认为宇宙是由物质、能量和信息等三个基本元素组成的。他在19世纪中期提出了实证主义的基本原则，包括强调实证观察和实证分析，认为只有通过科学方法才能获得真正的知识，以及主张社会应该采取实证主义的方法来改善社会条件和促进社会进步。

（一）实证主义的内涵

实证主义强调经验和实证的方法，认为只有通过可观察和可测量的经验事实，才能获取真正的知识。它反对形而上学和抽象的概念，主张只有通过实证的研究，才能获得真正的知识。实证主义还强调科学方法的重要性，认为只有通过科学方法，才能获取真正的知识。

（二）实证主义的特点

第一，经验主义。实证主义强调经验和实证的方法，认为只有通过可观察和可测量的经验事实，才能获取真正的知识。

第二，反对形而上学。实证主义反对抽象的概念和形而上学的思考方式，认为这些都没有实际意义。

第三，科学主义。实证主义强调科学方法的重要性，认为只有通过科学方法，才能获取真正的知识。

第四，方法论。实证主义提出了一套方法论，强调通过实证研究，来获取真正的知识。

第五，社会建构主义。实证主义强调社会和文化的作用，认为知识是社会和文化建构的结果。

总的来说，实证主义是一种强调经验和实证方法的哲学思潮和方法论，它反对抽象的概念和形而上学的思考方式，强调科学方法的重要性，并认为只有通过实证研究，才能获取真正的知识。

三、路径依赖理论（Path Dependence）

该理论认为，政策法规一旦确立，就会对政府机构、公民和社会产生长期的影响和制约，即政策法规具有路径依赖性。政策法规的作用在于引导和限制政府机构和公民的行为选择，从而建立和维护一个有序、稳定和进步的社会。

路径依赖理论是在20世纪80年代初期由美国经济学家道格拉斯·诺斯提出的一种经济理论，它探讨了经济制度的演进和变革。当时经济学家们开始认识到制度和产权对经济发展的影响，诺斯在研究中发现，制度和产权的变革会对经济发展产生长期的影响，这种影响会随着时间的推移而不断强化，因此，路径依赖理论也被称为"历史制度主义"。

（一）路径依赖理论的内涵

路径依赖理论认为，经济制度的演进是一个不断适应的过程，在这个过程中，人们会对过去的制度和选择产生依赖，这种依赖会使得人们在未来的选择中也倾向于遵循过去的制度和选择，而不是探索新的制度和选择。因此，路径依赖理论强调了制度和产权的稳定性和延续性，认为制度和产权的变革需要付出很高的成本，而且需要克服历史形成的路径依赖。

（二）路径依赖理论的特点

路径依赖理论有以下几个特点：

第一，长期性。路径依赖理论认为，制度和产权的演进是一个长期的过程，过去的制度和选择对未来的选择产生了巨大的影响，因此，制度和产权的变革需要考虑长期的影响。

第二，复杂性。路径依赖理论认为，经济制度的演进是一个复杂的过程，受到许多因素的影响，包括历史、文化、政治、社会等因素，因此，制度和产权的变革需要考虑多方面的因素。

第三，路径依赖性。路径依赖理论认为，在制度和产权的演进过程中，人们会对过去的制度和选择产生依赖，这种依赖会使得人们在未来的选择中也倾向于遵循过去的制度和选择，因此，制度和产权的变革需要付出很高的成本，而且需要克服历史形成的路径依赖。

第四，适应性。路径依赖理论认为，经济制度的演进是一个不断适应的过程，人们会根据过去的经验和选择来适应新的环境和条件，因此，制度和产权的变革需要考虑新的环境和条件，以及如何适应这些变化。

第五，演化性。路径依赖理论认为，经济制度的演进是一个持续的演化过程，在这个过程中，制度和产权会不断地适应、调整和变革，以适应不断变化的环境和条件，因此，制度和产权的变革需要不断地进行调整和改革。

第三节　政策法规对于乡村文化与旅游融合发展的重要价值

一、引导和规范乡村文化和旅游市场

政府可以通过政策法规对乡村文化和旅游市场进行规范和引导，促进市场的公平竞争，保护消费者的合法权益，维护乡村文化和旅游的可持续发展。

第一，制定相关政策法规，鼓励和支持乡村文化和旅游融合发展。政府可以出台相关政策，引导和规范乡村文化和旅游市场的发展，如加大财政扶持力度、提供税收优惠政策、制定行业标准等。

第二，加强对乡村文化和旅游从业人员的培训和管理。政府可以组织开展针对乡村文化和旅游从业人员的培训，提高他们的专业素质和服务水平，同时加强对乡村文化和旅游市场的监管，规范从业人员的行为，维护消费者的合法权益。

第三，建立健全乡村文化和旅游安全管理机制。政府可以通过制定相关安全管理办法，加强对乡村文化和旅游景区、项目、活动的安全管理，防范和遏制安全事故的发生，保障游客的人身安全。

第四，加强对乡村文化和旅游资源的宣传和推广。政府可以通过一系列政策法规，利用多种渠道，加大对乡村文化和旅游资源的宣传推广力度，提高其知名度和美誉度，吸引更多的游客前来旅游观光，促进乡村文化和旅游产业的发展。

第五，加强对乡村文化和旅游资源的保护和传承。政府可以通过政策法规对乡村文化和旅游资源的保护和传承，促进文化的弘扬和发展，推动乡村文化和旅游的深度融合。

第六，促进乡村文化和旅游资源的整合和优化。政府可以通过政策法规对乡村文化和旅游资源的整合和优化，实现资源的合理利用和优化配置，提升乡村文化旅游的综合效益。

二、整合和优化乡村文化和旅游资源

在促进乡村文化和旅游融合发展方面，政策法规可以通过以下几种方式来促进旅游资源整合和优化：

第一，制订文化和旅游发展规划。政府可以组织相关部门和专家，制订全面的文化和旅游发展规划，明确发展目标、重点和方向，引导和促进资源的合理利用和优化配置。

第二，建立文化和旅游资源数据库。政府可以建立全国性的文化和旅游资源数据库，将分散的文化和旅游资源进行整合并统一管理，方便公众查询和使用，促进资源共享和利用。

第三，实施文化和旅游人才培养计划。政府可以通过政策和资金支持，鼓励和引导高等院校、职业院校和社会机构开展文化和旅游人才培养计划，培养具有综合素质和专业技能的人才，为文化和旅游的融合发展提供人才支撑。

第四，加强文化和旅游市场监管。政府可以加强对文化和旅游市场的监管，制定和完善相关法规和标准，加强对文化和旅游市场的规范化管理，保障消费者的合法权益和市场公平竞争，促进文化和旅游产业的健康发展。

第五，推动文化和旅游产业融合发展。政府可以通过政策引导和资金支持，推动文化和旅游产业的融合发展，促进文化和旅游资源、产品和服务的深度整合和优化，提升文化和旅游产业的综合效益和竞争力。

三、提高乡村文化旅游的服务质量和水平

政策法规可以对乡村文化和旅游行业起到规范和监管的作用，提高服务质量和水平，保障消费者的合法权益，促进乡村文化和旅游业的健康发展。

在促进乡村文化和旅游融合发展方面，政策法规可以提高乡村文化旅游的服务质量和水平。

第一，完善乡村文化和旅游相关法规和规划。政府可以加强乡村文化和旅游相关立法，保护和传承乡村文化遗产，规范乡村旅游市场秩序，为乡村文化和旅游融合发展提供法治保障。此外，政府可以制订乡村文化和旅游发展规划，确保乡村文化和旅游的协调发展和特色化经营。

第二，加强乡村文化和旅游人才培养。政府可以鼓励高等院校、职业学院和社会机构开展乡村文化和旅游相关专业和职业培训，培养一批具有现代化经营理念、文化内涵和专业技能的管理和服务人才。同时，政府也可以提供相应的就业和创业支持，吸引更多的人才投身乡村文化和旅游事业。

第三，提升乡村文化旅游服务质量。政府可以加强对乡村文化旅游服

务质量的监管，制定服务标准和规范，加强对从业人员的职业道德教育和服务技能培训。此外，政府还可以建立游客投诉处理机制和服务评价体系，及时解决游客投诉问题，不断提升乡村文化旅游服务质量。

第四，强化乡村文化和旅游宣传推广。政府可以通过各种媒体渠道，加大对乡村文化和旅游资源的宣传推广力度，提高知名度和美誉度。此外，政府还可以举办各种文化和旅游节庆活动，吸引更多的游客前来体验和消费。

四、推动乡村文化和旅游的创新和发展

政府可以通过政策法规推动乡村文化和旅游的创新和发展，培育新业态、新模式，促进乡村文化和旅游的提质升级。

在促进乡村文化和旅游融合发展方面，政策法规可以从以下几个方面推动乡村文化和旅游的创新和发展：

第一，加强顶层设计和规划引导。政府可以制订文化和旅游发展规划，明确乡村文化和旅游的定位、发展方向和重点领域，引导社会资本投入乡村文化和旅游发展。

第二，加大财政支持力度。政府可以设立文化和旅游发展基金，加大对乡村文化和旅游的资金支持力度，同时落实相关税收优惠政策，减轻乡村文化和旅游企业负担。

第三，完善基础设施建设。政府可以加大对乡村道路、桥梁、停车场、厕所、通信等基础设施的投入，提高乡村旅游的可进入性和便利性。

第四，加强人才培养和引进。政府可以开展乡村文化和旅游人才培训，培养一批乡村文化和旅游经营管理人才，同时引进国内外优秀的文化和旅游人才，推动乡村文化和旅游的创新和发展。

第五，推动产业融合发展。政府可以制定相关政策，促进文化和旅游与农业、林业、工业等产业的融合发展，形成新的业态和产品，提高乡村文化和旅游的综合效益。

第四节　推动乡村文化与旅游融合发展的政策出台背景和主要内容

中国政府逐渐意识到乡村文化和旅游融合发展的重要性，并采取了一系列措施来促进这一领域的发展。

一、相关政策出台的背景

第一，经济发展需要。随着我国经济的快速发展，城市化进程的不断加快，大量农村人口向城市流动，导致农村地区的人口流失和传统文化的逐渐消失。同时，随着人民生活水平的提高，人们对于旅游的需求也越来越大，乡村旅游成为重要的消费市场之一。

第二，文化保护需要。我国政府高度重视非物质文化遗产的保护和传承，乡村地区拥有丰富的民俗文化和传统技艺，政府鼓励乡村居民传承和发扬传统文化，并将其融入旅游项目中。

第三，生态保护需要。随着城市化进程的加速，环境污染等问题也逐渐严重，政府需要采取措施保护农村生态环境和自然资源，发展乡村旅游可以促进生态保护和可持续发展。

第四，扶贫攻坚需要。中国政府将扶贫攻坚作为重要任务，乡村旅游可以为农村地区提供更多的就业机会，增加居民收入，从而实现扶贫攻坚的目标。

第五，建设美丽乡村。国家大力推进新农村建设，着力改善农村人居环境，发展乡村文化旅游可以促进农村经济发展和社会进步。

第六，促进文化产业发展。近年来，我国文化产业蓬勃发展，已成为国民经济的支柱产业之一。乡村文化和旅游的融合发展有利于丰富文化产业的内容和形式。

第七，带动农民增收。乡村文化和旅游的融合发展可以促进农村产业结构调整，增加农民收入。同时，可以增加就业机会，促进城乡一体化发展。

第八，保护传统文化。随着城市化进程的加速，许多传统文化逐渐消失。发展乡村文化旅游可以保护传统文化，促进文化多样性和传承。

第九，扩大对外开放。随着国家对外开放的不断扩大，乡村文化和旅游的融合发展可以促进国际文化交流，提高我国文化软实力。

综上所述，中国政府出台了一系列政策鼓励乡村文化和旅游的融合发展，包括加大投资力度、制订旅游发展规划、鼓励文化保护和发扬传统文化、加强宣传推广等。这些政策旨在促进乡村经济的发展、保护传统文化和生态环境，同时满足人民日益增长的旅游需求。

二、与乡村文化旅游相关政策

（一）《国务院关于加快发展旅游业的意见》

2009年12月1日，国务院办公厅印发了《关于加快发展旅游业的意见》。

其中第五条指出，要优化旅游消费环境。逐步建立以游客评价为主的旅游目的地评价机制。景区门票价格调整要提前半年向社会公布，所有旅游收费均应按规定向社会公示。全面落实旅游景区对老年人和学生等特殊人群门票优惠政策。增加旅游目的地与主要客源地间的航线航班、旅游列车，完善旅客列车车票的预售和异地购票办法。城市公交服务网络要逐步延伸到周边主要景区和乡村旅游点，公路服务区要拓展旅游服务功能。进一步完善自驾车旅游服务体系。规范引导自发性旅游活动。博物馆、金融服务网点、邮政服务网点等在旅游旺季应适当延长开放和服务时间。各类经营场所的公用厕所要对游客开放。建立健全旅游信息服务平台，促进旅游信息资源共享。广播、电视、报刊、网站等公共媒体要积极开设旅游栏目，加大旅游公益宣传力度。

第八条指出，要推动旅游产品多样化发展。实施乡村旅游富民工程。开展各具特色的农业观光和体验性旅游活动。在妥善保护自然生态、原居环境和历史文化遗存的前提下，合理利用民族村寨、古村古镇，建设特色景观旅游村镇，规范发展"农家乐"、休闲农庄等旅游产品。依托国家级文化、自然遗产地，打造有代表性的精品景区。积极发展休闲度假旅游，引导城市周边休闲度假带建设。有序推进国家旅游度假区发展。规范发展高尔夫球场、大型主题公园等。继续发展红色旅游。

第九条指出，要培育新的旅游消费热点。大力推进旅游与文化、体育、农业、工业、林业、商业、水利、地质、海洋、环保、气象等相关产业和行业的融合发展。支持有条件的地区发展生态旅游、森林旅游、商务旅游、体育旅游、工业旅游、医疗健康旅游、邮轮游艇旅游。把旅游房车、邮轮游艇、景区索道、游乐设施和数字导览设施等旅游装备制造业纳入国家鼓励类产业目录，大力培育发展具有自主知识产权的休闲、登山、滑雪、潜水、露营、探险、高尔夫等各类户外活动用品及宾馆饭店专用产品。大力发展旅游购物，提高旅游商品、旅游纪念品在旅游消费中的比重。以大型国际展会、重要文化活动和体育赛事为平台，培育新的旅游消费热点，特别要抓住举办2010年上海世界博览会的机遇，扩大旅游消费。

第十六条指出，要加强旅游从业人员素质建设。整合旅游教育资源，加强学科建设，优化专业设置，深化专业教学改革，大力发展旅游职业教育，提高旅游教育水平。建立和完善旅游职业资格和职称制度，健全职业技能鉴定体系，培育职业经理人市场。抓紧改革完善导游等级制度，提高导游人员专业素质和能力，鼓励专业技术人员特别是离退休老专家、老教师从事导游工作。实施全国旅游培训计划，加强对红色旅游、乡村旅游和文化遗产旅游从业人员培训，五年内完成对旅游企业全部中高级管理人员和导游人员的分级分类培训。

第十八条指出，要加大政府投入。地方各级政府要加大对旅游基础设施建设的投入。各级财政要加大对旅游宣传推广、人才培训、公共服务的支持力度。中央政府投资重点支持中西部地区重点景区、红色旅游、乡村旅游等的基础设施建设。国家旅游发展基金重点用于国家旅游形象宣传、规划编制、人才培训、旅游公共服务体系建设等。安排中央财政促进服务业发展专项资金、扶持中小企业发展专项资金、外贸发展基金以及节能减排专项资金时，要对符合条件的旅游企业给予支持。要把旅游促进就业纳入就业发展规划和职业培训计划，落实好相关扶持政策。完善"家电下乡"政策，支持从事"农家乐"等乡村旅游的农民批量购买家电产品和汽车摩托车。

第十九条指出，要加大金融支持。对符合旅游市场准入条件和信贷原则的旅游企业和旅游项目，要加大多种形式的融资授信支持，合理确定贷款期限和贷款利率。符合条件的旅游企业可享受中小企业贷款优惠政策。对有资源优势和市场潜力但暂时经营困难的旅游企业，金融机构要按规定积极给予信贷支持。进一步完善旅游企业融资担保等信用增强体系，加大各类信用担保机构对旅游企业和旅游项目的担保力度。拓宽旅游企业融资渠道，金融机构对商业性开发景区可以开办依托景区经营权和门票收入等质押贷款业务。鼓励中小旅游企业和乡村旅游经营户以互助联保方式实现小额融资。支持符合条件的旅游企业发行短期融资券、企业债券和中期票据，积极鼓励符合条件的旅游企业在中小企业板和创业板上市融资。鼓励消费金融公司在试点过程中积极提供旅游消费信贷服务。积极推进金融机构和旅游企业开展多种方式的业务合作，探索开发适合旅游消费需要的金融产品，增强银行卡的旅游服务功能。

（二）《国务院关于促进旅游业改革发展的若干意见》

2014年8月21日，国务院办公厅印发了《关于促进旅游业改革发展的若干意见》，指出要加强乡村旅游资源开发和乡村旅游扶贫工作。

其中第七条指出，要大力发展乡村旅游。依托当地区位条件、资源特色和市场需求，挖掘文化内涵，发挥生态优势，突出乡村特点，开发一批形式多样、特色鲜明的乡村旅游产品。推动乡村旅游与新型城镇化有机结合，合理利用民族村寨、古村古镇，发展有历史记忆、地域特色、民族特点的旅游小镇，建设一批特色景观旅游名镇名村。加强规划引导，提高组织化程度，规范乡村旅游开发建设，保持传统乡村风貌。加强乡村旅游精准扶贫，扎实推进乡村旅游富民工程，带动贫困地区脱贫致富。统筹利用惠农资金加强卫生、环保、道路等基础设施建设，完善乡村旅游服务体系。加强乡村旅游从业人员培训，鼓励旅游专业毕业生、专业志愿者、艺术和科技工作者驻村帮扶，为乡村旅游发展提供智力支持。

第十七条指出，要加强旅游基础设施建设。加强景区旅游道路、步行道、停车场、厕所、供水供电、应急救援、游客信息服务以及垃圾污水处理、安防消防等基础设施建设，围绕重点旅游区和旅游线路，进一步完善游客咨询、标志标牌等公共服务设施，集中力量开发建设一批新的自然生态环境良好、文化科普教育功能完善、在国内外具有较强吸引力的精品景区和特色旅游目的地。编制全国生态旅游发展规划，加强对国家重点旅游区域的指导，抓好集中连片特困地区旅游资源整体开发，引导生态旅游健康发展。各级政府要重视旅游基础设施建设。中央政府要加大对中西部地区重点景区、乡村旅游、红色旅游、集中连片特困地区生态旅游等旅游基础设施和生态环境保护设施建设的支持力度。

第十八条指出，要加大财政金融扶持。抓紧研究新形势下中央财政支持旅游业发展的相关政策，做好国家旅游宣传推广、规划编制、人才培养和旅游公共服务体系建设。国家支持服务业、中小企业、新农村建设、扶贫开发、节能减排等专项资金，要将符合条件的旅游企业和项目纳入支持范围。政府引导，推动设立旅游产业基金。支持符合条件的旅游企业上市，通过企业债、公司债、中小企业私募债、短期融资券、中期票据、中小企业集合票据等债务融资工具，加强债券市场对旅游企业的支持力度，发展旅游项目资产证券化产品。加大对小型微型旅游企业和乡村旅游的信贷支持。

（三）《国务院办公厅关于进一步促进旅游投资和消费的若干意见》

2015年8月4日，国务院办公厅印发了《关于进一步促进旅游投资和消费的若干意见》（简称《意见》）。在《意见》中，不仅专门设立了"实施乡村旅游提升计划，开拓旅游消费空间"专章，还在其他章节加入了乡村旅游的内容。

在"实施乡村旅游提升计划，开拓旅游消费空间"中，第十七条指出，要坚持乡村旅游个性化、特色化发展方向。立足当地资源特色和生态环境优势，突出乡村生活生产生态特点，深入挖掘乡村文化内涵，开发建设形式多样、特色鲜明、个性突出的乡村旅游产品，举办具有地方特色的节庆活动。注重保护民族村落、古村古镇，建设一批具有历史、地域、民族特点的特色景观旅游村镇，让游客看得见山水、记得住乡愁、留得住乡情。

第十八条指出，要完善休闲农业和乡村旅游配套设施。重点加强休闲农业和乡村旅游特色村的道路、电力、饮水、厕所、停车场、垃圾污水处理设施、信息网络等基础设施和公共服务设施建设，加强相关旅游休闲配套设施建设。到2020年，全国建成6000个以上乡村旅游模范村，形成10万个以上休闲农业和乡村旅游特色村、300万家农家乐，乡村旅游年接待游客超过20亿人次，受益农民5000万人。

第十九条指出，要开展百万乡村旅游创客行动。通过加强政策引导和专业培训，三年内引导和支持百万名返乡农民工、大学毕业生、专业技术人员等通过开展乡村旅游实现自主创业。鼓励文化界、艺术界、科技界专业人员发挥专业优势和行业影响力，在有条件的乡村进行创作创业。到2017年，全国建设一批乡村旅游创客示范基地，形成一批高水准文化艺术旅游创业就业乡村。

第二十条指出，要大力推进乡村旅游扶贫。加大对乡村旅游扶贫重点村的规划指导、专业培训、宣传推广力度，组织开展乡村旅游规划扶贫公益活动，对建档立卡贫困村实施整村扶持，2015年抓好560个建档立卡贫困村乡村旅游扶贫试点工作。到2020年，全国每年通过乡村旅游带动200万农村贫困人口脱贫致富；扶持6000个旅游扶贫重点村开展乡村旅游，实现每个重点村乡村旅游年经营收入达到100万元。

（四）《国土资源部　住房和城乡建设部　国家旅游局关于支持旅游业发展用地政策的意见》

2015年11月25日，国土资源部、住房和城乡建设部、国家旅游局印发《关于支持旅游业发展用地政策的意见》。

其中第六条指出，要引导乡村旅游规范发展。在符合土地利用总体规划、县域乡村建设规划、乡和村庄规划、风景名胜区规划等相关规划的前提下，农村集体经济组织可以依法使用建设用地自办或以土地使用权入股、联营等方式与其他单位和个人共同举办住宿、餐饮、停车场等旅游接待服务企业。依据各省、自治区、直辖市制定的管理办法，城镇和乡村居民可以利用自有住宅或者其他条件依法从事旅游经营。农村集体经济组织以外的单位和个人，可依法通过承包经营流转的方式，使用农民集体所有的农用地、未利用地，从事与旅游相关的种植业、林业、畜牧业和渔业生产。支持通过开展城乡建设用地增减挂钩试点，优化农村建设用地布局，建设旅游设施。

（五）《乡村旅游扶贫工程行动方案》

2016年8月11日，国家旅游局、国家发展改革委、国土资源部、环境保护部、住房城乡建设部、交通运输部、水利部、农业部、国家林业局、国务院扶贫办、国家开发银行、中国农业发展银行联合印发《乡村旅游扶贫工程行动方案》。

该方案提出把乡村旅游点变成"单位的疗养院""学校的实践基地""社区的活动中心"。同时提出百万乡村旅游创客专项行动。组织和引导百万返乡农民工、大学毕业生、专业艺术人才、青年创业团队等各类"创客"投身乡村旅游发展，通过一系列的创意研发、产品开发、宣传推广，推动乡村旅游实现转型提升、创新发展。到2020年，全国培育1000个乡村旅游创客示范基地，形成一批高水准文化艺术旅游创业示范乡村。

（六）《农业部办公厅 中国农业发展银行办公室关于政策性金融支持农村一二三产业融合发展的通知》

2017年5月31日，农业部办公厅、中国农业发展银行办公室联合印发《关于政策性金融支持农村一二三产业融合发展的通知》，明确提出政策性金融支持农村产业融合发展，要坚持政府引导、市场运作、统筹兼顾、突出重点，积极打造产城融合、农业内部融合、产业延伸融合、功能拓展融合、新技术渗透融合和复合型融合等模式。同时提出，要支持农业多种功能开发，增加农村产业融合发展拓展力。一是运用农业资源优势发展特色旅游产业。依托田园风光、乡土文化、农耕体验等资源特色，积极支持宜居宜业特色村镇建设、乡村休闲旅游产业和休闲农业发展、红色旅游、教育基地建设和农业生态旅游开发等，围绕有基础、有特色、有潜力的产业，推动农业与休闲旅游、教育文化、健康养老等产业深度融合，支持打造农业文化旅游"三位一体"、生产生活生态同步改善、一二三产业深度融合的特色旅游小镇、特色旅游景区景点以及生态建设项目。二是加大力度支持贫困地区农业绿色生态功能开发。发挥生态扶贫在产业融合中的促进作用，鼓励引导贫困农民、林区贫困职工利用当地生态资源，大力发展特色农业、乡村旅游等绿色产业。

（七）《数字乡村发展战略纲要》

2019年5月，中共中央办公厅、国务院办公厅印发《数字乡村发展战略纲要》，明确提出，要加强乡村网络文化引导。支持"三农"题材网络文化优质内容创作。激活农村要素资源。因地制宜发展数字农业、智慧旅游业、智慧产业园区，促进农业农村信息社会化服务体系建设，以信息流带动资金流、技术流、人才流、物资流。加强农民信息素养培训，增强农民网络安全防护意识和技能。

（八）《中华人民共和国乡村振兴促进法》

《中华人民共和国乡村振兴促进法》于2021年4月29日第十三届全国人民代表大会常务委员会第二十八次会议通过，2021年6月1日起施行。其明确规定，要坚持农民主体地位，充分尊重农民意愿，保障农民民主权利和其他合法权益，调动农民的积极性、主动性、创造性，维护农民根本利益。各级人民政府应当采取措施保护农业文化遗产和非物质文化遗产，挖掘优秀农业文化深厚内涵，弘扬红色文化，传承和发展优秀传统文化。鼓励城市居民到乡村旅游、休闲度假、养生养老等，但不得破坏乡村生态环境，不得损害农村集体经济组织及其成员的合法权益。

（九）《中共中央　国务院关于做好2022年全面推进乡村振兴重点工作的意见》

2022年1月4日，《中共中央　国务院关于做好2022年全面推进乡村振兴重点工作的意见》发布，明确提出，要持续推进农村一二三产业融合发展。鼓励各地拓展农业多种功能、挖掘乡村多元价值，重点发展农产品加工、乡村休闲旅游、农村电商等产业。支持农业大县聚焦农产品加工业，引导企业到产地发展粮油加工、食品制造。推进现代农业产业园和农业产业强镇建设，培育优势特色产业集群，继续支持创建一批国家农村产业融合发展示范园。实施乡村休闲旅游提升计划。支持农民直接经营或参与经营的乡村民宿、农家乐特色村（点）发展。将符合要求的乡村休闲旅游项目纳入科普基地和中小学学农劳动实践基地范围。实施"数商兴农"工程，推进电子商务进乡村。促进农副产品直播带货规范健康发展。开展农业品种培优、品质提升、品牌打造和标准化生产提升行动，推进食用农产品承诺达标合格证制度，完善全产业链质量安全追溯体系。加快落实保障和规范农村一二三产业融合发展用地政策。

（十）《关于推动文化产业赋能乡村振兴的意见》

2022年3月21日，文化和旅游部、教育部、自然资源部、农业农村部、国家乡村振兴局、国家开发银行联合发布《关于推动文化产业赋能乡村振兴的意见》，明确提出，要文旅融合赋能。坚持以文塑旅、以旅彰文，推动创意设计、演出、节庆会展等业态与乡村旅游深度融合，促进文化消费与旅游消费有机结合，培育文旅融合新业态新模式。实施乡村旅游艺术提升计划行动，设计开发具有文化特色的乡村旅游产品，提升乡村旅游体验性和互动性。推动非物质文化遗产融入乡村旅游各环节，支持利用非遗工坊、传承体验中心等场所，培育一批乡村非物质文化遗产旅游体验基地。支持有条件的中国重要农业文化遗产地建设农耕文化体验场所，弘扬优秀农耕文化。鼓励各地加强"中国民间文化艺术之乡"建设，塑造"一乡一品""一乡一艺""一乡一景"特色品牌，形成具有区域影响力的乡村文化名片，提升乡村文化建设品质，充分开发民间文化艺术研学游、体验游等产品和线路。全面推进"创意下乡"，有效提升旅游商品开发水平和市场价值。

三、政策主要成效

我国近年来为推进乡村文化和旅游融合发展，出台了一系列政策，这些政策在促进乡村文化保护和传承、发展乡村旅游、增加农民收入等方面取得了显著成效。以下是一些主要成效：

一是保护和传承乡村文化。政策提出要保护和传承乡村文化，包括传统民居、民俗、文化遗产等。通过加强文化遗产保护、开展传统技艺传承等措施，有效地保护和传承了乡村文化。

二是发展乡村旅游。政策支持乡村旅游发展，包括支持乡村旅游景区建设、推出乡村旅游线路等。同时，政策还鼓励社会资本参与乡村旅游开发，提高了乡村旅游的发展水平。

三是增加农民收入。政策提出要促进农村一二三产业融合发展，推动农业产业化经营，提高农业综合效益和竞争力。这些政策措施有效地增加了农民的收入，提高了农村居民的生活水平。

四是推动城乡一体化发展。政策鼓励城市居民到乡村旅游，促进城乡一体化发展。同时，政策还提出要发展现代农业，推进农业科技创新，提高农业生产效率，促进城乡之间的人才、技术、资金等要素流动。

五是促进了乡村旅游资源的开发和保护。政策的出台有力地促进了乡村旅游资源开发的热潮，各地政府积极推动乡村旅游景点、景区、度假村等旅游设施的建设和升级，并加强了对乡村文化的保护和传承。

六是带动了乡村经济的发展。政策的支持带动了乡村经济的发展，提高了农民的收入，增强了乡村的自我发展能力，同时也推动了乡村生态环境的保护和改善，实现了经济、社会和环境的协调发展。

七是提升了乡村文化的知名度和影响力。政策的出台不仅推动了乡村旅游的发展，还提升了乡村文化的知名度和影响力。各地乡村以其文化特色吸引了大量的游客，带动了当地的文化创意产业和手工艺品的发展，推动了乡村文化的传承和弘扬。

八是增加了项目投资。政府和社会资本加大了对乡村文化和旅游项目的投资，特别是在乡村旅游景点、文化场馆和特色小镇建设等方面，投资规模不断扩大。同时，政府还鼓励社会资本参与乡村文化和旅游项目的投资和运营。

九是加强了人才培养和引进。政府加强了对乡村文化和旅游人才的培养和引进，鼓励大学生回乡创业，引导社会资本投资乡村文化和旅游人才培训，提高了乡村文化和旅游从业人员的素质和水平。

十是促进了产业融合。乡村文化和旅游的融合发展，促进了农业、林业、渔业、文化、体育等产业的融合发展，形成了新的业态和模式，提高了农村产业的综合效益。

十一是提升了社会效益。乡村文化和旅游的融合发展，改善了乡村基础设施和公共服务，提高了农民生活质量，促进了城乡一体化和区域协调发展，实现了经济、社会和环境的共赢。

十二是培育了特色文化。各地政府积极培育和发掘当地特色文化，打造独具魅力的乡村文化品牌，吸引更多的游客前来参观和旅游。

十三是加大了对基础设施的投入。中国政府加大了对乡村旅游基础设施的投入，包括道路、桥梁、酒店、餐馆等，为游客提供更好的旅游体验。

这些政策措施取得了显著的成效。据统计，中国乡村旅游市场规模不断扩大，从2012年的1.04亿人次增加到2019年的28.79亿人次，年均增长超过20%。乡村文化和旅游的融合发展，不仅为乡村带来了更多的发展机遇，也为城市人民提供了更多的休闲和旅游选择，有助于推动中国旅游业的可持续发展。但仍需要进一步加强政策引导和投资力度，探索更多元化和创新性的发展模式，推动乡村文化和旅游产业实现更高质量的发展。

四、存在的问题

综上所述，中国乡村文化和旅游融合发展的政策经历了一个不断完善和成熟的过程。未来，政府应继续加强政策支持和监管执法，加强乡村旅游规划和设计，加强乡村文化的传承和弘扬，促进乡村旅游的可持续发展，为实现乡村振兴和全域旅游发展做出更大的贡献。政策在实施过程中也存在着如下问题：

第一，缺乏整体规划和系统性设计。在政策实施过程中，缺乏对乡村文化和旅游资源的整体规划和系统性设计，导致部分地区的乡村文化和旅游产业发展缺乏特色，同质化严重。

第二，资源开发不合理。部分地区的乡村文化和旅游资源开发缺乏科学论证，过度开发和破坏现象时有发生，导致乡村文化和旅游资源的可持续发展受到威胁。

第三，基础设施不完善。乡村文化和旅游融合发展需要优质的基础设施作为保障，但是在实际建设过程中，一些地区的基础设施建设滞后，影响了旅游接待能力和游客体验。

第四，人才匮乏。乡村文化和旅游融合发展需要具备专业知识和技能的人才、专业的管理和服务人才，但目前乡村人才流失严重，一些地区人才匮乏，缺乏有效的培训和引进机制，导致乡村文化和旅游产业发展受到限制。

第五，政策执行不到位。政策的实施需要各级政府和部门的共同努力，但在政策实施过程中，一些地区存在政策执行不到位的问题，导致政策效果大打折扣，需要加强对政策执行的监督和评估。

第六，资金瓶颈。政策的实施需要大量的资金投入，但目前乡村经济发展相对滞后，政府和企业的资金投入还不能满足实际需求。

第七，开发模式单一。乡村旅游开发多以观光为主，同质化严重，缺乏个性化和特色化的产品。

第八，文化保护不足。由于乡村文化的特殊性，政策实施过程中可能会忽视文化保护，导致文化的流失。

第六章

乡村文化与旅游融合发展的
创新实践模式

第一节　乡村文化与旅游融合发展中存在的问题

随着城乡一体化进程的加快，乡村文化与旅游融合发展成为推动乡村振兴和区域经济发展的重要途径。然而，在实践中，中国国内乡村文化与旅游融合发展仍面临诸多问题，如资源利用不足、产品单一、文化特色不突出等，需要引起重视并加以解决。

一、乡村原有文化生态系统与生活秩序遭到破坏

（一）文化生态系统的内涵

文化生态系统，是指由一定的地理空间、社会环境、文化传统、价值观念、文化设施和文化活动等组成的整体性文化环境，包括物质文化、制度文化、行为文化、精神文化等各个层面，它是人类在社会化生活中所创造的一切文化现象的总和。

文化生态系统内涵丰富，主要包括以下几个方面：

第一，地理空间。文化生态系统存在于一定的地理空间中，包括自然环境、城市建筑、社区、景观等各个方面。

第二，社会环境。文化生态系统与社会环境密切相关，包括社会制度、社会结构、社会意识等各个方面。

第三，文化传统。文化生态系统受到历史和传统的影响，包括历史文化名城、民俗文化等各个方面。

第四，价值观念。文化生态系统的形成和发展与人们的价值观念密切相关，包括文化认同、审美观念等各个方面。

第五，文化设施。文化生态系统中的文化设施包括博物馆、美术馆、图书馆、文化中心等，它们是文化活动的重要场所。

第六，文化活动。文化生态系统中的文化活动包括文化交流、艺术节、演出、展览等，它们是文化生态系统的重要组成部分。

文化生态系统是一个动态的、复杂的、多层次的系统，它不仅包括各种文化要素的组合，还包括文化要素之间的相互作用、相互影响和相互制约。因此，保护和发展文化生态系统对于促进文化多样性、推动文化创新和文化可持续发展具有重要意义。

（二）文化生态系统遭到破坏的表现

随着城市化的不断发展，越来越多的人选择离开农村去城市打工、求学，这促使了乡村文化和旅游融合发展。然而，在这个过程中，也出现了一些问题。

首先，乡村文化被城市文化同化。随着城市文化的发展，一些新的文化元素、消费方式和生活方式进入了乡村，这使得一些原本属于乡村的文化元素被弱化甚至消失了。这种同化现象不仅使得乡村文化特色减弱，还可能导致乡村文化的失真和扭曲。比如，在旅游开发过程中，一些商家为了吸引游客，可能会刻意打造一些所谓的"网红景点"，这些景点可能与乡村文化没有太大的关系，甚至会对原本的文化生态系统和生活秩序造成破坏。

其次，乡村文化被扭曲和失真。一些乡村文化元素经过商业化的包装和宣传，可能会变得不再纯粹。比如，在一些地方，农民被打造成"采摘园主""民俗文化传承人"等，他们的生活方式和文化特色被商业化地包装和展示，但实际上，他们的生活方式可能已经被改变了。这种扭曲和失真现象会使得乡村文化的传承和发展受到威胁，也会使得游客对乡村文化的认知出现偏差。

二、乡村公共文化服务体系"嵌入"成效不突出

乡村公共文化服务体系，是指在农村地区提供的各种文化服务和文化设施，旨在满足农村居民的文化需求，促进农村文化建设和发展。

（一）乡村公共文化服务体系的内涵

乡村公共文化服务体系的内涵包括以下几个方面：

第一，文化设施。乡村公共文化服务体系应该提供必要的文化设施，如文化活动中心、图书馆、文化广场、文化礼堂等，这些设施应该覆盖到农村的各个角落。

第二，文化活动。乡村公共文化服务体系应该组织各种文化活动，如文艺演出、书画展览、文化讲座、民俗文化展示等，这些活动应该贴近农村居民的生活，具有较强的吸引力和参与性。

第三，文化队伍。乡村公共文化服务体系应该培育和扶持各种文化队伍，如民间文艺团体、文化宣传队、文化讲解员等，这些队伍应该具有较高的文化素养和热情，能够积极参与文化活动和文化服务。

第四，文化产品。乡村公共文化服务体系应该提供丰富多样的文化产品，如文化书籍、音像制品、文化礼品等，这些产品应该符合农村居民的文化需求和审美趣味。

第五，文化交流。乡村公共文化服务体系应该鼓励和支持各种文化交

流活动，如民俗文化交流活动和文化艺术交流活动等，这些活动应该能够增进农村居民的文化认同感和文化自信心，促进农村文化的繁荣和发展。

（二）乡村公共文化服务体系嵌入不足的表现

随着人们生活水平的不断提高、乡村文化和旅游的不断融合，乡村公共文化服务体系的构建也成为重要的发展方向。乡村作为旅游的重要目的地，其自然环境、风土人情等成为吸引游客的重要因素。但是在实际发展过程中，仍然存在嵌入不足的问题，这对于乡村文化和旅游的整体发展产生了不利影响，具体表现为：

第一，缺乏统一规划和设计。在乡村公共文化服务体系的构建过程中，缺乏统一的规划和设计，导致各个乡村文化景点和旅游项目之间缺乏有机的联系和协调，难以形成合力。这不仅影响了乡村文化和旅游的整体发展，也难以满足游客的需求。

第二，设施和服务不完善。在部分乡村文化景点和旅游项目中，缺乏必要的设施和服务，如公共厕所、餐厅、商店等，影响了游客的体验和满意度。这不仅影响了乡村文化和旅游的整体形象，也制约了乡村公共文化服务体系的嵌入。

第三，文化活动缺乏特色和吸引力。在乡村公共文化服务体系的嵌入过程中，缺乏具有特色和吸引力的文化活动，难以吸引游客的参与和关注。这不仅影响了乡村文化和旅游的整体品质，也难以满足游客的文化需求。

第四，政府投入不足。在乡村文化和旅游的融合过程中，政府扮演着重要的角色，政府投入不足是产生嵌入不足问题的一个重要原因。政府缺乏对乡村公共文化服务体系的投入，不仅难以引导和推动乡村文化和旅游的发展，也难以满足游客的文化需求。

第五，发展理念不清晰。在乡村文化和旅游的融合发展过程中，缺乏明确的发展理念也是产生嵌入不足问题的一个原因。部分地区和村庄缺乏对乡村公共文化服务体系的整体规划和设计，不了解旅游业对于乡村发展的重要性，也不清楚如何利用旅游业推动乡村文化和经济的发展。

第六，运营模式不成熟。乡村公共文化服务体系的运营模式也是影响其嵌入的重要原因。部分地区的村庄缺乏成熟的运营模式，不了解如何吸引游客、如何营销、如何创造经济效益，难以实现乡村公共文化服务体系的有效嵌入。

三、乡村旅游产品单一，缺乏文化内涵，地方特色不鲜明

随着我国乡村旅游的发展，越来越多的旅游项目如雨后春笋般涌现，然而，在乡村文化和旅游融合发展的过程中，仍然存在着一些问题，其中最突出的就是乡村旅游产品单一，缺乏文化内涵，地方特色不鲜明。这些问题的存在，严重制约了乡村旅游的发展。

乡村旅游产品单一主要指乡村旅游项目缺少文化内涵，缺乏特色，大多是以农家乐、采摘、垂钓等为主的传统项目，缺乏对当地民俗文化、历史文化、农业文化等的深入挖掘和利用。游客来到乡村旅游景点，除了能够品尝到当地的美食、参与一些简单的农事活动，几乎没有其他的文化体验。这样的旅游项目难以吸引游客的长期关注和兴趣，从而限制了乡村旅游的发展。

乡村旅游缺乏地方特色也是一个重要问题。很多乡村旅游项目都是在模仿城市旅游景点的基础上建立的，缺乏对当地自然环境、民俗文化的深入探索和研究，没有充分发挥出乡村地区的特色和优势。这样的旅游项目往往缺乏持久的吸引力，很难留住游客的脚步。

乡村旅游产品同质化也是一个比较突出的问题。很多乡村旅游项目缺

乏创新和特色，往往比较常规，缺乏个性化和差异化，难以满足不同游客的需求。这样的旅游项目难以形成品牌效应，吸引回头客，从而影响了乡村旅游的整体发展。

总之，乡村文化和旅游融合发展是一项长期而艰巨的任务，需要我们从多个方面入手，加强对乡村旅游产品的研究和开发，打造更加具有特色和品质的乡村旅游项目，让游客在乡村旅游中感受到更加丰富多彩的文化和自然风光。

四、思想观念滞后，缺乏有效的规划与整合，内生动力缺失

随着我国经济的快速发展和城市化进程的加快，乡村文化和旅游的融合发展越来越受到重视。但在发展过程中，也出现了一些问题，如思想观念滞后、缺乏有效的规划与整合、内生动力缺失等。

第一，思想观念滞后。乡村文化和旅游融合发展是一项系统工程，需要各方面的共同参与。但在实践中，一些地区和部门的领导干部缺乏对乡村文化和旅游的深刻理解，对发展乡村旅游的重要性和紧迫性认识不足，甚至存在片面追求经济效益的思想。同时，部分村民也缺乏参与旅游发展的主动性和积极性，思想观念相对滞后，不愿意将自己的传统文化和生活方式融入旅游产品中。

第二，缺乏有效的规划与整合。在乡村文化和旅游融合发展过程中，规划和整合是非常重要的。但在实践中，一些地区和部门的规划和整合工作存在着缺陷。一些规划缺乏科学性和可操作性，难以落地实施。同时，一些旅游项目缺乏整体规划，盲目建设和开发，导致资源浪费和环境破坏。缺乏有效的规划和整合，不仅会影响旅游产业的发展，还会破坏乡村文化和自然环境。

第三，内生动力缺失。内生动力（Endogenous Motivation）指的是一个

人自发产生的、来自内心深处的动力，这种动力不需要外部的激励或奖励，而是源于个体内部的需要或兴趣。内生动力通常与个体的自我决定、自我激励、自我导向、自我控制等特征有关。与之相对的是外在动力（External Motivation），即来自外部的激励或奖励，例如金钱、荣誉等。外在动力可以在一定程度上提高个体的动机水平，但如果动机过分依赖于外部激励，就可能导致动力不足或依赖性等问题。因此，内生动力是一个人自我发展和自我实现的重要因素。乡村文化和旅游融合发展需要充分调动村民的积极性和主动性，但在实践中，一些村民缺乏主人翁意识，对旅游发展缺乏认同感和参与热情。同时，一些地区和部门在旅游开发中过度追求商业化，对当地文化和传统习俗的保护和传承不够重视，导致村民对旅游发展的热情降低，内生动力缺失。

综上所述，乡村文化和旅游融合发展是一项系统工程，需要政府部门、村民和旅游企业等各方面共同参与和努力。只有加强思想教育和规划整合，增强内生动力，才能实现乡村文化和旅游融合发展。

五、产业市场化程度低，投融资困难大

在乡村文化和旅游融合发展过程中，产业市场化程度低和投融资困难是普遍存在的问题。这些问题的存在严重制约了乡村文化和旅游产业的发展，限制了乡村文化和旅游业的市场扩展和竞争力提升。

产业市场化指的是在政府管制下，对一个产业进行市场化改革，包括重组、整合和开放市场等，以促进市场竞争，增加市场流通性，提高产业效率和发展潜力。市场化改革可以为产业引入新的竞争机制，推动创新和发展，同时也可以改善产业结构，提高产业质量和竞争力。产业市场化程度低是指乡村文化和旅游产业的市场化程度不高，市场竞争力不强，产业的发展主要依靠政府扶持和自我发展。在乡村文化和旅游产业发展初期，

由于市场需求和消费习惯的不成熟，很难吸引到足够的游客。另外，乡村文化和旅游产业在供给方面也存在不足，许多乡村地区的旅游设施和服务还比较简单，缺乏吸引力和竞争力。产业市场化程度低的原因很多。首先，政府在乡村文化和旅游产业发展中的作用还不够明确，缺乏相应的政策和规划支持，导致产业发展缺乏明确的方向和目标。其次，乡村文化和旅游产业的投资回报周期较长，投资风险较高，导致许多投资者望而却步。此外，乡村文化和旅游产业的发展需要长期的积累和沉淀，但是一些地区的政府和企业缺乏长远规划和耐心。

投融资困难是指乡村文化和旅游产业在发展过程中缺乏必要的资金支持，限制了产业的发展规模和速度。乡村文化和旅游产业的投融资困难主要有两个方面的原因。首先，乡村文化和旅游产业的发展需要大量的资金支持，但是一些地区的政府和企业没有足够的资金支持，导致产业发展受阻。其次，乡村文化和旅游产业的发展周期长，回报周期也较长，一些投资者缺乏耐心和信心，导致资金投入不足。

第二节　创新实践模式的内涵和特点

创新实践模式指在创新过程中所采用的实践方法和技术，它涉及创新过程中各个环节的具体实践策略和方法，包括产品创新、服务创新、商业模式创新、组织创新等。

一、创新实践模式的内涵

创新实践模式强调实践性，注重将理论应用到实际操作中，从而强化对实践能力的培养，强调实践中的探索和创新精神。

创新实践模式注重多样性和灵活性，强调在不同的环境和条件下采用不同的实践策略和方法，以适应不同的创新场景。

创新实践模式强调对创新思维和创新能力的培养，注重培养创新人才和团队，以推动创新的持续发展。

二、创新实践模式的特点

创新实践模式具有实践性和实用性，注重对实际操作和实践能力的提高。

创新实践模式具有多样性和灵活性，能够适应不同的创新场景和环境。

创新实践模式注重对创新思维和创新能力的培养，能够提高创新人才和团队的综合素质。

创新实践模式注重对创新成果的应用和转化，能够将创新成果快速转化为实际生产力和市场竞争力。

第三节　创新实践的经典理论

创新实践的经典理论可以追溯到20世纪初，当时的学者们开始研究创新过程并探讨如何提高创新能力。以下是几个经典理论：

一、创新扩散理论（Diffusion of Innovation Theory）

创新扩散理论认为，创新最初是在一个小的核心群体中创造出来的，然后通过社会网络逐渐扩散到更广泛的社会中。该理论强调了创新与社会网络之间的密切联系。

创新扩散理论是传播效果研究的经典理论之一，是由美国学者埃弗雷特·罗杰斯（E.M.Rogers）于20世纪60年代提出的一个关于通过媒介劝服人们接受新观念、新事物、新产品的理论，侧重大众传播对社会和文化的影响。罗杰斯认为，创新是一种被个人或其他采用单位视为新颖的观念、实践或事物；创新扩散是一种基本社会过程，在这个过程中，主观感受到的关于某个新主意的信息被传播。通过一个社会构建过程，某种创新的意义逐渐显现。

（一）创新扩散理论的内涵

创新扩散理论是一种关于新技术、产品或观念在社会网络中传播的理论模型。该理论模型主要研究了创新在社会网络中的传播机制和影响因素，以及创新在不同社会网络中的扩散速度和范围。该理论认为，创新是通过社会网络中的个体之间的相互作用和信息交流来传播和扩散的。具体来说，创新通常从少数几个创新者或中介者开始，他们拥有更多的信息和知识，并且与其他人建立了更多的联系。这些创新者或中介者会将创新信息传递给他们的朋友、同事、家人等，这些人再将创新信息传递给他们的朋友和同事等，以此类推，逐渐扩散到整个社会网络。创新扩散理论包含以下几个基本假设：

个体之间的相互作用和信息交流是创新传播的关键因素；创新的传播速度取决于社会网络中的中介者数量和创新信息的性质；创新在社会网络中的扩散范围受到社会网络特征和结构的影响；创新的成功扩散需要适当的环境和条件。

总之，创新扩散理论是一种有用的理论模型，可以帮助我们了解创新在社会网络中的传播机制和影响因素，以及如何促进创新的成功扩散。

（二）创新扩散理论的特点

非线性：创新扩散是一个非线性过程，其速度和规模不是简单地按照线性规律增长，而是受到各种复杂因素的影响。

自组织性：创新扩散是一种自组织现象，其发展演化过程受到自身规律的支配，不是外部力量推动的结果。

时间依赖性：创新扩散的过程是一个时间依赖性过程，不同地区、不同领域、不同群体的创新扩散速度和规模受到时间的影响。

路径依赖性：创新扩散的路径具有依赖性，即一旦某个地区、领域或群体选择了某种创新模式，在随后的扩散过程中，它会沿着这条路径继续扩散，而不是随机地选择其他路径。

多样性：创新扩散过程中存在着多样性，不同的创新在不同的地区、领域、群体中的扩散速度和规模不同，同时，不同的扩散路径也会导致不同的结果。

复杂性：创新扩散是一个复杂的现象，其中存在着大量的自组织和自适应现象，同时也受到许多外部环境和内部因素的影响。

二、生命周期理论（Life-cycle Approach）

产品生命周期理论是由美国经济学家雷蒙德·弗农于1966年在《产品周期中的国际投资和国际贸易》一文中提出的。它从产品生产的技术变化出发，分析了产品的生命周期以及对贸易格局的影响。他认为，制成品和生物一样具有生命周期，会先后经历创新期、成长期、成熟期、标准化期和衰亡期等五个不同的阶段。

（一）生命周期理论的内涵

生命周期理论是一种系统性的理论框架，用于描述各种生物体（包括有机体和机器）从产生到消亡的整个生命过程。该理论强调了生命体在不同阶段的特点和行为，以及它们与环境之间的相互作用。生命周期理论包括以下几个阶段：

产生阶段：生命体从无到有的产生过程。

成长阶段：生命体在成长过程中不断发展和变化，通常伴随着生理和心理的成熟。

成熟阶段：生命体在成熟阶段拥有最大的生命力和适应性，能够在环境中生存和繁衍。

衰退阶段：生命体在衰退阶段开始走向老化和死亡，生命力和适应性逐渐下降。

消亡阶段：生命体在消亡阶段最终消失和死亡。

生命周期理论是一种广泛应用于生物学、生态学、医学、社会学等多个领域的理论框架，可以帮助我们更好地理解生命体的特点和行为，以及它们与环境之间的相互作用。

（二）生命周期理论的特点

完整性：生命周期理论包括一个生命周期的全部过程，从出生到死亡。

阶段性：生命周期理论将整个生命周期划分为不同的阶段，每个阶段都有其特定的发展任务和特征。

可预测性：生命周期理论可以根据个体的生命历程，预测其未来的发展趋势和可能遇到的问题。

多样性：生命周期理论认为每个人的生命周期都是独特的，受到个体的遗传、环境和经历等多种因素的影响。

适应性：生命周期理论强调个体在生命周期不同阶段的适应能力，包括对环境的适应和对社会角色的适应。

三、熊彼特创新理论（Theory of Innovation）

"创新"（Innovation）是将原始生产要素重新排列组合为新的生产方式，以求提高效率、降低成本的一个经济过程。在熊彼特经济模型中，能够成功"创新"的人便能够摆脱利润递减的困境而生存下来，那些不能够成功地重新组合生产要素的人则会最先被市场淘汰。

（一）熊彼特创新理论的内涵

熊彼特创新理论的内涵包括以下几个方面：

第一，创新是一种经济过程，是一种生产要素的重新组合。创新不仅包括产品创新，还包括制度、组织、文化等方面的创新。

第二，创新是一种破坏性的力量，它打破了原有的平衡，创造了新的市场和机会。但是，创新也会带来不确定性和风险。

第三，创新的源泉是企业家精神。企业家是创新的主体，他们具有创新的意识和能力，能够发现机会、整合资源、组织生产、推销产品。

第四，创新的过程是不断演进的，包括孵化、成长、成熟和衰退等不同阶段。在不同的阶段，企业家需要采取不同的策略和方法来应对各种挑战。

第五，创新的结果是产生了新的经济范式。当一种创新成功地实现了商业化，它就会改变市场竞争的格局，形成新的产业和行业，甚至影响整个经济体系的运行方式。

总之，熊彼特创新理论强调了创新在经济发展中的重要性，认为创新是一个持续不断的过程，需要企业家的创新精神和创新能力来推动。同时，他也指出了创新所带来的风险和不确定性，提醒人们要注意管理和应对创新所带来的各种挑战。

（二）熊彼特创新理论的特点

强调创新的重要性：熊彼特认为，创新是经济发展的重要驱动力，创新带来的新产品、新技术、新市场和新组织形式能够促进经济的增长和繁荣。

关注创新的生命周期：熊彼特将创新分为三个阶段，第一阶段是创新的孕育期，第二阶段是创新的成长期，第三阶段是创新的成熟期和衰退期。不同阶段的创新具有不同的特点和生命周期。

强调创新的破坏性：熊彼特认为，创新不仅是一个逐步演进的过程，还包括对原有产业和组织的破坏和颠覆。他将其称为"创造性破坏"，即新技术和新产品的出现摧毁了原有的产业和组织，但也为经济的发展带来了新的机遇和活力。

关注创新与企业家精神：熊彼特认为，企业家精神是创新的核心，企业家能够发现机会、创造产品、组织生产和进行市场营销，他们是创新和经济增长的关键。

重视制度和文化因素：熊彼特认为，制度和文化对于创新也具有重要的影响，例如，政府的政策、法律和管理制度，企业的组织文化和价值观，等等。这些因素能够促进或阻碍创新的发展。

第四节　创新实践的主流模式

一、外部"输血"模式

乡村文化和旅游融合发展的外部"输血"模式指乡村地区利用旅游业的发展来促进文化保护和传承、促进产业转型升级、提升居民生活质量的一种外部资源支持和帮助。这种模式的特性包括以下几个方面：

第一，资源整合优势互补。乡村文化和旅游融合发展，可以将乡村地区独特的文化资源和自然资源有机整合，实现优势互补，从而提高文化和旅游的吸引力和竞争力。

第二，推动产业转型升级。乡村文化和旅游融合发展，可以推动当地产业向现代服务业转型升级，提高农村居民的收入和生活水平。

第三，促进文化保护和传承。乡村文化和旅游融合发展，可以促进乡村地区传统文化的保护和传承，使其在现代社会得到更好的传承和发展。

第四，提升居民生活质量。乡村文化和旅游融合发展，可以改善乡村居民的生活环境和生活质量，促进乡村社会的和谐发展。

第五，增强区域经济实力。乡村文化和旅游融合发展，可以增强乡村地区的经济实力，提高当地居民的生活水平和生活质量，促进区域经济的发展。

需要注意的是，乡村文化和旅游融合发展需要根据当地实际情况，精准定位，合理规划，有效管理，才能实现可持续发展。同时，要加强对乡村文化和旅游资源的保护，避免过度开发和破坏，避免盲目模仿和同质化竞争。

二、内部"造血"模式

在乡村文化和旅游融合发展中，内部"造血"模式是一个非常重要的概念，指的是乡村地区通过发展自身经济、文化和社会资源，实现自我持续发展的能力。内部"造血"模式具有以下几个特性：

第一，自主性。内部"造血"模式是一种基于乡村地区自身资源和优势的发展模式，强调了乡村地区的自主性和自主决策权，不仅能够满足当地居民的需求，也能够充分发挥当地的资源优势。

第二，可持续性。内部"造血"模式是一种可持续发展的模式，不仅能够满足当前的需求，还能够为未来的发展提供持久的动力。这种模式通过创造就业机会、增加收入、改善生活质量等方式，为乡村地区的可持续发展提供了基础。

第三，多样性。内部"造血"模式强调了乡村地区的多样性和特色，不仅包括文化、经济和社会等方面，也包括自然环境和景观等方面。通过保护和发扬这些多样性，乡村地区可以吸引更多的游客和投资者，实现更好的发展。

第四，协调性。内部"造血"模式是一种协调发展的模式，强调了乡村地区的经济、社会和文化等方面的协调发展。这种模式能够使各种资源和要素得到合理利用，实现资源的最大化利用和价值提升。

总之，内部"造血"模式是乡村文化和旅游融合发展的核心内容之一。它不仅能够为乡村地区的发展提供持续的动力，也能够保护和弘扬乡村地区的文化和历史遗产，促进乡村地区的可持续发展。同时，它也能够提高当地居民的生活质量和幸福感，实现社会、经济和文化的全面发展。

三、内外部孕育模式

内部孕育模式指的是乡村文化和旅游融合发展的内部因素，包括乡村自身的文化特色、资源优势和市场需求等方面的因素。这些因素在乡村发展旅游过程中逐渐积累，形成了乡村旅游的内在动力和竞争优势。外部孕育模式指的是外部环境对于乡村文化和旅游融合发展的影响和促进作用，包括政府政策、社会环境和市场需求等方面的因素。政府政策的扶持和引导，为乡村旅游发展提供了良好的外部环境；社会环境的改善和人民生活水平的提高，也为乡村旅游发展提供了广泛的市场需求。内外部孕育模式是对内部孕育模式和外部孕育模式的有机融合，既激发了乡村文化和旅游融合发展的内部要素的潜力，又充分发挥了外部环境对乡村文化和旅游融合发展的积极影响和促进作用。

乡村文化和旅游融合发展的内外部孕育模式有以下特性：

第一，内生性。乡村文化和旅游融合发展的内部因素是乡村自身发展的必然趋势，是在乡村自身的资源、市场和需求的基础上形成的，具有内生性和自我持续性的特点。

第二，多元性。乡村文化和旅游融合发展受到多种因素的影响和制约，包括政府政策、社会环境和市场需求等方面的因素，具有多元性和复杂性的特点。

第三，协同性。乡村文化和旅游融合发展需要各种因素之间的协同作用，包括政府政策、社会环境和市场需求等方面的因素，具有协同性和整合性的特点。

第四，持续性。乡村文化和旅游融合发展需要不断地推动和完善，才能保持其竞争优势和持续发展的能力，具有持续性和稳定性的特点。

总之，内外部孕育模式是乡村文化和旅游融合发展的重要理论基础，对于我们深入了解和研究乡村旅游发展具有重要的启示和指导作用。

第五节 乡村文化和旅游融合发展的
创新实践案例及深入分析

一、"乡村村晚"

乡村村晚，简称"村晚"，是指在新农村的春节期间义务为农民百姓打造的田间地头的春节联欢晚会。新农村公益村晚是新时期我国传统城市春晚文化在新农村的演变与创新，是立足于农村现实生活，伴随着传统民俗活动的继承与发展，结合农村地方文化特色与传统，由农民根据现实生活题材，自编、自导、自演，在每年春节期间为庆祝农历新年而举办的全民参与的综艺性文艺联欢晚会。

近年来，随着城乡一体化进程的加速和乡村振兴战略的实施，乡村文化活动蓬勃发展，"乡村村晚"作为其中的代表性活动，引起了文化和旅游部全国公共文化发展中心的高度重视。

（一）"乡村村晚"溯源

"乡村村晚"最早起源于浙江省湖州市安吉县，自2010年起，安吉县连续10年举办"千村千场文化礼堂村晚"活动，受到了广泛关注。2015年，文化和旅游部全国公共文化发展中心将安吉县的经验向全国推广，并正式启动了"乡村村晚"活动。经过多年的实践和探索，"乡村村晚"已经成为丰富农村文化生活、推动乡村振兴的重要抓手。

"乡村村晚"的内容丰富多彩，包括文艺演出、民俗展示、志愿服务等多个方面。其中，文艺演出是"乡村村晚"的重头戏，包括歌舞、戏曲、小品等多种形式。在演出中，既有当地的民间艺人，也有专业的文艺团队，为农民群众献上一场精彩的文化盛宴。民俗展示是"乡村村晚"的又一个亮点，主要包括传统的手工艺、民间文化、传统美食等，让农民群众了解和体验传统文化的魅力。志愿服务是"乡村村晚"的一项重要内容，主要涉及文化、科技、卫生等多个方面，为农民群众提供便捷、优质的服务。

"乡村村晚"活动的意义不仅在于促进乡村文化的传承和发展，还在于提高农民的文化素质，推动乡村旅游的发展，增强乡村文化自信心等。近年来，文化和旅游部全国公共文化发展中心积极推动"乡村村晚"活动，旨在发掘、传承和弘扬中华优秀传统文化，丰富广大农民群众的精神文化生活。

（二）"乡村村晚"的特点

第一，突出农民主体性。"乡村村晚"坚持以农民为主体，充分尊重农民的文化需求和审美趣味，让农民群众成为文化活动的主角。

第二，注重乡土特色。"乡村村晚"突出乡土特色，将农村文化和民俗文化融合在一起，展现出农村的独特魅力。

第三，强调文化惠民。"乡村村晚"坚持文化惠民，为农民群众提供优质的文化服务，满足他们的文化需求。

第四，促进城乡融合。"乡村村晚"不仅是一种农村文化的展示途径，也是城乡文化交流互动的方式，有助于促进城乡融合。

第五，促进乡村文化的传承和发展。"乡村村晚"活动旨在通过组织文艺晚会的形式，来弘扬和传承乡村文化。在现代化的进程中，很多乡村文化逐渐消失，而"乡村村晚"活动可以促进乡村的文化繁荣和发展。

第六，提高农民文化素质。农民文化素质的提高是实现乡村振兴的关键。"乡村村晚"活动将文艺演出与乡村文化相结合，为农民提供了学习和交流的机会，提高了农民的文化素质，从而推动乡村的全面发展。

第七，推动乡村旅游发展。乡村旅游是实现乡村振兴的重要途径。"乡村村晚"活动通过文艺演出和旅游资源的结合，为乡村旅游的发展提供了支持。

第八，增强乡村文化自信心。通过组织"乡村村晚"活动，为乡村地区的文化自信心的增强提供了支持。这种自信心可以促进乡村的全面发展，并提高农民的生活质量。

（三）"乡村村晚"实施效果

1.社会效益显著

"乡村村晚"活动不仅让广大农民群众在家门口欣赏到高质量的文艺演出，还有助于提升基层文化服务水平，促进乡风文明建设。通过举办"乡村村晚"，广大农民群众不仅能够感受到来自文化艺术的熏陶，还能够了解到党和政府的方针政策，加深对自身文化传统的认识，从而激发他们对传统文化的热爱和传承意识。

2.经济效益良好

"乡村村晚"活动的实施不仅能够为广大农民群众带来丰富的文化大餐，还能够促进当地文化旅游产业的发展。通过文化与旅游的有机结合，"乡村村晚"活动可以吸引更多的游客前来参观、旅游，从而带动当地的经济发展。

3.组织实施不断优化

为了保证"乡村村晚"活动的顺利实施，文化和旅游部全国公共文化发展中心不断优化组织实施方案，提高服务质量。一方面，该中心加强与各地文化和旅游部门的合作，共同推动"乡村村晚"活动的开展；另一方面，该中心还不断加强与基层文化组织的联系，吸收更多的社会力量参与到活动中来。通过不断优化组织实施方案，"乡村村晚"活动得到了越来越多农民群众的认可和支持。

综上所述，"乡村村晚"活动的实施效果显著，对于促进农村文化发展、推动乡村振兴战略的实施具有重要意义。在未来的实施过程中，文化和旅游部全国公共文化发展中心应该继续优化组织实施方案，提高服务质量，加强与基层文化组织的联系和合作，让"乡村村晚"活动成为一个深受广大农民群众喜爱的文化品牌。

（四）"乡村村晚"对乡村文化与旅游融合发展的带动作用

"乡村村晚"不仅是传统文化的展示平台，也是乡村旅游的重要组成部分。它能够带动乡村文化与旅游的融合发展，具体表现在以下几个方面：

第一，弘扬传统文化。"乡村村晚"是传统文化的展示平台，包括民俗表演、民族音乐、传统美食等。这些传统文化元素的展示能够吸引更多的游客了解和体验乡村文化，增强对乡村的认同感和归属感。

第二，带动旅游消费。"乡村村晚"吸引了大量的游客前来观看，这些游客也会带动当地的餐饮、住宿、购物等旅游消费。村民可以将自己制作的土特产品、手工艺品等销售给游客，增加收入。

第三，促进乡村发展。"乡村村晚"不仅能够带动当地的经济发展，还能够促进乡村基础设施建设和公共服务水平的提升。比如，乡村道路、停车场、厕所等设施的改善，公共文化服务的提升，等等。

第四，推动乡村旅游产品创新。"乡村村晚"为乡村旅游产品的创新提供了新的思路。比如，可以将"乡村村晚"打造成一个持续性的活动，形成"村晚经济"，将乡村旅游与文化产业有机结合起来。

综上所述，"乡村村晚"对于促进乡村文化与旅游融合发展具有重要的推动作用，是一种有效的旅游产品创新方式。

（五）从动力机制的角度论述乡村文化与旅游融合发展方面的不足

乡村文化与旅游融合发展的动力机制涉及多个方面，包括政府政策、市场需求、社区参与等。然而，在实践中，这种融合发展仍然存在一些不足之处，其主要原因有：

第一，缺乏深入的文化认识和理解。旅游业是一个高度商业化的行业，许多乡村地区的文化被简单化和商业化，以适应游客的需求。然而，这种简单化的做法可能会导致游客对当地文化产生误解，从而无法实现真正的文化融合。

第二，缺乏资金和资源的支持。乡村地区的发展通常需要大量的资金和资源投入。然而，由于乡村地区的财政资金相对较紧张，吸引力相对较弱，政府和社会资本往往更愿意投资城市地区或其他更具吸引力的地区。这种不平衡的投资模式可能导致乡村文化和旅游融合发展的资源不足。

第三，缺乏专业人才和管理经验。乡村文化和旅游融合发展需要具备专业知识和管理经验的人才。然而，在一些乡村地区，由于人才流失和教育水平的限制，很难找到符合要求的人才来组织和策划活动。这种人才短缺可能会导致乡村文化和旅游融合发展存在不足。

第四，文化保护与开发之间可能存在矛盾。在乡村文化和旅游融合发展过程中，文化保护和开发之间可能产生矛盾。一方面，文化遗产和传统文化是乡村地区的重要资源，应该受到保护。另一方面，旅游业需要开发和利用这些资源，但这可能会导致文化遗产的破坏和丧失。如何在保护文化的同时促进旅游发展是一个需要解决的问题。

第五，宣传推广有待提升。"乡村村晚"活动没有得到足够的宣传推广，很多人不知道这个活动，也就不会来参加。

第六，活动内容有待丰富。"乡村村晚"活动的内容比较单一，缺乏吸引力，不能满足游客的需求。

第七，民俗特色有待加强。乡村的特色民俗文化没有得到很好的展示和传承，缺少吸引游客的亮点。

总之，乡村文化和旅游融合发展是一个复杂的过程，需要政府、社区、游客和文化保护者之间的合作和协调。只有克服这些不足之处，才能实现真正的文化融合和可持续发展。

二、"乡村网红"培育计划

近年来，随着城乡一体化的加速推进和农村人口大量向城市流动，乡村文化产业发展面临着巨大的挑战。许多乡村地区的文化资源未能得到有效开发和利用，传统文化的传承和发展也遇到了困难。同时，随着数字技术的发展和移动互联网的普及，社交媒体和短视频平台兴起，一些乡村地区的自然风光、民俗文化、特色美食等也逐渐受到人们的关注和喜爱。"乡村网红"成为一种新兴的文化现象和文旅产业的新业态。因此，推动乡村网红的培育和发展，不仅有利于挖掘和传承乡村文化，也有助于拓展乡村旅游市场，促进乡村经济的发展。

为认真贯彻落实习近平总书记关于乡村振兴战略的重要讲话精神以及党的十九届五中全会关于全面推进乡村振兴、繁荣发展文化事业和文化产业、提高社会文明程度的重要要求，依照文化和旅游部党组工作部署，广泛发掘、培育一批优秀"乡村网红"人才，打造可持续的"乡村网红"IP，引领乡风文明建设，助力乡村振兴，文化和旅游部全国公共文化发展中心自2019年起开始实施"乡村网红"培育计划，与央视频、快手等合作，联合各省共同实施，旨在培养一批具有较高文化素养和文化创意能力的新型职业农民，发掘和推广一批具有地方特色的文化资源和旅游资源，促进乡村文化和旅游的发展。

（一）网红热的时代背景

社交媒体的普及：随着智能手机和社交媒体的普及，普通人也可以轻松地分享自己的生活和观点，从而成为网红。

移动互联网的发展：移动互联网的普及和快速发展，为网红的诞生和发展提供了更广阔的平台和空间。

全球化的影响：全球化的趋势也为网红的崛起提供了更多的机会和可能性，使得国内外的网红可以在全球范围内获得关注和支持。

（二）网红经济的特点

依托社交媒体：网红经济的兴起离不开社交媒体的支持，通过社交媒体平台，网红可以与粉丝进行交流互动，提升自己的影响力。

内容为王：网红经济的核心是内容，网红需要有独特的内容和个性特点，才能吸引粉丝的关注和支持。

多元化变现：网红经济的变现方式多种多样，除了广告收入和打赏，还可以通过线下活动、代言合作、产品推广等方式获得收益。

粉丝经济：网红的影响力和粉丝数量对于变现和商业合作来说非常重要，因此网红们会努力维护自己的粉丝群体，增强粉丝黏性。

竞争激烈：网红经济的市场竞争非常激烈，因此网红们需要不断创新和提高自己的能力，才能在竞争中脱颖而出。

（三）"乡村网红"培育计划的推出背景

随着城市化进程的加速，越来越多的人选择离开农村去城市打工，导致农村人口减少，很多村庄变得荒芜。互联网的普及和发展，使得乡村网红可以通过短视频、直播等方式，将自己的生活和才艺展示给更多的人，从而获得更多的关注和支持。乡村网红的出现，满足了人们对农村生活的好奇心和探究欲望。他们在直播中展示的农村文化、风土人情等内容，让人们更加了解和认识农村，也增强了人们对于农村的认同感和归属感。

随着城乡一体化的加速发展，农村地区也需要发展自己的特色产业和经济，吸引更多的游客和投资者。因此，培育一批具有较高知名度和影响力的乡村网红，可以帮助农村地区提高知名度，吸引更多的游客和投资者，促进当地经济的发展。

农村地区有着丰富的文化资源和传统习俗，但是由于城市化进程的加快，许多传统文化逐渐消失。通过培育乡村网红，可以让这些文化资源和传统习俗得到更好的传承和推广，吸引更多的人关注和参与，从而保护和传承农村文化。

随着新媒体的快速发展，农村地区也需要有自己的代表性人物和声音。通过培育乡村网红，可以让他们利用新媒体平台传播农村文化、推广特色产业，成为农村地区的代言人和宣传员，进一步提高农村地区的知名度和影响力。

乡村网红的商业化运作，也是导致乡村网红热的原因之一。一些乡村网红通过直播带货、品牌代言等方式，获得了不菲的收入，这也吸引了更多的人加入乡村网红的行列。

网红经济指一种基于网红或明星效应，通过网络平台或社交媒体来推广和变现的经济形态。其运营模式通常包括以下几个方面：

第一，网红或明星的孵化和包装。网红经济的第一步是寻找和孵化有潜力的网红或明星，例如通过社交媒体或选秀节目等方式发掘有才华的人才，并对其进行包装和推广。

第二，内容生产和运营。网红经济的核心是通过各种形式的内容来吸引粉丝，包括文字、图片、视频、直播等形式。在内容生产方面，网红经济需要不断创新和提升差异化，以保持竞争力。

第三，社交媒体和电商变现。在积累了足够的粉丝和影响力之后，网红或明星可以通过社交媒体或电商平台来变现，例如广告收入、电商销售、品牌代言等。

第四，衍生品开发。网红经济也可以通过开发衍生品，如周边产品、线下活动等方式来获得更多的收益。

总的来说，网红经济的运营模式需要不断创新和探索，以适应不断变化的市场需求和用户口味。

在文化和旅游部全国公共文化发展中心的推动下，"乡村网红"培育计划已经成为一项全新的文化扶贫项目，旨在为乡村地区的文化产业发展注入新的活力。

（四）"乡村网红"培育计划的内容

"乡村网红"培育计划主要包括以下内容：

第一，网红培训。通过开展线上和线下的培训课程，为乡村地区的文化爱好者和创业者提供关于短视频制作、直播营销等方面的专业培训，帮助他们掌握网红的基本技能和运营方法。

第二，短视频制作和推广。通过对乡村地区的自然风光、民俗文化、特色美食等进行拍摄和剪辑，制作出具有较高观赏性和传播性的短视频内容。同时，通过各大短视频平台的推广，让这些内容得到更广泛的传播。

第三，网红孵化和运营。对已经成为网红的乡村创业者进行跟踪和支持，为其提供包括品牌推广、供应链管理、电商销售等方面的全方位服务，帮助其实现商业变现和长期发展。

第四，招募和培训乡村网红。通过向社会发布招募公告，吸引有志于推广乡村文化的个人或团队报名参加。然后，组织专业的培训团队对入选者进行培训，内容包括乡村文化、旅游景点推广、直播技巧、形象设计等。

第五，打造乡村网红IP。根据每位乡村网红的特点和特长，打造个性化的IP，包括形象设计、视觉设计、声音设计等，使其更容易被公众记住和认可。

第六，推广乡村网红。通过各种渠道，推广乡村网红的形象和品牌，提高其知名度和影响力。包括社交媒体、微信公众号、短视频平台等。

第七，组织乡村旅游活动。与当地旅游部门合作，让乡村网红带领游客参观游览，推广乡村旅游资源。

（五）"乡村网红"培育计划的实施效果

"乡村网红"培育计划自实施以来，取得了显著的效果，主要表现在以下几个方面：

第一，培养了一批具有较高文化素养和文化创意能力的新型职业农民。该计划通过开展线上和线下培训，帮助学员了解文化和旅游相关知识，提高其文化素养和创意能力。据统计，该计划已经培养了超过10万名学员，其中一部分学员已经成为乡村文化和旅游产业发展的中坚力量，在推广地方文化和旅游资源方面发挥了重要作用。

第二，发掘和推广了一批具有地方特色的文化资源和旅游资源。该计划通过组织学员深入乡村进行实地考察，帮助学员了解当地的文化和旅游资源，发掘和推广具有地方特色的文化和旅游资源。据统计，截至2023年该计划已经推广了超过500个乡村文化和旅游项目，这些项目在吸引游客方面取得了显著成效，带动了当地经济的发展。

第三，促进了乡村文化和旅游的发展。该计划通过培育和推广一批具有地方特色的文化和旅游资源，促进了乡村文化和旅游的发展。据统计，自实施该计划以来，各地乡村旅游的发展呈现出良好的势头，越来越多的游客选择到乡村旅游，感受当地的文化和风土人情。

（六）"乡村网红"培育计划对乡村与旅游融合发展的带动效应

"乡村网红"培育计划对乡村与旅游融合发展有着多方面的带动。

第一，推广乡村文化。网红通常会分享自己在乡村的生活和旅游经历，这有助于推广乡村的文化和历史，吸引更多的游客前来探索和了解乡村。

第二，带动当地经济。网红的到来可以带动当地经济的发展，例如通过销售当地的特产、为游客提供服务或开设商店等。

第三，提高知名度。通过网红的宣传，乡村可以提高知名度，吸引更多的游客前来旅游，从而增加当地居民的收入。

第四，促进产业发展。"乡村网红"培育计划促进了乡村旅游业的发展，带动了当地餐饮、住宿、交通等相关产业的发展。

第五，增加就业机会。网红的到来可以带来更多的就业机会，例如为游客提供服务、开设商店、销售当地特产等，从而增加了当地居民的收入。

总之，"乡村网红"培育计划为乡村和旅游融合发展带来了多方面的积极影响，是一种有效促进乡村发展的方式。

（七）"乡村网红"培育计划实施中存在的问题

该计划的培训内容主要是理论知识，缺乏对实际操作的培训。一些学员在实际运营乡村旅游项目时遇到了困难，缺乏相关经验和指导，缺乏专业的知识和技能，在推广乡村文化时难免会出现错误和不当的行为，影响乡村形象。

部分地方政府对该计划的重要性认识不足，对该计划的支持力度不够，影响了计划的实施效果。

"乡村网红"培育计划的宣传力度不够，知名度和影响力有待提高，应该通过多种渠道进行宣传推广。

在招募和培训乡村网红的过程中，存在一定的商业化和功利化倾向，可能会损害乡村文化的真正价值。针对存在的问题，可以采取以下措施：

第一，加强对乡村网红的专业化培训。通过邀请相关领域的专家和学者，为乡村网红提供更加系统和专业的培训，提高其知识水平和专业素养。

第二，坚持乡村文化的真实性和本土性。在推广乡村文化时，要尊重乡村的传统文化和风俗习惯，避免过度商业化和功利化。

第三，打造差异化和特色化的乡村旅游产品。针对同质化竞争和资源浪费的问题，各地应根据自身的特点和优势，打造具有差异化和特色化的乡村旅游产品，提高市场竞争力。

第四，加强政策和资金支持。政府应该加大对乡村文化和旅游发展的支持力度，提供更多的政策和资金支持，促进乡村文化的繁荣和发展。

总之，"乡村网红"培育计划是一个具有积极意义的计划，但也需要不断地优化和升级，以更好地推广乡村文化和促进乡村旅游的发展。

（八）从动力机制角度论述"乡村网红"培育计划的不足

"乡村网红"培育计划旨在通过培养一批具有影响力的乡村网红，带动乡村文化和旅游的融合发展，为乡村旅游发展带来积极的推动作用。然而，从动力机制的角度来看，该计划存在以下不足：

第一，缺乏内生动力。一些乡村地区虽然拥有独特的文化资源和旅游资源，但其居民缺乏对家乡的认同感和自豪感，对于发展乡村旅游缺乏内生动力。

第二，缺乏市场导向。乡村旅游市场竞争激烈，可能会受到其他地区或类似旅游项目的竞争。一些乡村网红的培育计划过于注重政府引导和市场推广，而忽略了乡村居民的主体地位和参与度。这导致一些乡村网红的培育计划难以与当地居民的需求和利益相结合，难以实现长期可持续发展。网红计划需要根据当地实际情况，制定具体的推广策略，才能够吸引更多的游客。

第三，缺乏协同效应。乡村网红的培育计划往往涉及多个部门和主体，如文化、旅游、农业等。如果这些主体之间缺乏协同合作，就容易出现各自为政、资源浪费等问题。

第四，缺乏相关的培训和支持。一些农民可能缺乏网红培训和推广的相关经验和技能，需要提供相关的培训和支持，以便他们能够更好地利用社交媒体和其他数字工具来推广自己的乡村旅游资源。

第五，农产品销售问题的制约。乡村网红计划的成功不仅仅依赖于旅游业的发展，还需要解决农产品销售问题。农民需要有稳定的销售渠道，才能够持续获得收益，从而继续投入旅游业的发展。

第六，政策和资金支持有待强化。政府和相关机构需要提供一定的政策和资金支持，帮助农民更好地利用网红培育计划来发展乡村旅游，同时也需要加强对乡村旅游市场的监管和规范，确保旅游业的可持续发展。

因此，要使"乡村网红"培育计划更好地发挥作用，需要从内生动力、市场导向和协同效应等方面加以改进和完善。政府应该引导和推动乡村居民的主体参与，同时注重市场需求和产业发展的实际情况，协调政府、农民、旅游业者和其他相关利益者的资源和力量，实现乡村文化和旅游的融合发展，带动更多的农民增收致富。

第六节　数字经济视野下的乡村文化与旅游融合发展

一、数字经济的定义与特点

数字经济，是指以数据为关键生产要素、以数字技术为基础支撑、以数据产品和服务为主要产出的新经济形态。数字经济具有以下特点：

第一，数据驱动。数字经济的主要特征是数据驱动，即以数据为主要驱动力来促进经济发展。数据成为新的生产要素，可以被收集、存储、分析、处理和应用，贯穿于整个经济活动中。

第二，信息化程度高。数字经济的一个重要特点是信息化程度高，数字技术在经济活动中的应用范围广泛，包括大数据、人工智能、物联网、区块链等。

第三，数据产品和服务为主要产出。数字经济的产出不再是传统意义上的实物产品，而是以数据产品和服务为主要形式的数字经济产品和服务。这些产品和服务可以满足人们的各种需求，包括消费、娱乐、教育、医疗、金融等。

第四，数据安全和隐私保护。数字经济的发展也面临着数据安全和隐私保护的挑战。如何保障数据安全、做好隐私保护成为数字经济发展面临的重要问题。

第五，全球化和跨界融合。数字经济的另一个重要特点是全球化和跨界融合。数字技术的发展使得全球经济更加紧密地联系在一起，不同行业、不同领域之间的跨界融合不断加强。

二、数字经济时代的商业模式

对数字经济时代的商业模式通常有以下三个方面的理解：

第一，数据作为一种新型生产要素，可以被用来创造新的商业价值。这种价值可以体现在提高效率、优化决策、改善用户体验等方面。

第二，数据可以连接用户、企业、产品和服务，形成一个更加紧密的生态系统。这个生态系统可以为用户提供更加全面和个性化的服务，同时也可以为企业提供更多的商业机会。

第三，数字经济的核心是数据驱动，企业可以通过收集、分析、挖掘数据来了解用户需求，优化业务流程，提高运营效率。在这个过程中，数据的质量和数量是企业成功的关键。

数字经济时代的商业模式通常包括以下几个关键要素：

数据采集和处理：企业需要收集、存储、处理大量的数据，包括结构化数据和非结构化数据。

数据分析和挖掘：企业需要使用数据分析和挖掘工具来理解数据，发现用户需求，优化业务流程。

数据应用和服务：企业需要开发出各种数据应用和服务，包括数据产品、数据分析报告、个性化推荐等，为用户和企业提供更好的体验和服务。

数据安全和隐私：企业需要确保用户数据的安全性和隐私性，遵守相关法律法规。

总之，数字经济时代的商业模式需要充分利用数据的价值，连接用户和企业，提供个性化的服务，同时也需要保护用户数据的安全。

数字经济时代的商业模式可以分为以下几种类型：

第一，数据驱动型商业模式。这种商业模式利用大量的数据来驱动决策，从而提高业务效率和利润。例如，谷歌利用搜索数据和广告数据来提供定向广告服务，同时还提供在线广告交易平台ADX，以便广告主和发布商在该平台上买卖广告。

第二，平台型商业模式。这种商业模式利用数据来促进交易，并提供平台来连接买家和卖家。例如，阿里巴巴利用交易数据和信用评级来促进B2B交易，同时还利用数据来提供电子商务服务、支付服务和云计算服务等。

第三，数据分析型商业模式。这种商业模式利用数据来提高产品和服务质量，并进行个性化营销。例如，亚马逊利用客户购买数据和行为数据来提供个性化推荐服务，同时还利用数据来拓展其他业务，如AWS云计算服务和Amazon Prime会员计划。微软利用数据来提供云计算服务和企业软件服务，同时还利用数据来创建Bing搜索引擎等。

第四，数据驱动型生态系统商业模式。这种商业模式利用数据来创建生态系统，为用户提供更多的价值。例如，苹果公司利用数据来创建iCloud生态系统，为用户提供存储、备份和同步数据服务，同时还利用数据来提供智能手表、苹果音乐和苹果电视等产品和服务。

三、数字经济时代的主要理论

数字经济时代的主要理论包括：

（一）数据资本化理论

数据被视为一种新型的生产要素，具有独特的性质和价值，可以被量化和评估，从而实现数据的资本化。数据资本化是将数据转化为可量化的资本，并通过资本运作实现数据价值增值的过程。它是数字经济时代的一种新型经济模式，是数据作为一种新型生产要素的价值实现方式。

数据资本化最早是由美国学者 W.埃文斯·利普斯提出的，他认为数据应该被视为一种资本，就像传统的物质资本和人力资本一样，可以被用来生产商品和提供服务，并带来经济效益。

1.数据资本化的内涵

数据资本化将数据作为一种资产，通过采集、存储、分析、处理、可视化等手段，使其具有经济价值。具体来说，数据资本化包括以下几个方面：

数据确权：明确数据的产权归属，确保数据资产的合法性和价值性。

数据采集：获取各种数据源，并对其进行处理和筛选，确保数据的准确性和完整性。

数据存储：将数据存储在安全可靠的数据库中，以备查询和使用。

数据分析：利用数据分析技术，对数据进行深度挖掘和分析，发现数据中的价值和规律。

数据可视化：将数据以图表、图像等形式呈现，使其易于理解和使用。

数据应用：将数据应用于各个领域，如金融、医疗、物流等领域，实现数据的价值增值。

2.数据资本化的特点

第一，非竞争性。数据资产具有非竞争性，即一个主体使用数据资产并不妨碍其他主体使用该资产。

第二，可复制性。数据资产可以被无限复制和传播，而且复制和传播的成本很低。

第三，非实物性。数据资产是一种无形资产，不需要实物载体，可以通过网络等途径传输。

第四，高增值性。数据资产可以被不断挖掘和利用，其价值可以不断增加。

第五，合作共赢性。数据资产的价值实现需要多方合作，共同推动数据的流通和应用。

（二）数据交易理论

在数字经济中，数据可以像商品一样交易和流通，数据交易市场的形成和发展是数字经济的核心。数据交易理论指在数字经济时代中，研究数据作为一种重要的生产要素在交易过程中的流动、交换和定价等问题的理论。它的创建和发展是随着数字经济的不断壮大和数据交易市场的蓬勃发展而逐渐形成的。数据交易理论是由美国经济学家马克·安德森提出的，该理论研究了数字经济中数据作为一种新型商品的交易和流通方式。安德森认为，数据交易将成为数字经济中的重要组成部分，并对经济活动产生深远的影响。

1.数据交易的内涵

数据的价值：数据是一种独特的资源，其价值不仅体现在数据本身所蕴含的信息量上，还体现在数据的质量、完整性和及时性等方面。

数据交易的动因：个人信息保护、数据共享、数据分析和数据驱动的业务创新等。

数据交易的场所：公共数据交易平台、第三方数据交易机构以及数据经纪人等。

数据交易的定价机制：成本加成定价法、市场需求定价法和数据价值评估定价法等。

数据交易的监管：政府监管、行业自律和社会监督等。

2.数据交易的特点

第一，数据交易具有独特性。数据交易的独特性在于数据是一种无形的资源，其交易过程涉及数据所有权、使用权等问题。

第二，数据交易具有复杂性。数据交易的复杂性在于数据的价值难以衡量，数据的来源和质量难以确定，数据交易涉及的合规问题较多。

第三，数据交易具有创新性。数据交易的创新性在于数据交易可以推动数字经济的发展，促进数据的流动和价值的释放，同时也可以促进新业态和新模式的产生。

第四，数据交易具有合作性。数据交易的合作性在于数据交易需要多方参与，包括数据提供方、数据需求方、中介机构等。

第五，数据交易具有国际性。数据交易的国际性在于数字经济已经成为全球经济的重要组成部分，数据交易也已经超越国界，成为全球性的问题。

（三）数据价值挖掘理论

通过对数据的处理、分析和挖掘，可以发现数据中的隐含价值，并将其转化为实际的经济效益。数据价值挖掘指从大量的数据中识别出隐含的、未被发现的、有价值的信息和知识的过程。它是数据分析领域的一个重要分支，旨在发现数据中的潜在关联、模式和趋势，以帮助企业和组织做出更好的决策。

1.数据价值挖掘的内涵

数据价值挖掘理论可以追溯到20世纪80年代，但其发展成为一个独立的学科还是近年来的事情。数据价值挖掘理论是由美国计算机科学家和数据科学家Tom Davenport（汤姆·达文波特）、Michael Hammer（迈克尔·哈默）、Peter Lee（彼得·李）、Dhruv Batra（杜鲁夫·巴特拉）共同创建的。

数据价值挖掘的核心思想是，大量的数据并不是毫无意义的，而是可以通过一系列的分析方法和技术，从中提取出有价值的信息。这些有价值的信息可以是市场趋势、消费者行为、产品质量、企业运营等方面的重要洞察。

2.数据价值挖掘的特点

第一，非结构化数据处理能力。数据价值挖掘可以处理大量的非结构化数据，包括文本、图像、音频、视频等类型的数据。

第二，海量数据处理能力。数据价值挖掘可以处理海量的数据，可以从TB级别的数据中快速地提取出有价值的信息。

第三，高维数据分析能力。数据价值挖掘可以处理高维数据，可以从数百个甚至数千个变量中找到关键的变量，以提高数据分析的准确性。

第四，机器学习和人工智能。数据价值挖掘可以应用机器学习和人工智能技术，如分类、聚类、回归、关联规则挖掘等方法，来发现数据中的隐含模式和趋势。

第五，业务应用导向。数据价值挖掘的目标是为业务决策提供支持，因此其理论和方法的设计都是以实际应用为导向的。

总的来说，数据价值挖掘是一种强大的数据分析工具，可以帮助企业和组织从海量的数据中发现有价值的信息，并做出更好的决策。

（四）数据共享理论

在数字经济中，数据的共享是一种重要的理念和实践，可以促进数据的流通和价值的实现。数据共享指信息和数据可以在不同的主体之间自由地传递和使用，从而实现信息和数据的价值最大化。数据共享理论是研究数据共享的一般规律和机理的学科，是由美国计算机科学家和数据科学家香农（Shannon）在1948年创建的。香农提出了"信息不变性"的概念，即一个信息源的信息不会因为传输而改变。这个概念为数据共享奠定了基础，因为它意味着可以通过网络等方式来传输和共享数据，而不会影响数据的准确性。

1.数据共享的内涵

数据共享指信息和数据可以在不同的主体之间自由地传递和使用，使数据的价值得到更广泛的利用和实现。具体来说，数据共享包括以下几个方面的内容：

数据的存储共享：不同的主体可以共同存储同一数据集，并在需要的时候进行访问和使用。

数据的传输共享：不同的主体可以共同传输同一数据集，并在需要的时候进行访问和使用。

数据的处理共享：不同的主体可以共同处理同一数据集，并在需要的时候进行访问和使用。

数据的利用共享：不同的主体可以共同利用同一数据集，并在需要的时候进行访问和使用。

2.数据共享的特点

第一，非竞争性。数据共享不同于传统的竞争性市场中的产品共享，它是一种非竞争性的共享，不会对共享数据造成不利影响。

第二，非排他性。数据共享是非排他性的，也就是说，不同的主体可以同时共享同一数据集，没有先来后到之分。

第三，非实时性。数据共享是非实时性的，不同的主体在共享和使用数据时需要一定的时间进行处理和协调。

第四，可扩展性。数据共享是可扩展性的，可以在不同的主体之间自由地传递和使用，实现数据价值的最大化。

（五）数据治理理论

数据治理是数字经济中的一个重要问题，包括数据的安全、隐私、监管等方面，需要建立相应的规则和制度加以解决。数据治理理论指对数据进行管理、控制、更新和治理的一系列原则、方法和工具的总和。它是随着数字化时代的到来而产生和发展的，是数字化转型的重要组成部分。

数据治理理论最早可以追溯到20世纪90年代，当时人们开始认识到数据已经成为企业和组织中最有价值的资产之一，但同时也面临着如何利用和保护这些数据的挑战。因此，数据治理理论开始逐渐形成。数据治理理论最初是由美国学者埃里克·史蒂文·雷蒙德（Eric Steven Raymond）在20世纪90年代中期提出的。他认为，数据治理是对数据资产的获取、组织、管理、存储、维护和使用的全生命周期进行管理和控制，以确保数据的可靠性、完整性、安全性和可访问性。

1.数据治理理论的内涵

数据治理理论的核心是确保数据的安全性、可靠性、完整性和隐私性，并在整个数据生命周期内对数据进行管理和控制。数据治理包括数据的收集、存储、处理、分析、更新和销毁等方面，它不仅涉及技术和流程，还涉及政策、标准、制度和文化等方面。

2.数据治理理论的特点

数据治理理论具有以下几个特点：

第一，全局性。数据治理不仅关注单个数据的管理，还关注数据在整个组织中的流动和应用，以及数据与其他相关要素的关系。

第二，多维性。数据治理涉及多个利益相关者，如用户、数据管理员、安全专家、法律专家等，需要平衡各方的利益和需求。

第三，动态性。数据治理需要随着数字化技术的发展和应用不断更新和完善。

第四，复杂性。数据治理是一个复杂的过程，需要考虑多种因素，如数据安全、隐私保护、法律合规、商业价值等。

总之，数据治理理论是数字化时代的重要理论，它的创建和发展为数字化转型提供了重要的指导和支撑，推动了数据管理和应用的规范化和科学化。

（六）数字经济模式创新理论

数字经济的发展需要不断创新商业模式和运营模式，实现数据的价值最大化和可持续发展。数字经济模式创新理论是指在数字经济和信息技术快速发展的背景下，针对传统经济模式中的问题和局限性，提出的一种全新的经济发展理论。该理论的创建旨在强调数据在经济发展中的重要作用，通过对数据的分析、挖掘和应用，实现对传统经济模式的变革和创新。数字经济模式创新理论是由美国经济学家克里斯坦森（Christensen）在 1997 年出版的《创新者的窘境》（*The Innovator's Dilemma*）一书中提出的。该理论认为，大公司之所以难以有效创新，主要是因为它们的商业模式和组织结构不能适应新的技术和市场变化。数字经济模式创新理论认为，在数字化时代，大公司可以通过采用新的数据驱动型商业模式来获得竞争优势。

1.数字经济模式创新理论的内涵

与传统经济模式中的土地、资本等生产要素不同，数据是数字经济时代的核心资源之一，它可以通过采集、存储、处理和分析等方式，为经济发展提供重要的驱动力。数字经济是经济中的一个子集，它主要关注的是如何通过对数据的应用和分析来推动经济发展。数字经济模式创新的核心在于通过数据的分析，挖掘数据中的价值，从而为经济发展提供新的动力。数字经济模式创新需要政府、企业和个人等多方面的合作，共同推动数据的流通和应用，实现数据价值的最大化。

2.数字经济模式创新理论的特点

一是强调数据的作用。与传统经济模式相比，数字经济模式创新更加强调数据在经济发展中重要作用，认为数据是推动经济发展的核心资源之一。

二是注重数据的分析和挖掘。数字经济模式创新不仅强调数据的获取和存储，更注重数据的分析和挖掘，通过对数据的分析和挖掘，发掘数据中的价值和潜在的商业机会。

三是重视数据的应用。数字经济模式创新不仅强调数据的价值挖掘，更注重数据的应用，通过数据的应用，实现对传统经济模式的变革和创新，为经济发展提供新的动力。

四是强调多方合作。数字经济模式创新需要多方面的合作，共同推动数据的流通和应用，实现数据价值的最大化。

以上是数字经济时代的主要理论及其介绍，这些理论为数字经济的发展提供了理论指导和实践支撑，推动了数字经济的繁荣发展。

四、中国已经进入数字经济时代

随着中国经济的发展和数字化技术的不断普及，中国已经成为全球最大的数据生产和应用国家之一，进入了数字经济时代。主要体现在：

第一，数字化技术的快速普及。中国的数字化技术，如互联网、移动通信、社交媒体、电子商务等，在过去几年中得到了广泛的应用和普及。这些技术的普及促进了数据的生成和流通，使得数据成为一种重要的经济资源。

第二，大数据的应用。随着数字化技术的不断发展，大数据分析和应用成为中国数字经济的一个重要领域。大数据的应用可以帮助企业更好地了解消费者需求、优化生产流程、提高销售效率等。

第三，数据驱动的创新。中国的创新型企业越来越多地依赖数据来驱动创新。这些企业利用大数据分析来发现新的商业机会、优化产品设计和提高服务质量等。

第四，政策的支持。中国政府已经认识到数字经济的重要性，并出台了一系列支持政策。例如，国家发展和改革委员会发布的《关于数字经济发展情况的报告》①指出，数据已经成为中国经济发展的重要生产要素。

第五，人才的培养。中国拥有大量的数据科学家、数据分析师和数据工程师等人才。这些人才是中国数字经济发展的重要基础。

综上所述，中国已经进入数字经济时代，越来越多的数据被收集、存储和分析，数字经济正在成为中国经济增长的重要驱动力之一，并且将继续在该领域取得更大的发展。

五、中国的数字经济主要涉及的领域

一是电子商务。中国是全球最大的电子商务市场之一，数字经济在电子商务领域的应用包括大数据分析、智能推荐、精准营销等。

二是人工智能。中国在人工智能领域的投资和研发非常活跃，数字经济在人工智能领域的应用包括语音识别、图像识别、自然语言处理等。

三是云计算和大数据。中国的云计算市场规模正在快速扩大，数字经济在云计算和大数据领域的应用包括云存储、云计算、大数据分析等。

四是物联网。中国的物联网市场也在快速增长，数字经济在物联网领域的应用包括物联网平台、物联网数据分析等。

五是区块链。我国区块链技术正与公共服务、实体经济等领域深度融合，各地以场景为牵引，推动区块链技术在实体经济、政务服务、公共服

---

① 2022年10月28日，在第十三届全国人民代表大会常务委员会第三十七次会议上，国家发展和改革委员会主任何立峰做了《关于数字经济发展情况的报告》。

务、数字孪生等多领域加速落地，激活发展新动力。[①]

总体来说，中国的数字经济正在快速发展，并且已经成为中国经济增长的重要驱动力之一。随着中国数字化转型的不断推进，数字经济将继续在各个领域发挥重要作用。

六、数字经济视野下的乡村文化

数字技术的普及和快速发展对乡村文化的传承、保护和发展产生了深远的影响。

一方面，数字技术为乡村文化的传承和推广提供了新的渠道和手段。短视频、直播等新媒体平台的出现，让乡村文化通过网络迅速传播，让更多人了解、认识和喜爱乡村文化。例如，一些短视频平台上的"三农"主题内容，展示了乡村的自然风光、民俗文化和美食等，越来越多的网红也通过直播带货等方式，帮助农民销售农产品，增加了农民的收入。

另一方面，数字技术也为乡村文化的保护和发展提供了更多的可能性。例如，数字博物馆、数字图书馆等数字文化项目的建设，可以让乡村文化遗产得到更好的保护和传承。再如，一些在线教育平台推出的乡村教育课程，也可以让乡村的孩子接受更好的教育，拓宽他们的视野和知识面。

然而，数字技术的发展也带来了一些新的问题，需要我们重视和解决。例如，一些短视频平台上存在着内容低俗、虚假宣传等问题，对乡村文化的传播产生了不良影响。因此，在推进数字技术在乡村文化中的应用时，也需要加强对数字文化市场的监管和规范，促进乡村文化的健康发展。

---

① 重庆日报.《中国区块链创新应用发展报告（2023）》发布 区块链场景应用加速落地［EB/OL］.（2024-01-30）［2024-03-20］. https://baijiahao.baidu.com/s?id=1789526693249411586&wfr=spider&for=pc.

七、数字经济视野下的乡村旅游

随着数字技术的快速发展，大数据、人工智能等应用逐渐渗透到旅游行业中，乡村旅游也不例外。数字经济视野下的乡村旅游，是指利用数字技术和大数据分析手段，对乡村旅游的各个环节进行升级和优化，从而提升乡村旅游的品质和效益。

首先，在乡村旅游的市场营销方面，数字经济可以帮助旅游企业更好地了解游客需求和偏好，制定更加精准的营销策略。例如，通过大数据分析游客在社交媒体上的留言和评论，旅游企业可以了解不同景点和活动的受欢迎程度，从而有针对性地推出新的旅游产品和服务。

其次，在乡村旅游的规划设计方面，数字经济可以为旅游企业提供更加科学和客观的数据分析工具，帮助企业了解游客的行为模式和兴趣点，从而更好地规划和设计旅游线路和活动。例如，通过分析游客的步行速度和时间，可以更好地为游客安排景点和活动的先后顺序，确保游客能够在最短的时间内获得最好的体验。

最后，在乡村旅游的监管和服务方面，数字经济也可以发挥重要作用。通过大数据分析技术，可以对乡村旅游的各个环节进行实时监测和预警，及时发现和解决问题，提高服务质量和游客满意度。同时，数字经济还可以为旅游企业提供更加智能化的服务和管理工具，例如智能导览、在线预订、智能支付等，提高旅游企业的管理效率和服务水平。

总之，数字经济视野下的乡村旅游，是一种基于大数据和数字技术的创新型旅游模式。通过对游客需求和行为的深入分析，可以实现对乡村旅游的全面升级和优化，提高旅游企业的效益和游客的体验，推动乡村旅游的可持续发展。

八、数字经济视野下乡村文化与旅游融合发展的特点和趋势

随着数字技术和互联网的普及，数字经济已成为推动经济发展的重要力量。在这个背景下，乡村文化与旅游融合发展成为一个热门话题。

（一）数字经济视野下乡村文化与旅游融合发展的特点

第一，文化体验化。在数字经济的推动下，乡村文化逐渐从传统的静态展示向体验式、场景化转变，游客可以通过互联网、智能设备等工具获得身临其境的文化体验。

第二，旅游品质化。数字经济可以帮助乡村旅游提供更高品质的旅游服务，提高游客的满意度和体验感，同时也能够更好地保护和传承乡村文化。

第三，产业数字化。数字经济的发展也带来了乡村文化和旅游产业的数字化转型，通过智能化、数据化手段，可以提高旅游管理和服务水平，提高旅游产业的效率和质量。

（二）数字经济视野下乡村文化与旅游融合发展的趋势

文化创意化：乡村文化是中国传统文化的重要组成部分，随着文化创意产业的兴起，乡村文化也可以通过创意化手段，实现更好地保护、传承和发展。

数据分析化：数字经济可以帮助乡村旅游实现更加精准的数据分析，从而为游客提供更加精准的服务，提高游客满意度。

跨界融合化：数字技术的发展，可以促进乡村文化和旅游的跨界融合，实现多产业联动，打造新型的产业生态。

总之，数字经济为乡村文化与旅游融合发展提供了广阔的空间和机遇。

通过数字化手段，可以提高乡村文化与旅游的品质和效益，推动产业的创新和升级。未来，随着数字技术的不断发展，乡村文化与旅游融合发展也将迎来更加广阔的发展前景。

九、数字经济视野下的网红经济

数字经济的发展推动了网红经济的崛起。网红经济，是指通过网络平台，如短视频平台、直播平台等，聚集大量用户，并通过内容创作、商品销售、粉丝运营等手段实现变现的经济活动。

数据在网红经济中扮演着重要的角色。首先，网红经济的内容生产离不开数据的支持。网红需要通过数据分析用户的喜好、兴趣等，以便创作出更受欢迎的内容。其次，网红经济的商业变现也离不开数据的支持。网红可以通过数据分析用户的消费行为、购买偏好等，以便精准地推荐商品或提供服务，实现变现。最后，网红经济的粉丝运营也离不开数据的支持。网红可以通过数据分析粉丝的兴趣、行为等，以便更好地与粉丝互动，提高粉丝忠诚度。

因此，对网红经济而言，数据不仅是一种工具，更是一种基础设施。只有掌握了足够的数据，才能更好地实现网红经济的价值创造和变现。

十、数字经济视野下的"乡村村晚"

随着数字技术的快速发展，数字经济已经成为推动经济发展的重要力量。在这个视角下，"乡村村晚"也可以被视为一种数字经济活动。

首先，"乡村村晚"可以被视为一种数据采集活动。在村晚活动中，人们会拍摄照片、录制视频等，这些数据可以被用于分析村庄的文化、风俗等，为乡村旅游等产业提供参考。此外，这些数据还可以被用于农产品电商等领域，帮助农民更好地推销自己的产品。

其次，"乡村村晚"可以被视为一种数据分析活动。在活动中，人们会收集各种数据，通过对这些数据的分析，了解村民的文化需求、娱乐需求等，从而为村庄建设提供更好的决策支持。

最后，"乡村村晚"还可以被视为一种数据交易活动。在活动中，人们会交换各种数据，如村庄的文化资源、农产品信息等，这些数据可以在村庄内部或者村庄之间流通，从而实现数据的价值最大化。

因此，在数字经济视野下，"乡村村晚"不仅是一种文化活动，还可以被视为一种数据采集、分析和交易活动，可以为乡村经济的发展提供更多的机会和可能性。

十一、数字经济视野下的"乡村网红"培育计划

随着数字技术的快速发展，中国农村地区的发展也面临着新的机遇和挑战。"乡村网红"培育计划是数字经济视野下一种新的扶贫模式，旨在挖掘和培养农村地区的网红，利用他们的影响力和流量来推广当地的特色产品和文化，促进当地经济发展。

"乡村网红"培育计划的实施需要多方面的支持和努力。首先，政府部门应该加强对农村地区数字基础设施的建设和投入，为网络直播等数字经济活动提供更好的技术支持和网络保障。其次，各大电商平台和内容平台应该积极参与"乡村网红"培育计划，为农村地区的特色产品提供更广阔的销售渠道和展示平台。此外，高校和研究机构也可以为该计划提供智力支持和技术指导，帮助农村地区的网红更好地发挥他们的影响力和创造力。

在实施"乡村网红"培育计划的过程中，需要注意以下几点：

一是要加强对网络红人的引导和教育，提高他们的社会责任感和职业素养，避免他们在利益驱动下损害当地的利益和形象。

二是要注重产品的品质和特色，打造具有市场竞争力的产品和品牌，避免低质低价的恶性竞争。

三是要加强对网络直播等数字经济活动的监管和规范，避免出现侵权、诈骗等违法行为。

通过"乡村网红"培育计划，我们可以看到数字经济在扶贫和发展中的巨大潜力和作用。政府、企业和社会各界应该共同努力，推动该计划的实施，为农村地区的发展和繁荣做出积极贡献。

十二、数字经济视野下政府在推进乡村文化与旅游融合发展中的职责

数字经济为乡村文化和旅游融合发展提供了机遇，政府可以采取以下措施：

第一，收集和分析数据。政府应该收集和分析相关数据，了解市场需求、游客偏好、消费习惯等信息，以便制定更合理的政策。

第二，建立数据平台。政府应该建立一个数据平台，为乡村和旅游企业提供信息发布、营销推广、预订服务等功能，提高资源配置效率。

第三，扶持乡村和旅游企业。政府应该扶持乡村和旅游企业，提供资金、技术、人才等方面的支持，促进产业升级和创新发展。

第四，完善基础设施建设。企业可以投资乡村道路、停车场、公共厕所等基础设施建设，提升乡村的旅游接待能力和服务水平。

第五，制定相关政策。政府应该制定相关政策，包括土地、税收、投资等方面的政策，为乡村文化和旅游融合发展提供支持。

第六，加强宣传推广。政府应该加强对乡村文化和旅游的宣传推广，提高知名度和吸引力，打造特色品牌。

第七，建立合作机制。政府应该建立与相关部门、企业、社会组织等的合作机制，整合资源，形成合力，推动乡村文化和旅游融合发展。

十三、数字经济视野下企业在推进乡村文化与旅游融合发展中的职责

在数字经济视野下推进乡村文化与旅游融合发展，企业可以从以下几个方面入手：

第一，深挖本地文化资源。企业可以利用大数据技术，对本地的文化资源进行梳理和挖掘，包括民俗文化、传统技艺、历史遗迹等，将其转化为旅游产品和体验。

第二，建立数字化营销渠道。企业可以建立自己的数字化营销渠道，包括网站、社交媒体、移动应用等，通过线上渠道推广乡村文化和旅游资源。

第三，打造智能化旅游服务。企业可以利用人工智能技术，打造智能化的旅游服务系统，包括智能导游、智能推荐、智能客服等，提升游客的旅游体验。

第四，建立文化创意产业链。企业可以与当地文化创意企业合作，构建文化创意产业链，包括文化创意设计、文化艺术品交易、文化娱乐等，提升乡村文化的附加值和吸引力。

总之，数字经济视野下推进乡村文化与旅游融合发展，需要企业深度挖掘本地文化资源，建立数字化营销渠道，打造智能化旅游服务，构建文化创意产业链，完善基础设施建设，等等，实现乡村文化和旅游的双重价

值提升。

十四、数字经济视野下媒体在推进乡村文化与旅游融合发展中的职责

数字技术和数据分析为乡村文化与旅游业的融合提供了广泛的机会。媒体可以从以下几个方面支持乡村文化与旅游业的融合发展。

第一，制作数字化内容。媒体可以制作数字化内容，包括图片、视频和音频等，展示乡村文化和旅游景点。这些内容可以在社交媒体、博客和网站上使用，以吸引更多游客。

第二，报道乡村文化和旅游活动。媒体可以报道各种乡村文化和旅游活动，如传统节日、文化节、音乐会和艺术展览等。这些报道可以增加人们对乡村文化的了解和兴趣，从而促进旅游业的发展。

第三，分享游客经历。媒体可以鼓励游客分享他们在乡村旅游中的经历和感受。这些经验分享可以增强人们对乡村文化的认知和信任，并吸引更多游客前往。

第四，推广乡村文化和旅游品牌。媒体可以制作品牌宣传内容，包括广告、宣传片和推广文章等，以提高乡村文化和旅游品牌的知名度和声誉。这些宣传可以吸引更多游客，并促进旅游业的发展。

第五，进行数据分析。媒体可以使用数据分析工具，对乡村文化与旅游业的发展进行跟踪和评估。这些数据可以帮助政府和企业了解市场需求和趋势，以便更好地制定相关政策。

总之，媒体可以发挥重要作用，促进乡村文化和旅游业的融合发展。通过制作数字化内容、报道活动、分享游客经历、推广品牌和进行数据分析等方式，媒体可以帮助人们更好地了解和欣赏乡村文化，并吸引更多游客。

十五、数字经济视野下农民在推进乡村文化与旅游融合发展中的职责

在数字经济时代，农民可以通过提高自身的数据素养和数据能力，更好地利用数据来推进乡村文化与旅游的融合发展。农民提高自身的数据素养和数据能力可以从以下几个方面入手：

第一，增强信息意识。农民需要意识到数据的重要性，了解数据对于农业生产和旅游业发展的作用，以及数据对于提高自身收入和生活水平的重要性。

第二，加强数字技能培训。农民需要掌握基本的数字技能，如数据采集、数据分析、电子商务等，以便更好地利用数据来发展自己的产业和旅游业。农民可以通过参加数据技术培训课程来学习如何使用数据技术记录、分析和展示农业生产和旅游活动的数据。

第三，建立合作社或协会。农民可以通过建立合作社或协会来整合资源、共同发展，并在合作社或协会中共同学习和交流数据管理与运用的经验。

第四，应用现代化科技设备。农民可以使用现代化的科技设备，如智能手机、平板电脑等来采集和分析数据，提高数据管理与运用的效率。

第五，参与在线市场和电子商务平台。农民可以通过参与在线市场和电子商务平台，将自己的产品和服务推向全国乃至全球，扩大销售渠道和提高收入水平。

第六，收集和分析数据。农民可以收集和分析有关农业生产和旅游活动的数据，例如销售额、游客人数、消费习惯等。这可以帮助他们了解市场需求和趋势，以及在哪些方面可以进一步提高产品和服务的质量与吸

引力。

第七，利用数据来推广产品和服务。农民可以利用数据来推广他们的产品和服务，例如通过社交媒体、电子商务平台等。这可以帮助他们更好地与消费者沟通，提高销量和收入。

第八，制定数据驱动的营销策略。农民可以制定数据驱动的营销策略，以吸引更多的游客。例如，他们可以根据游客的喜好和消费习惯，制定个性化的旅游产品和服务。

第九，提高农业生产的数据可视化。农民可以通过可视化数据来更好地了解农业生产的状况和趋势，从而更好地进行决策。例如，他们可以利用农业气象站、土壤传感器等来收集数据，并将其可视化为图表或图像，以更好地了解作物生长情况、病虫害情况等。

总之，提高农民的数据素养和数据能力是一个长期的过程，需要政府、企业和社会各界的支持和努力，帮助农民更好地利用数据来发展自己的产业和旅游业，提高生活水平和收入水平。

十六、数字经济视野下艺术家在推进乡村文化与旅游融合发展中的职责

在数字经济时代，艺术家可以通过提高自身的数据素养和数据能力来推进乡村文化与旅游的融合发展。数据素养和数据能力对于艺术家来说非常重要，因为它们可以帮助艺术家更好地理解和运用数据，从而创造出更具创意和创新性的作品。艺术家想要提高自身的数据素养和数据能力可以从以下几个方面入手：

第一，学习数据基础知识。艺术家可以通过学习数据基础知识，例如数据结构、算法、统计学等，了解数据的本质和运作方式，从而更好地与

数据进行交互。

第二，掌握数据分析工具。艺术家可以学习并掌握各种数据分析工具，例如 Excel、SPSS、Python 等，这些工具可以帮助艺术家更好地处理和分析数据，从而发现其中的规律和关联性。

第三，学习数据可视化技巧。艺术家可以学习如何使用可视化工具，例如 Tableau、Power BI 等，将数据转化为视觉元素，以更直观的方式了解数据。

第四，探索数据文化和社区。艺术家可以了解和探索数据文化和社区，例如参加数据科学家和数据艺术家的讲座和参观工作坊，与其他从事数据创作的人进行交流和合作，从而拓宽自己的视野和创作思路。

第五，将数据与艺术创作结合。艺术家可以将数据与自己的艺术创作结合起来，创造出独特的数据艺术作品。这需要艺术家具备一定的数据分析和创意能力，同时也需要艺术家不断地尝试和实践。艺术家自身的数据素养和数据能力得到提升后，可以更加有效地促进乡村文化与旅游融合发展。

第六，利用数据来记录和保护乡村文化遗产。艺术家可以通过收集和分析乡村文化遗产的数据、建立数据库和文化地图，来记录和保护这些珍贵的文化资源。同时，这也有助于艺术家创作出反映乡村文化的艺术作品。

第七，利用数据来推广乡村旅游。艺术家可以通过分析乡村旅游市场的数据，了解游客的需求和偏好，从而设计出更加个性化和有吸引力的旅游项目。同时，艺术家也可以利用社交媒体和数字艺术平台来推广这些旅游项目，吸引更多的游客。

第八，与科技公司和数据专家合作。艺术家可以与科技公司和数据专家合作，共同探索数据应用于乡村文化与旅游融合发展的各种可能性。这可以帮助艺术家更好地利用数据来推动乡村文化与旅游融合发展。

总之，艺术家需要不断学习和提高自己的数据素养和数据能力，以便更好地驾驭和利用数据，创造出更具创意和价值的作品。

十七、数字经济视野下推进乡村文化与旅游融合发展中的数据集成

在数字经济视野下推进乡村文化与旅游融合发展，需要做好以下几个方面的数据集成：

第一，整合乡村文化和旅游数据。对于乡村文化和旅游资源，需要进行全面的调查和整理，收集和整合相关数据，包括文化资源、景观资源、旅游设施、旅游活动等方面的数据，为实现数据集成提供基础数据。

第二，集成公共数据和社交数据。除了传统的文化和旅游数据，还需要集成公共数据和社交数据，如气象数据、交通数据、安全数据等，这些数据能够为乡村文化和旅游融合提供更为精准的数据支持，如天气预报、旅游安全须知等。

第三，挖掘大数据价值。大数据分析是实现数据集成的重要手段，需要基于大数据分析技术，挖掘数据背后的价值，为乡村文化和旅游融合提供智慧化的数据支持。

第四，建立数据共享机制。数字经济的特点之一就是数据共享，需要建立数据共享机制，实现不同部门之间、不同领域之间的数据共享，促进数据的流动和协同，为乡村文化和旅游融合提供更好的数据支持。

第五，制定科学合理的数据管理制度。数字经济的发展需要有完善的数据管理制度，需要明确数据的所有权、使用权、管理权等，制定科学合理的数据管理制度，确保数据的合法性、安全性和可靠性，为乡村文化和旅游融合提供有力保障。

十八、数字经济视野下推进乡村文化与旅游融合发展中的数据经纪

在数字经济视野下推进乡村文化与旅游融合发展，需要做好以下几个方面的数据经纪工作：

第一，整合数据资源。整合分散的文化和旅游数据资源，建立数据库，为乡村文化和旅游融合提供数据支持。

第二，挖掘数据价值。通过数据分析和挖掘，揭示文化和旅游资源的价值，为乡村文化和旅游融合提供决策支持。

第三，开展数据营销。利用数据分析和挖掘结果，开展精准的数据营销，吸引更多游客来乡村旅游，促进文化和旅游融合发展。

第四，提供数据服务。提供智能化的数据服务，为游客提供更好的体验，同时也提升乡村文化和旅游的整体水平。

第五，构建数据生态。建立数据生态环境，吸引更多的企业和机构参与数字经济，共同推进乡村文化和旅游融合发展。

十九、数字经济视野下推进乡村文化与旅游融合发展中的数据合规认证

在数字经济视野下推进乡村文化与旅游融合发展，需要合规认证的数据主要包括：

第一，文化资源数据。这些数据包括乡村的传统文化、民俗文化、历史文化、建筑文化等，需要进行版权认证、知识产权认证等合规认证，保护文化资源的合法性。

第二，旅游数据。这些数据包括乡村旅游的景点、线路、产品、服务等，需要进行商标认证、专利认证、版权认证等合规认证，保护旅游产品和服务的合法权益。

第三，用户数据。这些数据包括游客的个人信息、偏好、行为等，需要进行隐私保护认证、数据安全认证等合规认证，保护用户的合法权益。

在进行数据合规认证的过程中，可以利用一些技术手段，如数据加密、数据脱敏、数据安全传输等，确保数据的安全性和合法性。此外，还需要建立一套完善的数据管理制度，明确数据的使用规范和权限管理，防止数据泄露和滥用。同时，还需要加强对数据合规认证的监管和执法力度，打击违法违规行为，维护数据市场的公平。

二十、数字经济视野下推进乡村文化与旅游融合发展中的数据合规认证技术和方法

在数字经济视野下推进乡村文化与旅游融合发展，需要充分挖掘和利用数据的力量，通过大数据、人工智能等先进技术手段，对乡村文化和旅游资源进行深度分析和评估，为决策提供精准的数据支持。同时，做好数据的合规认证也是推进乡村文化与旅游融合发展的关键。数据的合规认证主要需要通过以下技术和方法：

第一，建立完善的数据管理制度和标准。制定统一的数据采集、存储、管理和使用规范，加强对数据使用的监管和审计，确保数据的准确性、完整性和安全性。

第二，加强数据安全保护。采取安全技术手段，加强数据安全保护，防止数据泄露、损坏或被非法获取。

第三，明确数据使用权限。确定数据使用的权限和范围，明确数据使

用者的责任和义务，防止滥用和误用数据。

第四，建立数据质量评估机制。定期对数据进行质量评估，及时发现和解决数据存在的问题，提高数据质量和使用价值。

第五，加强数据合规认证。建立数据合规认证机制，确保数据使用符合法律法规和伦理道德规范，防范数据使用的风险和不良影响。

综上所述，数字经济视野下推进乡村文化与旅游融合发展，需要在数据的合规认证方面加强技术和方法的应用，确保数据使用的合法性、公正性和透明度，为乡村文化和旅游产业的发展提供更加有力的支持。

二十一、数字经济视野下推进乡村文化与旅游融合发展中的数据的安全审计

在数字经济视野下推进乡村文化与旅游融合发展，需要充分利用数据分析和数据应用来提升乡村文化与旅游产业的效益和质量。同时，也需要注重数据的安全审计，保护数据的安全。

（一）为做好数据的安全审计，应采取的措施

第一，建立健全的数据安全管理制度。制定严格的数据安全管理规定，包括数据的采集、存储、处理、传输和使用等各个环节的安全要求，确保数据的安全和保密性。

第二，采用安全的数据存储和处理方式。对于重要的数据，可以采用加密存储和传输、数据备份和恢复等技术措施来保障数据的安全。

第三，加强对数据使用的监管。对于用于旅游管理和文化传承的数据，要严格限制使用范围和使用方式，防止数据泄露和滥用。

第四，加强对数据的审计和监督。建立专门的数据审计机制，定期对

数据的安全和保密情况进行审计和监督，发现问题及时处理。

第五，加强对员工的数据安全教育和培训。对于与数据处理和使用相关的员工，要定期开展数据安全教育和培训，提高他们的数据安全意识和责任意识。

综上所述，做好数据的安全审计是推进乡村文化与旅游融合发展的重要保障，要在数据的采集、存储、处理、传输和使用等各个环节上加强管理和监督，确保数据的安全。

（二）做好数据的安全审计的技术和方法

在数字经济视野下推进乡村文化与旅游融合发展，需要注重数据的安全审计。以下是几种常用的技术和方法：

一是数据加密技术。对涉及旅游和文化的数据进行加密处理，确保敏感信息不被非法获取和使用。例如，对游客的个人信息进行加密，可以有效保护用户隐私。

二是数据库审计技术。通过设置审计规则，对数据库中的操作行为进行记录和审计。审计记录可用于监视异常行为、安全事件和数据泄露等情况。

三是数据安全审计系统。采用专业的数据安全审计系统来监测和管理数据安全。该系统可以对数据的访问、修改和删除等操作进行监控，并及时发现和处理安全问题。

四是培训和管理。组织专业人员对乡村文化和旅游从业人员进行数据安全培训，提高他们的安全意识和技能，同时制定和执行严格的数据安全管理制度，确保数据安全。

总之，在数字经济视野下，要促进乡村文化与旅游融合发展，并做好数据的安全审计，需要综合运用多种技术和方法，确保数据的安全。

二十二、数字经济视野下推进乡村文化与旅游融合发展中的数据公证

数据公证，是指使用科学、客观、中立的方法对数据进行认证、确认、证明的过程，是保障数据真实可信的重要手段。在数字经济视野下，做好数据公证是非常重要的，它能够为决策提供可靠的数据支持，促进乡村文化与旅游产业的健康发展。

（一）做好数据公证的注意事项

在数字经济视野下推进乡村文化与旅游融合发展，做好数据公证需要注意以下几点：

第一，确保数据来源可靠。要从正规渠道获取数据，对数据的真实性、准确性进行核实，并进行必要的背景调查，确保数据来源可靠。

第二，采用科学方法处理数据。在进行数据分析、整理和展示时，要采用科学的方法和工具，确保数据处理的准确性和可靠性。

第三，强化数据管理和备份。建立健全的数据管理制度，对数据实行分类管理、备份和保密，确保数据的安全性和完整性。

第四，加强数据质量监测。建立健全的数据质量监测机制，定期对数据进行质量检测和评估，及时发现和纠正数据偏差，确保数据真实可信。

第五，开展数据公证服务。引入专业的数据公证机构，提供数据公证服务，对数据进行认证、确认和证明，保障数据的合法性、真实性和可信性。

（二）数据公证的内容

在数字经济视野下推进乡村文化与旅游融合发展，需要做好以下几个

方面的公证工作。

一是文化遗产的公证。乡村地区拥有独特的文化遗产，如传统建筑、民俗文化等。在数字经济下，这些文化遗产需要得到妥善的保护和传承。公证机构可以通过对文化遗产进行公证，确认其真实性、合法性和唯一性，从而为乡村旅游提供有力的支撑。

二是数据资产的公证。乡村地区拥有大量的自然、文化、旅游资源，这些资源产生了大量的数据。公证机构可以通过对这些数据进行公证，确认其真实性、合法性和唯一性，从而为乡村旅游提供准确的数据支撑。

三是网络安全的公证。随着数字化技术的应用，乡村旅游数据越来越依赖网络安全。公证机构可以通过对网络安全进行公证，确认其合法性和安全性，从而为乡村旅游数据的安全提供保障。

四是价值评估的公证。乡村旅游发展需要对其价值进行评估，以制定合理的发展策略。公证机构可以通过对乡村旅游资源的价值进行公证，确认其合理性和可信性，从而为乡村旅游的价值评估提供支持。

（三）数据公证的技术

在数字经济视野下推进乡村文化与旅游融合发展，需要综合运用数据分析、数据挖掘、大数据技术等手段，深入挖掘乡村文化与旅游资源，提高资源利用效率，推动产业转型升级，助力乡村振兴。在这个过程中，做好数据公证也是非常重要的。数据公证指运用公证手段对数据的真实性、合法性进行证明，确保数据可信、可靠。常用的数据公证技术有：

数据证明技术。通过数学方法和数字水印技术，对数据进行加密和验证，确保数据的真实性和完整性。

数据认证技术。通过数字证书、电子签名等技术手段，对数据的来源、发布者进行认证，确保数据的合法性。

数据备份技术。通过数据备份、恢复等技术手段，确保数据的可靠性和安全性。

数据分析技术。通过数据挖掘、数据分析等技术手段，对数据进行深入挖掘和分析，发现数据背后的规律和价值。

在数字经济视野下推进乡村文化与旅游融合发展，这些数据公证技术可以为相关决策提供重要的支撑和保障。

总之，在数字经济视野下推进乡村文化与旅游融合发展，公证机构可以提供全面的公证服务，从文化、数据、网络安全、价值评估等多个方面保障乡村旅游的可持续发展。

二十三、数字经济视野下推进乡村文化与旅游融合发展的启示与未来展望

随着数字经济的不断发展，乡村文化和旅游产业也逐渐呈现出深度融合的趋势。近年来，无论是国家政策还是行业实践，都将促进乡村文化与旅游融合发展作为重要的发展方向。在此背景下，如何利用数字经济的优势，促进乡村文化与旅游的深度融合，成为一个需要认真探讨的话题。

（一）数字经济视野下乡村文化与旅游融合发展的启示

1.利用数字技术打造独特文化体验

在数字经济时代，利用数字技术可以将乡村文化元素数字化，让游客通过虚拟现实等技术手段更好地了解乡村文化，感受到与众不同的文化体验。例如，游客可以通过互联网实现在线观看、互动等多种体验方式，深入了解乡村文化的内涵和魅力。

2.打造乡村文化数字化平台

通过建立乡村文化数字化平台，将乡村文化与旅游产业相结合，让游客在游览过程中能够获得更丰富和全面的文化信息和旅游体验。例如，游客可以通过乡村文化数字化平台查询景点信息、历史文化、特色民俗等内容，方便游客制订旅游计划，提高旅游体验的质量和效率。

3.推进乡村文化和旅游产业数据共享

数字经济的一个重要特征就是数据共享。在推动乡村文化和旅游产业融合发展的过程中，需要打破行业壁垒，实现数据共享，建立健全乡村文化和旅游产业数据库，为行业发展提供数据支持。

（二）数字经济视野下乡村文化与旅游融合发展的未来展望

1.推动数字文化创意产业发展

数字经济时代，数字文化创意产业成为文化和旅游融合发展的重要支撑。未来，我们需要不断推动数字文化创意产业的发展，扶持一批具有较高艺术和文化价值的数字文化产品和项目，打造独具特色的乡村文化品牌，提升乡村文化的影响力和吸引力。

2.利用互联网推动乡村文化传播

互联网已经成为文化传播的重要渠道。未来，我们需要利用互联网推动乡村文化的传播，建立乡村文化数字化平台，将乡村文化信息传递给更多的人，提高乡村文化的知名度和美誉度。

3.打造乡村文化和旅游的智慧化服务

随着人工智能等技术的发展，未来乡村文化和旅游产业将更加智能化、便捷化。通过打造乡村文化和旅游的智慧化服务，提高服务质量和效率，为游客提供更好的旅游体验，促进乡村文化和旅游产业融合发展。

总之，数字经济视角下，推动乡村文化与旅游融合发展，需要利用数字技术打造独特文化体验，建立健全乡村文化和旅游产业数据库，推动数字文化创意产业发展，利用互联网推动乡村文化传播，打造乡村文化和旅游的智慧化服务，促进乡村文化与旅游的深度融合，实现合作共赢的发展目标。

第七章

乡村文化与旅游融合发展的
动力机制的构建

第一节　社会学中动力机制的内涵及典型理论

一、社会学中动力机制的内涵

动力机制（Dynamic Mechanism），是指推动事物运动、变化或发展的动力或机制。它包括内部动力和外部动力两个方面，内部动力指事物自身所具有的能量和动力，如人的内在动力、企业的内部管理机制等；外部动力指来自外部的各种因素，如市场需求、竞争压力、政策支持等。动力机制的作用在于激发和维持事物的运动、变化或发展，使其保持一种动态平衡的状态。

动力机制是由美国心理学家和行为科学家伯尔赫斯·弗雷德里克·斯金纳（B.F.Skinner）提出的。他认为，动物和人类的行为都可以通过强化和惩罚的方式来进行控制和改变。他在实验中使用了一种名为斯金纳箱（Skinner Box）[①]的装置来研究老鼠的行为。在这个箱子里，老鼠可以通过按压杠杆来获得食物作为奖励。他发现，老鼠会根据奖励的强度和频率来调整它们的行为。这个实验表明，动物和人类都可以通过强化的方式来学习和改变自己的行为。

---

① 斯金纳箱（Skinner Box）是心理学实验装置，由行为科学家斯金纳于1938年发明，用于动物操作条件作用实验。

社会学中的动力机制指社会系统中各种力量的相互作用和影响，包括社会结构、社会运动、社会心理等方面。

动力机制具有多样性和复杂性，包括正式和非正式的规则、制度和组织，以及个人的行为、观念和价值观等。

动力机制通过影响个人的行为和决策，进而影响社会系统的运行和变迁。在社会学中，动力机制是理解社会现象和问题的重要分析工具。

动力机制的特点包括：第一，它是一种动态的、变化的机制，随着时间的推移和社会变迁而不断变化。第二，它是一种复杂的机制，涉及多种因素和变量之间的相互作用。第三，它是一种相互影响的机制，不同力量之间相互影响和作用，形成了社会系统的复杂结构和运行方式。第四，它是一种具有适应性和自我调节能力的机制，能够适应外部环境的变化和挑战，同时也能够不断地进行自我调整和改变。

二、社会学中动力机制的典型理论

社会学中的动力机制理论可以分为八种基本类型。

（一）结构功能主义理论（Structural Functionalism）

结构功能主义理论强调社会系统中的各种机制是通过结构和功能的相互作用来维持社会的稳定和秩序的。这种理论认为，社会中的个体和群体会根据他们所处的社会位置和角色来行动，并且这些行动会受到社会结构和规范的制约。

1.结构功能主义的创建

结构功能主义，是指侧重对社会系统的制度性结构进行功能分析的社会学理论。它形成于第二次世界大战后，主要代表人物有美国的帕森斯、默顿等。该理论由社会有机体论和早期功能主义发展而来，主张用功能分析方法认识和说明整个社会体系和社会制度之间的关系，认为社会生活之所以能维持下去，是因为社会找到了一种手段（结构）去满足人类的需要（功能）。其最重要的理论是社会均衡论。

2.结构功能主义的内涵

结构功能主义认为，心理结构是由一系列相互作用的过程组成的，这些过程的相互作用使得个体能够适应其所生存的环境。心理结构的主要功能是使个体能够进行有效的思考和行动。结构功能主义强调心理结构的意义是由它所执行的功能决定的，而不是由它的构成成分决定的。

3.结构功能主义的特点

第一，强调功能。结构功能主义认为，心理结构的主要目的是执行功能，而不是表现事物的本质。

第二，具有整体性。结构功能主义认为，心理结构是一个整体，各个部分之间相互作用，共同执行功能。

第三，具有可适应性。结构功能主义认为，心理结构具有可适应性，能够随着环境的变化而变化。

第四，重视经验。结构功能主义认为，个体的经验是形成心理结构的基础，经验不仅影响个体的行为和思维方式，还影响个体的心理结构。

第五，主客观结合。结构功能主义认为，心理结构既是主观的，也是客观的，是由个体与环境相互作用形成的。

（二）冲突理论（Conflict Theory）

冲突理论认为，社会中的不同群体之间存在着利益冲突和矛盾，这些冲突是社会变迁的根本原因。冲突理论强调群体之间的互动和冲突，以及社会系统如何通过不同的渠道来解决和缓解这些冲突。

1. 冲突理论的创建

冲突理论是一种关于人类互动和关系的理论，主要研究冲突的本质、起因、发展和解决方式。冲突理论可以帮助我们理解各种冲突的本质，学会如何预防和解决冲突，以及如何维护和谐的关系。

冲突理论的起源可以追溯到古希腊哲学家亚里士多德（Aristotle），他提出了"凡是合理的都是存在的，凡是存在的都是合理的。（ Was vernünftig ist，das ist Wirklich；und was wirklich ist，das ist vernünftig. ）"[①] 这一观点，认为任何冲突都有其内在的原因。后来，英国哲学家托马斯·霍布斯（Thomas Hobbes）提出了"所有人反对所有人的战争"[②] 这一观点，认为冲突是人类自私本性的必然结果。现代冲突理论则主要源于美国社会心理学家库尔特·勒温（Kurt Lewin）的"心理场学说论（Psychological Field）"，他提出了"个人的行为受到其所在的社会环境的影响"这一观点，认为冲突是由人们在不同场域中的互动和利益冲突导致的。

2. 冲突理论的内涵

冲突理论主要研究冲突的本质、起因、发展和解决方式。具体来说，冲突的本质指冲突是人类互动中不可避免的现象；冲突的起因包括个人需求的差异、利益的冲突、价值观的不同等；冲突的发展包括冲突的升级、转化和结束，不同的冲突可能有不同的发展路径；冲突的解决方式包括协商、谈判、调解、仲裁、冲突管理等。

3. 冲突理论的特点

冲突理论具有多个特点，包括普遍性、多样性、复杂性和动态性等。普遍性指冲突是人类互动中普遍存在的现象，无论是个人之间、组织之间、国家之间都可能发生冲突；多样性指冲突的起因、发展和解决方式具有多

---

① 这句话出自德国哲学家黑格尔的著作《法哲学原理》。

② 这句话出自霍布斯的《利维坦》。他所说的战争不是厮杀的战争，指的是战争的倾向。

样性，不同的情境、不同的个体之间可能有不同的冲突；复杂性指冲突的本质、起因、发展和解决方式具有复杂性，需要综合运用多种理论和方法进行研究和解决；动态性指冲突是一个动态的过程，可能在不同的时间和情境下发生、发展和结束。

（三）社会交换理论（Social Exchange Theory）

社会交换理论认为，人们之间的行为和交往是通过社会交换来实现的。这种理论认为人们的行为是为了获得回报或避免代价，行为的目的是维持和增加自己的社会资源，强调人们如何根据自己所拥有的资源和能力来进行交换，并且这种交换会影响到人们之间的关系和互动。社会交换理论在社会心理学、组织管理学和人际关系学等领域都有广泛的应用。

1.社会交换理论的创建

社会交换理论是一种重要的社会心理学理论，用于解释人们的行为和互动。社会交换理论的主要代表人物是乔治·霍曼斯（George Homans）和彼得·M.布劳（Peter Michael Blau）。霍曼斯的社会交换理论源于他对功能学派的不满。他认为社会学的主要研究对象是人，而不是功能学派所说的社会角色或社会结构。他认为社会学中所研究的制度、组织以及社会都可以分析成人的行动，利己主义、趋利避害是人类行为的基本原则，因此，人与人之间的互动基本上是一种交换过程，这种交换包括情感、报酬、资源、公正性等。布劳认识到霍曼斯理论只适合于解释小群体内成员面对面的互动。在布劳看来，面对面互动的小群体内的交换与大型和复杂社会群体内的交换是不同的。于是，布劳在霍曼斯理论的基础上分析了大型复杂组织中的交换与权力。在大型复杂组织中普遍存在着权力分层。权力既可以是合法化的（权威），也可以是强制性的。在这种权力分层体系中，只有当这种关系无论是对下层成员还是对上层成员都有好处时才是交换关系。

但实际上，这种对等关系可以被强制性的权力所取代，地位较低的成员只能取得较少的报酬。强制性的权力关系是一种不平等的交换关系，这种关系是用消极的惩罚手段来维持的。这种复杂群体内的分层体系一旦建立，就是用权力关系而不是用社会交换来维持的。

2.社会交换理论的内涵

社会交换理论的基本内涵是，人们在互动中会根据自己的需要和代价来进行交换，并期望通过这种交换来获得自己想要的东西。这种交换可以是物质的、情感的、信息的等。人们会根据他们所拥有的资源、对对方所拥有资源的评估以及对互动的期望值来决定自己在互动中的行为。

3.社会交换理论的特点

第一，强调人际互动的交换性质。社会交换理论认为，人们在互动中是以某种形式进行交换的，在不同的人际互动中交换的形式和内容不同。

第二，强调期望值在交换中的作用。社会交换理论认为，人们在互动中会根据自己的期望值来决定行为。也就是说，人们会根据他们认为在互动中可以得到的回报来决定自己的行为。

第三，强调情感因素在交换中的作用。社会交换理论认为，情感因素在人际互动中是非常重要的，人们在互动中也会根据情感因素来进行交换。

第四，强调互动的双方都在进行交换。社会交换理论认为，互动是双方的交换过程，而不是一个人单方面的行为。

第五，重视个体差异的影响。社会交换理论认为，个体差异是影响人们在互动中进行交换的重要因素，不同的人在互动中会根据自己不同的特点来进行交换。

（四）符号互动理论（Symbolic Interactionism）

符号互动理论认为，人们之间的交往和行为是通过符号和象征来进行的。这种理论强调符号和象征如何表达和传递信息，并且如何影响人们之间的关系和互动。

1.符号互动理论的创建

符号互动理论是由美国社会学家乔治·赫伯特·米德（George Herbert Mead）创立，并由他的学生赫伯特·布鲁默（Herbert Blumer）于1937年正式提出的，是一种关注社会符号、标志、标签等在人类社会互动中的作用和意义的理论。

2.符号互动理论的内涵

符号互动理论主要研究的是人类社会中符号、标志、标签等如何影响人们的行为和交往，强调符号在社会互动中的中介作用。符号互动理论包括三个核心概念：符号、符号解读和社会行动。符号指任何代表一定意义的东西，如语言、标志、服装、肢体语言等；符号解读指对符号意义的理解和解释，包括对符号字面意义和隐含意义的解读；社会行动则指在符号解读的基础上采取的行动。

3.符号互动理论的特点

第一，关注符号和符号解读。与其他社会学理论重视物质和社会结构不同，符号互动理论把符号和符号解读视为重要的中介变量，认为符号的意义不是固定不变的，而是在互动中由参与者共同建构的。

第二，强调互动和交往。符号互动理论认为，符号和符号解读的过程不是独立的，而是发生在社会交往和互动中的。人们在交往中通过符号来交流信息、表达态度和建立关系。

第三，突出个体的主观性。符号互动理论认为，人们对符号的解读具有主观性，取决于个体的经验、文化背景、价值观念等方面的因素。因此，符号互动理论强调在互动中要考虑到个体的主观性。

总之，符号互动理论在社会学中占有重要地位，为我们研究社会互动和交往提供了一种全新的视角。

（五）社会角色理论（Social Role Theory）

社会角色理论认为，人们的行为是根据社会所分配的角色来进行的，每个人都有一个特定的社会角色，并且会根据这个角色来行事。

1.社会角色理论的创建

社会角色理论是颇受学术界与社会公众关注的社会心理学理论之一，在认识和解决一些社会问题上是有一定的现实意义的。把社会看成大舞台，把社会成员当成剧中角色，这种类比早已存在，但真正使之成为一种分析社会关系和解剖社会结构的研究方法和理论则是20世纪的事，美国社会学家、社会心理学家及哲学家，符号互动论的奠基人乔治·赫伯特·米德是社会角色理论的创立者。该理论认为，个体在社会中扮演着一系列的角色，这些角色不仅是由社会环境所决定的，也是由个体自身的行为和观念所塑造的。

社会角色，是指个体在社会互动中所承担的、期望的、规范的行为模式，是个体对社会的一种反应。

社会角色分为规范角色、表现角色和事务角色。规范角色指社会所期望个体所承担的角色；表现角色指个体在特定情境下所表现出的角色；事务角色指个体日常生活中所扮演的角色。

社会角色的形成是一个复杂的过程，受到个体的生物因素、社会因素和文化因素的影响。个体通过学习、模仿、强化等方式，逐渐形成对自身及他人的角色期望和行为规范。

社会角色的作用是促进社会的稳定和进步。个体通过承担自己的角色，实现自身的社会价值，同时也为社会做出了贡献。

社会角色的不平等是社会角色理论的一个重要观点。在不同的社会结构中，不同的社会角色会被赋予不同的权利和地位，从而导致不平等的社会现象发生。

2.社会角色理论的特点

第一，突出角色的社会性。社会角色理论强调个体所扮演的角色不是个人自主选择的结果，而是由社会环境和文化传统所决定的。

第二，重视角色的行为规范。社会角色理论关注个体在特定角色下的行为规范，认为这些规范是社会秩序的基础。

第三，强调角色的实践性。社会角色理论认为角色不是空洞的概念，而是具体的实践，通过角色实践能够塑造个体的人格和价值观。

第四，探讨角色的不平等。社会角色理论揭示了社会角色与权利、地位之间的关系，认为不同的社会角色会带来不平等的地位和权利。

（六）社会认知理论（Social Cognition Theory）

社会认知理论认为，人们的行为是由于对社会环境的认知和解释而产生的，人们会根据自己对社会环境的理解来做出决策和行为。

1.社会认知理论的创建

社会认知理论是研究人们如何获取、加工、解释他们周围的社会信息，以及如何根据这些信息形成对他人和自己的认知、判断和决策的学科。该理论最初由认知心理学家提出，后来被逐渐应用于社会心理学和社会学等领域。

社会认知理论作为社会心理学的主要理论之一，源于20世纪20年代至30年代德国心理学家库尔特·考夫卡（Kurt Koffka）、沃尔夫冈·柯勒（Wolfgang Kohler）和马克斯·韦特海默（Max Wertheimer）等创立的格式塔心理学（Gestalt Psychology）[①]。他们强调人们是通过对社会情境中的各种

---

① 格式塔心理学又叫完形心理学，是西方现代心理学的主要学派之一，诞生于德国，后来在美国得到进一步发展。该学派既反对美国构造主义心理学的元素主义，也反对行为主义心理学的刺激—反应公式，主张研究直接经验（意识）和行为，强调经验和行为的整体性，认为整体不等于并且大于部分之和，主张以整体的动力结构观来研究心理现象。该学派的创始人是韦特海默，代表人物还有柯勒和考夫卡。

信息进行搜索、加工和处理，从而形成对社会现象的认识和判断。

2.社会认知理论的内涵

人们的社会认知是在社会情境中进行的，是对社会情境中各种信息的搜索、加工和处理的结果。

人们的社会认知是有选择性的，他们会根据自己的需要、价值观、经验和情感等因素来选择相关的信息，并忽略不相关的信息。

人们的社会认知具有可塑性，他们可以通过不同的信息和经验来改变自己的认知和判断。

人们的社会认知是有偏差的，他们的认知和判断会受到自己的文化背景、社会角色、参照群体等因素的影响。

3.社会认知理论的特点

社会认知是一个多层次的过程，包括对他人的认知、对自己的认知和对情境的认知等。

社会认知具有情境性，人们的认知和判断会受到社会情境的影响。

社会认知具有可塑性，人们可以通过不同的信息和经验来改变自己的认知和判断。

社会认知具有相对性，不同的人会有不同的认知和判断，并且这种认知和判断会受到文化、社会角色等因素的影响。

总之，社会认知理论是研究人们如何通过社会情境中的信息搜索、加工和处理来形成对他人和自己的认知、判断和决策的学科，具有多层次性、情境性、可塑性和相对性等特点。

（七）社会互动理论（Social Interactionism）

社会互动理论认为，人们的行为是在与他人的互动中产生的，人们通过互动来建立自己的社会关系，并在这个过程中不断地调整自己的行为。

1.社会互动理论的创建

社会互动理论是一种重要的社会学理论，用以解释人们在社会交往中的行为和互动模式。它主要研究人际关系和互动在社会系统中的作用与影响，强调个人和群体之间的相互作用与交往，认为人的行为不是孤立的，而是在与他人的互动中形成的。

社会互动理论的创建可以追溯到20世纪初，20世纪中期以后，社会互动理论得到了进一步发展和完善，成为社会学、心理学、人类学等多个领域的重要理论基础。著名的社会互动理论学者包括查尔斯·霍顿·库利（Charles Horton Cooley）、乔治·赫伯特·米德、欧文·戈夫曼（Erving Goffman）和乔治·霍曼斯等人。

2.社会互动理论的内涵

社会互动理论认为，人际关系是社会生活的基础，个人的行为和思想都是在与他人的互动中形成和发展的。

社会互动理论强调社会角色的作用，认为角色是社会对个人的期望和要求，它规范着个人的行为和互动方式。

社会互动理论认为，人际互动模式是多种多样的，包括合作、竞争、冲突和协商等，并且在不同的情境下，互动模式也会发生变化。

社会互动理论不仅关注个人行为和互动，还重视社会结构、社会制度和社会文化对个人行为和互动的影响。

3.社会互动理论的特点

第一，强调互动。社会互动理论强调人际互动在社会生活中的重要性，认为个人的行为是在与他人的互动中形成和发展的。

第二，注重角色。社会互动理论认为，角色是社会对个人的期望和要求，它规范着个人的行为和互动方式。

第三，具有多样性。社会互动理论认为，人际互动模式是多种多样的，并且在不同的情境下，互动模式也会发生变化。

第四，从个人到社会。社会互动理论不仅关注个人行为和互动，还重视社会结构、社会制度和社会文化对个人行为和互动的影响。

（八）社会控制理论（Sociocybernetics）

社会控制理论认为，人们的行为是为了逃避或减少社会控制的影响，行为的目的是维护个人的自由和自主权。

1.社会控制理论的创建

社会控制理论，即用控制论方法研究社会系统的学科，是控制论的一个分支。社会控制理论指研究社会中各种控制形式的学科，它探讨了社会中权力、制度、规范和价值观念等方面的控制方式。社会是在人脑创造性信息选择条件下构成的高级自组织系统。一些社会系统表面上好像是没有目的的，但它可以通过社会选择来寻求自己的目的。在社会系统中存在着自学习的功能，社会控制指通过各种机制和手段，如法律、习俗、道德、舆论等，来监督和调节个人和社会行为的过程。社会控制理论的代表性人物是美国数学家、控制论创始人诺伯特·维纳（Norbert Wiener）和罗马尼亚控制论专家内戈伊策。

2.社会控制理论的内涵

社会控制理论研究的是社会中各种控制形式的作用及其对个体和社会的影响。控制可以指社会中的各种制度、规范、价值观念等。

社会控制理论认为社会结构对控制有很大的影响，社会结构中的不平等和权力的不平衡会导致不同的控制形式。

社会控制理论也关注社会变迁对控制的影响，例如现代社会的变革对传统控制形式的影响。

社会控制理论强调人的主体性，认为人在面对社会控制时会有不同的反应和策略。

3.社会控制理论的特点

第一，跨学科性。社会控制理论涉及社会学、心理学、政治学、法学等多个学科，研究视角和方法多样化。

第二，强调社会结构和制度的作用。社会控制理论认为社会结构和制度对人的行为和思想有很大的影响，尤其是社会结构中的不平等和权力的不平衡。

第三，关注社会变迁。社会控制理论关注社会变迁对社会控制的影响，认为社会变迁会带来新的控制形式和挑战。

第四，注重个体反应和策略。社会控制理论注重个体在面对社会控制时的反应和策略，认为个体的主体性在面对控制时起重要作用。

社会控制理论在社会学、政治学、社会心理学等领域都有广泛的应用，可以帮助我们更好地理解社会中的控制问题，同时也可以为政策制定提供参考。

第二节　乡村文化与旅游融合发展的
动力机制的价值维度

在社会学中，动力机制的价值维度指社会制度、组织和群体等在形成和发展过程中，通过激励和约束机制来影响个人和群体行为的方式。它强调了社会结构、组织和文化对于个人行为的影响和制约，认为个人的行为不是孤立的，而是受到社会环境和制度的影响。

一、社会价值维度的内涵

在社会学中，动力机制的价值维度指一个社会系统中各种要素之间相互作用所产生的能量和结构，以及这些要素对于社会系统整体发展的意义和影响。

社会制度和组织对于个人行为具有引导和约束的作用。个人在社会中生活和工作，必须遵守一定的规范和制度，否则就会受到惩罚或制裁。这种约束可以激发个人的积极性和创造性，使其更好地适应社会环境。

社会价值观念对于个人行为具有指导和评价的作用。不同社会有不同的价值观念，这些观念会影响个人对于道德、行为等方面的理解和追求。在社会学中，价值观念的形成和发展是一个重要的研究领域。

社会角色对于个人行为具有规范和定位的作用。每个人在社会中都有一定的角色，角色对于个人的行为有着明确的要求和限制。通过角色的规范和定位，个人可以更好地适应社会环境，并发挥自己的潜能。

社会网络对于个人行为具有支持和互动的作用。个人在社会中生活和工作，必须与他人建立联系和互动。社会网络可以为个人提供支持和帮助，同时也会对个人的行为产生影响。在社会学中，社会网络的研究是一个重要的领域。

二、社会价值维度的具体构成

社会价值维度体现了社会学中动力机制的价值维度在分析社会系统中各种要素的作用和关系时的重要性，强调了社会系统中各种要素之间相互作用的复杂性和多样性，以及社会系统整体的整合和发展是多种因素相互影响的结果。社会系统中各种要素所代表的不同价值观念和目标追求之间的相互作用形成了社会的价值取向。不同要素之间的结构关系和相互制约，对于社会系统整体的稳定性和发展方向具有重要影响。各种要素在社会系统中发挥的功能和作用构成了社会系统的整体功能。社会成员对于社会系统的认同和归属感，影响着他们的行为和价值取向。

（一）价值立场：人民性

价值立场，是指个人或团体在认识和评价事物时所持有的基本观点和态度，包括个人或团体的核心价值观、信仰、信念、道德观念、伦理标准等方面。价值立场不仅影响个人或团体对事物的看法和态度，还影响其行为和决策。因此，价值立场对个人或团体的发展和行为具有重要的指导意义。

随着社会经济的发展和人民生活水平的提高，人们对于文化和旅游的需求也越来越高。而乡村文化和旅游融合发展，不仅能够满足人们的文化需求，还能够促进乡村经济的发展，增加就业机会，提高人民生活水平。因此，乡村文化和旅游融合发展已成为现代化发展的必然趋势。

在推进乡村文化和旅游融合发展的过程中，需要重视人民性的价值立场。人民性指在发展过程中要始终贯彻以人民为中心的理念，关注人民的利益，保障人民的权益。具体而言，在乡村文化和旅游融合发展中，应该注重以下几个方面的人民性价值立场。

首先，要保护和传承乡村文化。乡村文化是乡村的灵魂和根基，是乡村发展的内在动力。在推进乡村文化和旅游融合发展的过程中，要注重保护和传承乡村文化。这不仅需要政府加强对乡村文化的保护和传承，还需要旅游企业和当地居民的积极参与。旅游企业可以通过开发文化旅游项目来传承和弘扬乡村文化，当地居民也可以通过参与文化传承和推广活动来增强对乡村文化的保护和传承意识。

其次，要注重乡村居民的参与和受益。在乡村文化和旅游融合发展中，要注重乡村居民的参与和受益。政府可以通过制定相关政策，鼓励当地居民参与旅游发展，增加就业机会，提高收入水平。旅游企业也应该积极与乡村居民合作，推动乡村文化和旅游发展的共赢。

最后，要注重乡村生态环境的保护。在发展乡村文化和旅游融合的过程中，要注重保护乡村生态环境。政府可以加强对乡村生态环境的保护和治理，制定相关政策，鼓励旅游企业和当地居民共同参与生态环境的保护。旅游企业也应该遵守环境保护法规，加强对旅游活动的管理，避免对生态环境造成破坏。

总之，在推进乡村文化和旅游融合发展的过程中，要始终贯彻以人民为中心的理念，保护和传承乡村文化，增加居民参与和受益，促进生态环境保护。只有这样，才能够实现乡村文化和旅游融合发展的可持续性，增强乡村发展的内在动力和人民的获得感。

（二）价值取向：市场性

价值取向，是指一个人对于生活中各种事物的评价和选择的基本方向和观点。它包括一个人对于道德、伦理、社会、政治、经济等方面的价值观念和取向，体现了一个人的思想观念、文化素养和价值判断能力。价值取向是一个人的思想基础和行为准则，对于个人的发展和社会的进步具有重要的影响。

随着城市化进程的加快和城市现代化建设的快速发展，许多乡村地区存在文化遗产流失、人口流失、经济困难等问题。如何在保护传统乡村文化的同时，开发和利用乡村旅游资源，促进乡村文化和旅游融合发展已成为当前乡村发展的重要任务。市场性是乡村文化和旅游融合发展的重要动力机制。一方面，乡村文化和旅游资源具有独特性和吸引力，可以吸引大量的游客。随着人们生活水平的提高和消费观念的变化，人们对旅游的需求已经从单纯的观光旅游转变为文化体验和休闲度假旅游。乡村文化和旅游融合发展正是迎合了这种需求，满足了人们对于文化、历史、风俗、民情等方面的需求，从而吸引更多的游客。另一方面，乡村文化和旅游融合发展可以促进乡村经济发展。随着城市化进程的加速，大量的农村人口向城市流动，导致农村经济衰退。乡村文化和旅游融合发展可以带动当地的经济发展，提高农民收入。乡村旅游的发展可以促进当地农业、手工艺品、民俗文化等产业的发展，形成新的产业链条，增加就业机会，促进当地经济的繁荣。此外，乡村文化和旅游融合发展还可以促进乡村社会的发展。乡村文化和旅游融合发展可以促进乡村社区的建设和发展，增强乡村居民的文化认同感和凝聚力。同时，旅游业的发展也可以带来新的社会资本和人力资本，增加乡村社会发展的动力和活力。

然而，乡村文化和旅游融合发展也存在一些问题和挑战。首先，乡村文化与旅游资源的开发和利用需要充分保护当地的文化遗产和生态环境，避免过度开发和破坏。其次，乡村旅游的发展需要充分考虑当地居民的利益，保障他们能够参与和受益。最后，乡村旅游的发展需要充分借助现代技术和营销手段，提高品牌知名度和市场竞争力。

综上所述，乡村文化和旅游融合发展是促进乡村文化传承、经济发展和社会进步的有效途径。在发展过程中，应充分发挥市场机制的作用，注重保护和发展的平衡，探索出一条符合乡村实际的文化和旅游融合发展之路。

（三）价值目标：共生性

价值目标，是指一个人或组织所追求的目标，代表了个人或组织对于自身所理解的有意义、有价值的事物的追求。价值目标的特点包括以下几个方面。

第一，独特性。每个人或组织的价值目标都是独特的，它反映了个人或组织对于自身的理解和期望，代表了个人或组织的独特身份和特点。

第二，层次性。价值目标可以分为不同的层次，包括生存、安全、自尊、自我实现等。不同层次的价值目标在人们的生活中具有不同的优先级和满足感。

第三，多样性。人们的价值目标可以因文化、信仰、教育、经历等因素而有所不同。同时，在不同的人生阶段，人们的价值目标也会发生变化。

第四，可实现性。尽管每个人的价值目标都是独特的，但并非不可实现。通过积极的行动和不断的努力，人们可以实现自己的价值目标，从而获得满足感和成就感。

第五，相对性。人们的价值目标是相对的，会受到外部环境和内部心理的影响。因此，人们需要不断地调整自己的价值目标，以适应变化的环境和内心的需求。

总之，价值目标是人们追求有意义、有价值的事物的核心目标，代表了个人或组织的独特身份和特点，具有层次性、多样性、可实现性和相对性等特点。

在当今社会，乡村文化和旅游融合发展已成为一种趋势。这种融合发展的动力机制，即价值目标，是共生性。共生性指经济系统中不同组成部分之间相互依存、相互合作，共同实现整体价值最大化的现象。在乡村文化和旅游融合发展的过程中，共生性是至关重要的。

首先，乡村文化和旅游融合发展可以增强乡村的经济实力。在过去，由于乡村的经济结构单一，大部分的乡村居民都以农业为主要的收入来源。然而，随着城市化进程的加快，大量的农村人口向城市流动，导致乡村经济衰退。而旅游业的发展可以为乡村带来更多的就业机会和收入，增强乡村的经济实力。同时，旅游业也可以推动乡村的产业升级，促进农村经济的可持续发展。

其次，乡村文化和旅游融合发展可以保护和传承乡村文化。在现代化进程中，许多乡村文化正在逐渐消失，这不仅使得传统文化的传承面临危机，也使得乡村的独特魅力消失。而旅游业的发展可以为乡村提供一个保护和传承传统文化的平台。通过旅游业的发展，人们可以更好地了解和体验乡村文化，从而更好地保护和传承这些文化。

最后，乡村文化和旅游融合发展可以促进乡村社会的发展。旅游业的发展可以为乡村带来更多的人流、物流和信息流，从而推动乡村社会的发展。同时，旅游业的发展也可以改善乡村居民的生活质量，提高他们的文化素质和生活品质。

综上所述，乡村文化和旅游融合发展是一种共生性的动力机制。它可以增强乡村经济实力，保护和传承乡村文化，促进乡村社会的发展。因此，在实践中，我们应该更加重视乡村文化和旅游融合发展，探索出更加有效的发展模式，使乡村的发展更加持续和全面。

（四）价值架构：系统性

价值架构是一种方法论，用于确定企业或组织的核心价值主张，并将其转化为具体的产品、服务和业务活动。价值架构的目的是识别并满足客户需求，同时为企业或组织提供清晰的战略指导和业务重点。

价值架构通常包括以下步骤：

第一，确定企业或组织的核心价值主张，即与竞争对手不同的价值点。

第二，识别客户需求，并将其转化为产品或服务的特性和功能。

第三，将核心价值主张转化为具体的产品、服务和业务活动，并确定其优先顺序。

第四，设计和管理价值链，以确保价值的创造和传递。

价值架构是一个不断演化和迭代的过程，需要不断地分析市场变化和客户需求，并进行调整和优化。成功的价值架构可以为企业或组织提供强大的竞争优势，并推动其实现长期的盈利增长。

随着城市化进程的加快，越来越多的人开始向往农村的自然环境和淳朴的文化氛围。因此，乡村文化和旅游融合发展成为一种新的趋势。在这个过程中，动力机制的系统性架构是非常重要的，它能够推动乡村文化和旅游更好地融合和发展。从系统性的角度来看：

首先，乡村文化和旅游融合发展的动力机制需要考虑到乡村和旅游两个系统之间的相互作用。在这个过程中，可以发挥旅游的外部性，通过旅游的开发来促进乡村的发展，同时也能够增强乡村文化的保护和传承。同时，乡村文化和旅游融合发展也需要考虑到乡村和旅游两个系统内部的各种要素之间的相互作用。例如，在旅游发展的过程中，需要考虑到乡村的基础设施建设、旅游产品的开发等多个方面的因素。而在乡村文化的保护和传承方面，则需要考虑到乡村文化的内涵和外延、传统文化的弘扬等多个方面的因素。

其次，乡村文化和旅游融合发展的动力机制还需要考虑到外部环境和内部动力两个方面的因素。在外部环境方面，政府政策、市场需求、社会文化背景等都是影响乡村文化和旅游融合发展的重要因素。在内部动力方面，市场竞争、利益分配、人才支撑等都是影响乡村文化和旅游融合发展的重要因素。通过对这些因素的综合考虑，可以形成一个完整的动力机制，推动乡村文化和旅游更好地融合和发展。

最后，乡村文化和旅游融合发展的动力机制需要具有持续性和稳定性。在这个过程中，需要考虑到旅游市场的变化、乡村发展的趋势、文化传承的需求等多个方面的因素。只有具有持续性和稳定性的动力机制，才能够保证乡村文化和旅游融合发展的可持续性和稳定性，为其发展提供更加有力的支撑。

综上所述，乡村文化和旅游融合发展的动力机制需要具有系统性的思维，考虑到乡村和旅游两个系统之间的相互作用、外部环境和内部动力两个方面的因素以及持续性和稳定性的要求。只有这样，才能够推动乡村文化和旅游更好地融合和发展，为实现乡村振兴和旅游产业升级提供更加有力的支撑。

第三节　乡村文化与旅游融合发展的动力机制的融合维度

在社会学中，动力机制的融合维度指的是社会变迁中不同层面、不同主体之间相互作用、相互影响的方式和程度。具体来说，它包括以下几个特点。

第一，多元主体性。融合维度强调社会变迁是多个主体共同作用的结果，不同主体的地位、利益、角色和行动都会对社会变迁产生影响，因此需要考虑不同主体之间的相互作用和影响。

第二，复杂性。融合维度认为社会变迁是一个复杂的过程，受到许多因素的影响，包括社会结构、文化、经济、政治、技术等，这些因素之间相互作用、相互影响，使社会变迁具有复杂性。

第三，动态性。融合维度强调社会变迁是一个动态的过程，它不是一成不变的，而是随着时间的推移不断变化和发展的。在这个过程中，不同主体之间的关系和作用也在不断变化。

第四，相互依存性。融合维度认为社会变迁是相互依存的，不同主体之间的关系是相互影响的，一个主体的行动会影响到其他主体，同时也会受到其他主体的影响。因此，在考虑社会变迁时，需要考虑不同主体之间的相互依存关系。

第五，合作性。融合维度强调社会变迁是一个合作的过程，不同主体之间需要协同合作，共同推动社会变迁的发展。在这个过程中，需要建立起合作机制，促进不同主体之间的协同合作。

总之，融合维度强调社会变迁的多元主体性、复杂性、动态性、相互依存性和合作性，它是社会学研究中重要的理论框架和分析工具，可以帮助我们更好地理解和解释社会变迁的过程和机制。

一、理念融合

理念指一种深层次的概念、观念或想法，通常涉及一个人的世界观、价值观、信仰、思想等方面。它是一种抽象的概念，无法直接观察或测量，但可以通过人们的言行和行为来体现。

理念通常包括人的思维方式、行为准则、价值观念等，是人的思想和行为的基础。理念对于人的行为和决策有着深远的影响，能够指导人在面对各种情况时做出合适的选择和决策。

因此，理念是人重要的精神支柱，决定了人的思想和行为方式，影响着人的世界观、人生观和价值观。拥有正确的理念，能够使人更加明确自己的目标和方向，更加有信心和动力去追求自己的梦想。

随着社会的发展，乡村文化和旅游的关系也日益密切。乡村文化和旅游融合发展是当前乡村振兴的重要举措，也是促进乡村发展和繁荣的有效途径。然而，要实现乡村文化和旅游的成功融合，需要考虑多种因素，其中理念融合是至关重要的。

理念融合，是指将乡村文化和旅游的理念相融合，形成一种共同的价值观和经营理念。这是乡村文化和旅游融合发展的基础和前提。只有理念融合，才能实现资源共享、优势互补，从而达到合作共赢的目的。理念融合需要旅游经营者和当地居民具有相同的文化自觉和文化自信，能够互相尊重、理解和支持。

在实践中，理念融合可以通过多种方式实现。首先，旅游经营者需要深入了解当地的文化和民俗，尊重当地的风俗习惯和价值观念，并将这些文化元素融入旅游项目。例如，在乡村旅游中可以保留原有的民居、古建筑和传统工艺等，让游客感受到浓郁的乡村文化气息。其次，当地居民也需要转变观念，积极参与旅游发展，共同探索发展之路。这需要政府加大对当地居民的培训力度，提高他们的文化素质和经营能力，使他们成为旅游项目的主导者和经营者。

理念融合的一个重要方面是旅游产品的开发和经营。旅游产品的开发需要根据当地的文化特点和旅游市场需求，打造出具有独特性和吸引力的旅游产品。同时，在经营过程中，要注重游客的体验和参与，促进乡村文化和旅游的深度融合。例如，可以开展一系列的文化体验活动，让游客了解和参与当地的民俗文化，增强他们的文化体验感和参与感。

总之，理念融合是乡村文化和旅游融合发展的核心和基础。只有在理念融合的基础上，才能实现资源共享、优势互补，从而达到合作共赢的目的。因此，旅游经营者和当地居民都需要注重文化理念的融合，打造出具有独特性和吸引力的旅游产品，促进乡村文化和旅游的深度融合和可持续发展。

二、资源融合

资源指一种可以被利用的物质或能量，它们可以用来满足人类的需要，促进经济的发展。资源可以是自然的，例如土地、水、植物、动物和矿物，也可以是人造的，例如技术、知识、人力和资本。资源可以是有形的，例如土地、建筑物和设备，也可以是无形的，例如信息、知识产权和品牌。

（一）资源的内涵

资源的内涵包括以下几个方面：

一是自然资源，指自然界中存在的，可以被人类利用的物质和能量，例如土地、水、植物、动物、矿物等。

二是人造资源，指人类创造的，可以被利月的物质和能量，例如技术、知识、人力、资本等。

三是社会资源，指由社会群体创造和拥有的，可以被利用的物质和能量，例如信息、知识产权、文化、组织机构等。

四是环境资源，指与生态环境相关的，可以被利用的物质和能量，例如生态系统、生物多样性、土地、水、气候等。

五是经济资源，指用于生产、流通、交换、消费等经济活动的物质和能量，例如劳动力、资本、技术、市场、信息等。

随着乡村振兴战略的推进和旅游业的迅速发展，乡村文化和旅游融合发展成为现代农业和新型旅游业的重要趋势。在乡村文化和旅游融合发展的过程中，资源融合是一个重要的动力机制。资源融合将乡村文化和旅游资源进行有效整合，以实现两者的优势互补和协同发展，是乡村文化和旅游融合发展的动力机制之一，具有重要的作用和意义。

（二）资源融合的作用

1.资源融合带来的协同效应

乡村文化和旅游资源具有各自独特的属性和功能，将两种资源进行有效融合，可以产生协同效应，可以提高乡村文化和旅游资源的利用率和经济效益。在乡村文化和旅游融合发展的过程中，将散落在各处的文化和旅游资源进行融合，可以形成一个完整的旅游产业链，提高产业的附加值和市场竞争力。同时，融合后的资源可以形成品牌效应和聚集效应，吸引更多的游客前来参观和消费。

首先，乡村文化和旅游资源具有文化属性和历史属性，二者的结合可以增强游客的文化体验和历史认知。其次，乡村文化和旅游资源都是生态环境的重要组成部分，二者的结合可以实现生态保护和旅游发展的有机统一。此外，乡村文化和旅游资源还可以实现产业协同，形成以旅游业为龙头的产业链条，带动乡村经济的全面发展。

2. 资源融合带来的产品创新

资源融合可以带来产品创新，这是乡村文化和旅游融合发展的又一重要动力机制。在资源融合的过程中，旅游企业可以根据乡村文化和旅游资源的特点，设计和推出独具特色的旅游产品。比如，可以推出以乡村文化为主题的文化体验产品，也可以推出以生态环境为主题的绿色旅游产品。这些产品的创新，可以满足不同游客的需求，增强旅游产品的吸引力和竞争力。

3. 资源融合带来的成本降低

资源融合可以使成本降低，这也是乡村文化和旅游融合发展的一个重要动力机制。资源融合可以有效降低旅游企业的成本，提高企业的效益。比如，旅游企业可以将乡村文化和旅游资源进行整合，实现游客的共享，降低旅游接待成本。此外，旅游企业还可以通过统一采购、统一营销等方式，降低经营成本，提高企业的盈利水平。

4. 资源融合可以促进乡村产业的转型升级和发展

在传统的农业生产模式下，农村经济发展相对滞后，产业结构单一。而在乡村文化和旅游融合发展的过程中，将传统的农业资源与旅游资源有机结合，可以促进农业生产方式的转变，推动产业升级，提高农业产业的附加值和市场竞争力。

（三）资源融合的方式

1.文化融合

文化融合是乡村文化和旅游融合发展的重要方式之一，主要是指将乡村传统文化与旅游资源相结合，形成具有鲜明地域特色的旅游产品和服务。文化融合可以通过以下途径实现：一是加强乡村文化的保护和传承，提高民族文化的认同感和自豪感；二是挖掘和弘扬民俗文化，将民俗文化与旅游资源相结合，打造特色旅游产品和服务；三是挖掘和培育乡村特色文化产业，如民间工艺、民俗表演等，形成文化产业链。

2.旅游融合

旅游融合是乡村文化和旅游融合发展的重要途径之一，主要是指将旅游资源与乡村文化相结合，形成具有浓郁乡村特色的旅游产品和服务。旅游融合可以通过以下途径实现：一是发展乡村特色旅游产品，如民俗风情游、田园风光游、乡村度假游等；二是打造乡村旅游精品线路，将多个旅游景点和景区有机结合起来，形成连续的旅游线路；三是建设乡村旅游基础设施，如旅游公路、旅游厕所、旅游标识等，提升旅游接待能力和服务水平。

（四）资源融合的实现途径

1.政府引导

政府应发挥引导作用，制定相关政策，鼓励和支持乡村文化和旅游融合发展。具体措施包括加大财政投入，提供资金支持；制订旅游发展规划，引导产业有序发展；加强对乡村文化和旅游企业的管理和服务；等等。

2.市场主导

市场是资源融合的主导力量，应通过市场机制推动乡村文化和旅游融合发展。具体措施包括培育市场主体，鼓励和引导民间资本和社会资本参与乡村文化和旅游产业；开展市场营销，宣传推广乡村文化和旅游资源，提高知名度和吸引力；完善市场监管，规范市场秩序，保障游客的合法权益。

3.农民参与

农民是乡村文化和旅游融合发展的主体，应充分发挥其参与作用。具体措施包括加强对农民的培训和指导，提高其文化和旅游素质；引导农民参与旅游经营和服务，增加农民收入；积极探索农民参与机制，激发其参与热情和创新精神。

综上所述，资源融合是乡村文化和旅游融合发展的重要动力机制，具有重要的作用和意义。要实现乡村文化和旅游的有机融合，需要政府、市场和农民的共同参与和努力，通过政府引导、市场主导和农民参与，实现互利共赢和可持续发展。

三、产业融合

产业指从事相同性质的生产活动或商业活动的人群所组成的社会经济单位或集合体。具体来说，产业的内涵包括以下几个方面：

第一，生产活动或商业活动。产业的基本特征是从事生产活动或商业活动，这是产业区别于其他社会经济单位或集合体的重要标志。

第二，相同性质的生产活动或商业活动。产业内的企业或个人从事的生产活动或商业活动必须具有相同或相似的性质，例如都是制造业、商业、服务业等。

第三，人群组成的社会经济单位或集合体。产业是由一群人共同组成的社会经济单位或集合体，这些人可能是企业、个体工商户、农民合作社等。

第四，地域性。产业通常在一定的地域范围内形成和发展，产业的形成和发展与地理环境、资源条件、市场需求等因素密切相关。

第五，竞争性。产业内的企业或个人之间存在着激烈的竞争关系，产业的发展和繁荣需要不断优化资源配置和提高产业的整体竞争力。

总之，产业是由从事相同性质的生产活动或商业活动的人群所组成的社会经济单位或集合体，具有地域性、竞争性等特征。

随着经济的快速发展，乡村文化和旅游融合发展已成为重要的趋势。在乡村文化和旅游融合发展中，动力机制的融合维度主要包括产业融合。

产业融合，是指将原本分离的产业通过资源整合、产业链延伸等方式，通过产业之间的组合和协同，相互交叉、渗透和融合，形成一个有机整体，实现资源共享、互利共赢，实现产业价值的最大化的一种发展模式。产业融合不仅可以促进产业的升级和转型，也能够提高产业的竞争力和生产效率。在乡村文化和旅游之间实现产业融合，可以实现资源的共享和互补，从而达到合作共赢的目标。

在乡村文化和旅游融合发展中，产业融合的作用非常重要。首先，通过产业融合，可以将乡村文化和旅游资源有机地结合起来，形成一个有机整体，提高旅游产品的品质和价值，增强对游客的吸引力和竞争力。其次，产业融合还可以促进乡村文化和旅游产业的互动发展，形成产业链条的良性互动，提高产业的综合效益。最后，产业融合还可以带动当地居民参与旅游产业，增加就业机会，提高居民收入，促进乡村经济和社会的发展。

在具体实践中，产业融合的方式和途径也是多种多样的。比如，可以将乡村文化和旅游产业有机结合，打造一些特色文化体验项目，如民俗文化村、传统工艺体验馆等；可以发展乡村特色美食、民宿等产业，提高乡村旅游的整体品质和吸引力；可以发展乡村生态旅游，让游客在优美的自然环境中获得精神的享受。

综上所述，乡村文化和旅游融合发展是一个多维度的动力机制。其中，产业融合是一个重要的动力机制。通过文化产业的发展、旅游业的发展和产业协同效应，可以实现乡村文化和旅游的深度融合，从而为乡村带来经济上的发展和文化上的繁荣。

四、市场融合

市场指一种经济体系中，由各种不同的生产者、中间商和消费者组成的一系列相互关联的交易活动和关系的总称。市场的本质是交易，通过交易，生产者获得生产所需的资源，消费者获得所需的产品和服务。市场也是一种价值交换的场所，在市场上，各种产品和服务的价值通过交换得以实现。市场是一个复杂的经济系统，由于其中各种主体之间存在着不同的目标和利益，因此市场在运行过程中会产生各种不同的经济行为和现象，包括价格波动、供求关系变化等。市场的运行不仅受到市场本身的结构和规则的影响，也受到政府政策、社会文化、技术进步等各种因素的影响。

随着社会经济的快速发展，乡村文化和旅游之间的联系越来越密切。作为两种重要的产业，它们的融合发展不仅能够促进乡村经济的增长，还能够提高乡村居民的生活质量和文化素质。市场融合指不同市场之间的交互作用和相互融合，它是现代经济发展的重要推动力量。在乡村文化和旅游融合发展中，市场融合发挥着至关重要的作用。

消费升级和文化需求的增加。随着人民生活水平的提高和文化水平的提高，人们对文化和旅游的需求不断增加。乡村文化和旅游资源的独特性和多样性越来越受到游客的关注，因此，乡村文化和旅游融合发展具有广阔的市场空间和强大的消费驱动力。

产业转型和乡村振兴的需要。在城市化和工业化进程中，传统乡村文化逐渐消失，旅游业成为乡村振兴和产业转型的重要途径。乡村文化和旅游融合发展可以促进产业转型升级，提高农村居民的生活质量和文化素质，实现乡村振兴和可持续发展。

生态文明建设和旅游可持续发展的需求。随着人们环保意识的增强，生态文明建设成为国家战略。乡村文化和旅游融合发展可以促进生态保护和旅游可持续发展，实现资源的合理利用和对生态环境的保护，形成良性的生态系统和旅游生态圈。

创新创业和产业集群的需要。乡村文化和旅游融合发展为创业者和创新者提供了广阔的舞台，可以促进创新创业和产业集群的形成。通过乡村文化和旅游产业的融合，可以打造出一批具有地方特色的文化品牌和旅游产品，形成产业集群和品牌效应。

游客需求的多样化和个性化。随着人们生活水平的提高和消费观念的变化，游客对旅游的需求从单纯的观光游览向文化体验、休闲度假、康养健身等多方面转变。乡村文化和旅游融合发展可以满足游客对原生态、自然、文化等方面的追求，提高游客的满意度和忠诚度。

农村经济发展的需要。随着城乡一体化进程的加速和城乡差距的缩小，农村地区的经济发展面临着新的挑战。乡村文化和旅游融合发展可以带动当地农业、林业、渔业、手工业等产业的发展，增加农民收入，促进农村经济的转型升级。

政策引导和支持的推动。近年来，政府出台了一系列政策措施支持乡村文化和旅游融合发展。乡村文化和旅游融合发展可以充分利用政策优势，获得政府资金、技术、人才等方面的支持，加快发展步伐。

综上所述，市场融合是推动乡村文化和旅游融合发展的重要动力机制，可以满足游客多样化和个性化的需求，促进农村经济发展、文化产业壮大和政策支持的落实，推动乡村文化和旅游融合发展不断迈上新的台阶。

五、技术融合

技术指人类在生产、生活、科学研究等活动中，通过对物质、能量、信息等资源的利用和创新，来满足人类需要和实现预期目标的方法、手段和过程。它包括科学知识、经验、方法、工具、设备等各种要素的结合和应用，是一种复杂的社会现象。

技术的内涵包括以下几个方面。

第一，技术是人类创造的。技术是人类在长期的生产和生活实践中不断探索、研究、创造和发展的结果。人类通过对自然界的观察、测量、实验和探索，逐步掌握了自然规律，并利用这些规律来改造自然、改善生活、提高效率。

第二，技术是一种手段。技术是为了满足人类需要而存在的，它是一种手段和方法，用于解决问题、改善生活、提高效率等。技术的发展不仅是为了提高生产效率和改善生活质量，更是为了满足人类更高层次的需求和目标。

第三，技术是一种文化。技术不仅是一种手段和方法，也是一种文化。技术的发展和应用与社会、文化、历史、经济等各方面都有密切的关系。不同的文化背景、价值观念和社会需求都会影响技术的发展和应用。

第四，技术是一种经济活动。技术的发展和应用需要考虑经济因素，包括成本、效益和市场需求等。技术的应用对经济发展和产业结构都有着重要的影响。

第五，技术是不断创新的。技术的发展是一个不断创新和进步的过程。技术的创新不仅包括技术本身的创新，还包括应用方法、商业模式等各方面的创新。只有不断创新，才能保持技术的先进性和竞争力。

总之，技术是一个复杂的、多方面的概念，它包括科学、经济、文化、社会等各方面的因素。技术的发展和应用对人类社会的发展和进步有着重要的影响。

随着经济的发展和生活水平的提高，人们对于精神文化的需求也越来越高，这就促进了乡村文化和旅游融合发展。而乡村文化和旅游融合发展的动力机制主要是通过技术融合实现的。

首先，信息技术的发展为乡村文化和旅游的融合提供了强有力的支持。随着智能手机和移动互联网的普及，人们可以通过网络了解和预定乡村旅游资源，同时也可以通过网络分享自己在乡村旅游中的经历和感受，这就为乡村文化和旅游的传播和推广提供了便捷的渠道。

其次，智能技术的应用也为乡村旅游的管理和服务提供了科技支撑。乡村旅游的管理和服务涉及很多方面，如旅游线路的规划、旅游接待的安排、旅游安全的保障等。智能技术，如智能导航、智能语音、在线预订等为游客提供了更加便捷、高效的服务，同时也可以提高乡村旅游的管理效率和服务质量。

最后，物联网技术的应用为乡村文化和旅游的融合提供了更加广阔的空间。物联网技术可以将乡村旅游资源进行数字化改造，实现信息的实时监测、传输和共享，从而为游客提供更加全面、立体的旅游体验。比如，通过物联网技术，游客可以在手机应用中实时查看乡村旅游景点的拥堵情况、了解当地的天气情况、预定民宿等，这些都为乡村文化和旅游的融合提供了更加广阔的空间。

综上所述，信息技术、智能技术和物联网技术的应用为乡村文化和旅游的融合提供了强有力的支持，促进了乡村文化和旅游融合发展。在未来的发展中，应继续加强技术融合，不断创新，提高乡村文化和旅游的质量和效益，为游客提供更加优质的旅游服务。

六、功能融合

功能一般指物体或者系统所具有的能够发挥作用的性质或特征。功能是一个多义词，在不同的领域具有不同的含义。因此，在使用时需要根据具体的语境来确定其所指的具体含义。在生物学中，功能指的是生物体的各种生理、生化以及行为等特征所发挥的作用，例如消化、呼吸、运动、感觉、繁殖等。在机械、电子等科技领域，功能一般指物品的功用、作用或者效果，例如电风扇的功能是吹风，电视机的功能是播放影像等。在社会学、经济学等领域，功能则指的是一个系统或者组织所发挥的作用或者功效，例如一个社会系统的功能是维持社会的秩序和稳定，一个企业的功能是赢利。

随着城乡一体化进程的加速和人民生活水平的提高，乡村文化和旅游融合发展成为一种趋势。而乡村文化和旅游融合发展需要通过动力机制的融合来实现，其中功能融合是核心。

功能融合指乡村文化和旅游发展过程中，两个领域的功能相互交叉、渗透和转化，形成一种新的综合性功能。这种综合性功能的实现可以促进乡村文化和旅游的全面发展。

具体来说，乡村文化和旅游的功能融合主要包括以下几个方面。

首先，旅游的发展可以促进乡村文化的保护和传承。在旅游的带动下，更多的人会关注和了解乡村文化，从而加强对文化遗产的保护和传承。例如，一些古村落和民俗文化可以通过旅游的发展得到更好的保护和传承。

其次，乡村文化和旅游的融合可以创造更多的就业机会。乡村文化和旅游的发展可以吸引更多的人前来旅游，从而带动当地的就业和创业。例如，一些民宿、餐饮店和手工艺品店可以为当地居民提供更多的就业机会。

再次，乡村文化和旅游的融合可以促进乡村经济的发展。旅游的发展可以带动当地的产业发展，增加农民收入。例如，一些乡村可以发展特色产业，吸引游客前来购买和体验。

最后，乡村文化和旅游的融合可以促进乡村社会的发展。旅游的发展可以改善乡村基础设施和公共服务，促进乡村社会的文明进步和和谐发展。例如，一些乡村可以通过旅游的发展，建设更多的公共设施和文化场所，满足游客的需求。

总之，功能融合是乡村文化和旅游融合发展的核心动力机制。只有通过功能融合，才能实现乡村文化和旅游的全面发展，提高其综合效益和竞争力。

第四节　乡村文化与旅游融合发展的
动力机制的构建维度

动力机制的构建维度指在一个组织或系统中，用于建立和维护某种机制的不同方面或因素。这些因素包括制度、文化、激励机制、人员培训、资源分配等。

第一，制度。制度指一个组织或系统中的规章制度、法律法规、工作流程等一系列规范性文件，它们是组织或系统运行的基础。制度的构建维度包括制定合理的制度、维护制度的权威性和执行制度的力度等。

第二，文化。文化指一个组织或系统中的价值观、信仰、道德准则等文化因素。文化的构建维度包括塑造积极向上的组织文化、强化团队合作和协作精神、树立正确的价值观等。

第三，激励机制。激励机制指一个组织或系统中用于激发员工积极性和创造性的各种措施和方法。激励机制的构建维度包括制定科学的激励政策、提供有竞争力的薪酬福利、建立良好的晋升机制等。

第四，人员培训。人员培训指一个组织或系统中对员工进行各种知识、技能、态度等方面的教育和训练。人员培训的构建维度包括制订合理的培训计划、提供有针对性的培训课程、建立完善的培训评估机制等。

第五，资源分配。资源分配指一个组织或系统中对各种资源的分配和调配。资源分配的构建维度包括合理配置资源、确保资源的公平分配、提高资源利用效率等。

这些构建维度是动力机制的重要组成部分，它们的作用是保证组织或系统中各种机制的有效运转，从而实现预定的目标。

一、互动机制

随着社会的发展和城市化进程的加快，越来越多的人选择到乡村旅游，感受自然的美好和田园的风情。然而，要想实现乡村文化和旅游的有机融合，需要建立一个良好的互动机制。

互动机制指游客与当地居民之间的双向互动，包括文化交流、人际互动、情感沟通等。在这个机制中，游客和当地居民可以相互学习、相互影响，从而促进彼此文化的融合。

首先，游客可以通过与当地居民的交流和互动，了解当地的文化传统和历史故事，从而加深对当地文化的认知和理解。同时，当地居民也可以向游客介绍本地的风土人情、美食文化等，促进游客对当地生活的体验和认知。例如，在中国的西南地区，有许多少数民族聚居区，游客可以通过和当地居民的交流和互动，了解他们独特的文化和生活方式，感受中国传统文化的丰富多彩。

其次，游客和当地居民之间的人际互动可以增进彼此之间的情感沟通。在旅游过程中，游客和当地居民可以共同参与一些民俗活动，从而增进彼此之间的了解和感情。在这个过程中，游客可以感受到当地居民的热情好客和文化魅力，从而更加深入地体验和认知当地文化。

最后，良好的互动机制可以促进乡村文化和旅游的可持续发展。在旅游发展的过程中，游客和当地居民之间的互动可以促进彼此之间的信任和合作，从而形成一个良好的生态系统和社会系统。这种互动机制可以保护当地的文化资源和生态环境，为旅游和文化的可持续发展提供良好的基础。

因此，在推进乡村文化和旅游融合发展的过程中，应该重视互动机制的构建和培育。通过游客与当地居民之间的交流和互动，促进彼此文化的融合和理解，同时也促进乡村文化和旅游的可持续发展。

二、激励机制

乡村文化和旅游融合发展的动力机制是实现乡村振兴的重要途径，它能够有效地促进文化和旅游产业的协同发展，激发乡村发展的内生动力。

激励机制指通过制定相关的激励政策、措施和评价体系，激发各类主体参与乡村文化和旅游融合发展的积极性和主动性，形成合力推动乡村文化和旅游融合发展的局面。

（一）激励机制的类型

1.政府激励机制

政府是乡村文化和旅游融合发展的主导力量，在激励机制的构建中发挥着至关重要的作用。政府可以通过制定相应的优惠政策、奖励措施、税收优惠等激励政策来吸引社会资本的投入，提高乡村文化和旅游产业的发展水平。同时，政府还可以制定旅游行业标准和服务规范，加强对旅游市场的监管，提高旅游产品和服务的质量和水平。

2.企业激励机制

企业是乡村文化和旅游融合发展的主体，在激励机制的构建中也发挥着重要的作用。企业可以通过制定市场竞争的策略，加强自身的服务质量和效率，提高在乡村旅游市场中的竞争力。同时，企业还可以通过制定创新能力和服务质量的评价体系，增强自身的创新动力和服务质量，提高在乡村旅游市场中的占有率。

3.社会激励机制

社会是乡村文化和旅游融合发展的基础，在激励机制的构建中也具有不可替代的作用。社会可以通过积极参与乡村文旅活动，增强对乡村文化和旅游的认知度和认同感，提高社会资本的投入水平。同时，社会还可以通过制定相应的社会监督和评价体系，对乡村文化和旅游产业的发展情况进行评价和监督，促进乡村文化和旅游产业的健康发展。

（二）激励机制的作用

1.增强社会资本的投入

乡村文化和旅游融合发展需要大量的资金和社会资本的投入，这就需要建立健全的激励机制来增强社会资本的投入。政府可以通过制定优惠政策、奖励措施、税收优惠等激励政策来吸引社会资本的投入。同时，乡村文化和旅游发展需要大量的人力资本，可以通过制定相应的评价体系，对在乡村文化和旅游发展过程中做出突出贡献的个人和企业给予表彰和奖励，从而增强社会资本的投入。

2.增强市场竞争的动力

激励机制能够激发市场主体的竞争意识和创新意识，促使市场主体提高服务质量和效率，增强市场竞争的动力。政府可以通过制定旅游行业标准和服务规范，加强对旅游市场的监管，提高旅游产品和服务的质量和水平。同时，政府可以制定旅游市场准入制度和退出机制，激励市场主体提高旅游产品和服务的创新能力和竞争力。

3.增强人才资源的支撑

人才资源是乡村文化和旅游融合发展的核心要素，激励机制能够增强人才资源的支撑作用。政府可以制定相应的人才引进政策、培养政策和评价政策，吸引和留住优秀的人才资源。同时，政府可以通过制定相应的职业资格制度，加强对从事乡村旅游业的人才的职业能力和素质的评价和管理，提高乡村旅游从业人员的整体素质。

在实践中，应该根据乡村文化和旅游发展的实际情况，制定相应的政策、标准和评价体系，促进乡村文化和旅游的深度融合，实现乡村振兴的发展目标。

三、管理机制

乡村文化和旅游融合发展的管理机制指政府、市场、社区和文化等多方力量协同合作，对乡村文化和旅游业发展进行科学规划、有效管理和可持续发展的机制。它旨在打破行业壁垒和地域限制，优化资源配置，实现资源共享、互利共赢、生态环保和文化传承的目标。

随着乡村文化和旅游业的不断发展，管理机制也变得越来越重要。有助于促进乡村文化和旅游融合发展的管理机制包括：

第一，制订综合规划。政府可以制订综合规划，以确保乡村文化和旅游业的发展与当地社区和环境的可持续性相适应。规划应包括文化和旅游资源的保护和可持续利用、基础设施建设和公共服务设施的配套等方面。

第二，建立联合管理机构。政府可以建立一个联合管理机构，由政府、社区、企业和其他利益相关者参与，以协调各方面的工作，制订具体的发展计划和措施，解决发展中出现的问题。

第三，加强教育和培训。政府和社区可以加强对当地居民和旅游从业人员的教育和培训，提高他们的文化素质和旅游服务水平，推动乡村文化和旅游业的可持续发展。

第四，发挥社区主体作用。鼓励社区参与旅游发展，让社区成为旅游发展的主体，发挥他们在文化和旅游资源保护、开发与利用中的作用。

第五，加强监管和执法。政府和相关部门要加强对乡村旅游业的监管和执法，维护市场秩序和游客的合法权益，促进乡村旅游业的健康发展。

四、协同机制

乡村文化和旅游融合发展的动力机制是一个复杂的系统工程，其构建维度既包括内部各子系统之间的协同机制，也包括外部环境的支持机制。协同机制是不同子系统之间相互配合、相互促进的机制。在乡村文化和旅游融合发展过程中，协同机制是至关重要的，它能够促进乡村文化和旅游资源的有机结合，实现文化价值、经济价值和社会价值的最大化。

（一）乡村文化和旅游融合发展的协同机制的内涵

乡村文化和旅游融合发展的协同机制指在乡村文化和旅游发展过程中，各种要素之间的相互作用、相互协调和相互促进的关系。这种协同机制是乡村文化和旅游融合发展的重要保障，可以实现资源的有效利用和优化配置，提高乡村文化和旅游的综合效益。

首先，乡村文化和旅游资源具有各自独特的属性和功能，它们之间的协同机制主要体现在资源整合和互补上。乡村文化的内涵和特色是乡村旅游发展的灵魂和核心竞争力，旅游业的发展能够为乡村文化的保护和传承提供良好的条件和基础。因此，在旅游规划和开发中，应该注重挖掘和利用乡村文化资源，促进乡村文化和旅游的深度融合，形成旅游吸引物的差异化和特色化，提高旅游的品质和吸引力。同时，旅游业的发展也能够为乡村经济的发展提供重要支撑，为乡村居民提供更多的就业机会和增收渠道。其次，乡村文化和旅游融合发展需要与当地社区的发展相协调。社区是乡村文化和旅游融合发展的基础和依托，在旅游开发的过程中，应该注重保护当地社区的文化和自然环境，加强对当地居民的教育和培训，提高他们的文化素质和服务水平，促进当地社区的可持续发展。同时，旅游业的发展也需要依托当地社区的资源和优势，充分发挥社区的主动性和创造性，形成政府、社区和市场的良性互动，共同推动乡村文化和旅游融合发展。

（二）构建乡村文化和旅游融合发展的协同机制的策略

构建乡村文化和旅游融合发展的协同机制需要遵循以下策略。

文化引领，旅游带动。在乡村文化和旅游发展过程中，文化是核心和灵魂，旅游是手段和方式。要发挥乡村文化的独特魅力，打造具有吸引力的旅游产品，推动乡村文化和旅游协同发展。

资源整合，优势互补。要对乡村文化和旅游资源进行全面整合，发掘其优势和特色，实现资源的共享和互补。同时，要积极引进外部资源，加强合作，拓宽发展空间。

规划引领，优化布局。要加强对乡村文化和旅游资源的调查、分析和评价，根据各自的特点和属性，科学规划旅游空间。

区域联动，共同发展。要在区域内实现乡村文化和旅游的联动发展，加强区域内部的合作和交流，促进资源的整合和共享，形成区域合力，提高区域的整体竞争力。

创新机制，提高效益。要创新乡村文化和旅游发展的机制，完善政策体系，优化管理模式，提高服务水平，提高效益和质量。

社会参与，共建共享。要加强社会参与，发动社会力量共同参与乡村文化和旅游发展，增强社会责任感和参与感，共建共享美好乡村。

综上所述，建立协同机制是乡村文化和旅游融合发展的重要保障，需要文化引领、资源整合、规划引领、区域联动、创新机制和社会参与等策略的支持。只有这样，才能实现乡村文化和旅游的有机结合，促进乡村的全面发展和繁荣。

五、评估机制

乡村文化和旅游融合发展指在乡村地区发展旅游产业的过程中，将当地的文化元素融入旅游活动中，促进乡村经济、社会和环境的可持续发展。在这个过程中，不仅要保护和弘扬当地的文化，还要提升旅游产业的品质和效益。评估机制指对乡村文化和旅游融合发展进行评价和监测的制度和方法。评估机制的建立有利于对乡村文化和旅游融合发展的效果进行量化和比较，为政府和企业提供决策支持。

（一）评估机制构建的必要性

一是明确发展目标。乡村文化和旅游融合发展的根本目标是促进乡村经济和社会的全面发展，实现农业强、农村美、农民富的目标。

二是规范发展行为。通过评估机制，可以对乡村文化和旅游的发展行为进行规范和引导，确保发展过程中不破坏乡村的自然环境和文化遗产，避免低俗、重复建设等问题的发生。

三是提高发展质量。通过评估机制，可以对乡村文化和旅游的资源、产品、服务等进行科学评估，发掘和提升其文化内涵和旅游价值，促进产品和服务质量的提高。

（二）评估机制的构建策略

明确乡村文化和旅游融合发展的目标和定位。乡村文化和旅游融合发展的目标是提升乡村的经济、社会和环境价值，打造独具特色的旅游产业，增加当地居民的收入和就业机会。定位则是在发展旅游产业时，要根据乡村的自然和文化资源，确定发展的方向和重点。

制订科学合理的规划和政策。规划是对旅游产业的发展目标、空间布局、产品体系、服务质量等方面进行全面规划，并且要根据实际情况不断优化和调整。政策应该包括财政、税收、土地、人才等方面的扶持政策，为乡村文化和旅游融合发展提供保障和支持。根据当地实际情况，制订乡村文化和旅游发展规划，明确发展目标、发展重点和时间表，确保规划的可操作性和执行力。

挖掘和传承当地文化。要深入挖掘当地的历史文化、民俗文化、生态文化等资源，并加以整合和传承。通过文化的挖掘和传承，可以提升旅游产品的文化内涵和吸引力，促进乡村文化和旅游融合发展。

加强基础设施建设。要加强交通、住宿、餐饮、娱乐等方面的基础设施建设，如改善乡村交通条件，建设舒适便捷的住宿和餐饮设施，提供丰富多样的娱乐设施等。

加强市场营销。注重宣传推广，打造独具特色的乡村文化旅游品牌，吸引更多的游客前来观光、休闲和度假。

完善服务体系。加强旅游服务设施建设，提高服务质量，让游客有更好的旅游体验。

注重社会参与。引导社会力量参与乡村文化和旅游发展，充分发挥农民的主体作用，推动产业发展和农民增收致富。

通过以上分析可知，构建乡村文化和旅游融合发展的评估机制是推动其健康有序发展的必要途径。政府要规划引导，市场要有需求导向，社会要积极参与，唯有如此，才能实现乡村文化和旅游融合发展，达到经济、社会和环境的全面发展。

第八章

推进乡村文化与旅游融合发展的
创新策略

第一节　对于未来进一步推进乡村文化与旅游
融合发展的展望

我国乡村文化与旅游融合发展是一个充满潜力和机遇的领域。随着中国城市化进程的加速和人们对旅游消费的需求日益增长，乡村旅游已经成为一种备受关注的旅游方式。未来，乡村文化与旅游融合发展将更加广泛和深入，涉及的领域和内容也将更加丰富和多样。

一、未来乡村文化与旅游融合发展的机遇

近年来，随着人们生活水平的提高，乡村旅游越来越受到游客的青睐。同时，国家也大力支持乡村振兴，出台了一系列政策来促进乡村旅游的发展。一方面，乡村文化旅游可以结合当地的文化传统和特色资源，打造独特的旅游产品，提供独特的体验，吸引更多的游客前来。例如，可以利用当地的非物质文化遗产、传统手工艺、美食文化等，设计各种文化体验活动，让游客更好地了解当地的文化和历史，增加旅游的趣味性和教育性。另一方面，乡村旅游也可以促进当地文化的传承和发展。随着游客的流入，当地的文化将会得到更多的关注和认可，从而激发当地人对自己文化的认同感和自豪感，进而促进当地文化的传承和创新。此外，乡村文化旅游还可以带动当地经济的发展，提高当地居民的生活水平。通过旅游业

的发展，可以吸引更多的外来投资和人才，为当地的经济注入新的活力，同时也为当地居民提供了更多的就业机会和增加收入的途径。因此，未来乡村文化和旅游融合发展的机遇是非常大的。未来，乡村文化和旅游融合发展应注重文化内涵和个性特色，深度挖掘和融合科技与智能化应用，关注社会责任和可持续发展，打造更具吸引力和竞争力的乡村旅游产品和服务。

一是政策支持。国家政策大力支持乡村文化和旅游融合发展，提出了一系列扶持政策和措施，为乡村旅游的发展提供了有力的支持和保障。

二是市场需求。随着人们生活水平的提高和消费升级以及消费观念的变化，人们对旅游产品的需求不再是单纯的观光和购物，而是追求个性化和多样化的体验，越来越多的人开始关注乡村文化和旅游，追求更加自然、休闲、文化的旅游体验，为乡村旅游市场提供了巨大的机会。

三是资源优势。我国乡村文化和旅游资源丰富多样，包括传统村落、非物质文化遗产、自然风光、农耕文化等，这些资源具有独特的文化和历史价值，可以吸引大量游客。

四是产业融合。当前我国乡村旅游多停留在"农家乐"等初级形态，未来应通过深度挖掘乡村文化内涵，将其与旅游业有机融合，打造一批具有地方特色和文化内涵的旅游产品和服务，促进乡村产业的多元化发展和升级，提升乡村旅游的品质和吸引力，推动乡村经济的发展和提升，为当地居民提供更多的就业机会和增收渠道。

五是特色品牌。未来乡村文化和旅游发展应当注重社会责任和可持续发展，充分考虑旅游对当地环境、文化和居民生活的影响，加强生态保护和文化传承，实现旅游业的可持续发展。通过打造乡村文化和旅游的特色品牌，可以提升乡村旅游的知名度和吸引力，成为地方经济的一张名片。

六是技术驱动。随着信息技术的快速发展，未来乡村文化和旅游将更加注重对科技和智能化的应用。例如，智能导览、虚拟现实技术等的应用，将使游客更加便捷、高效地了解和体验乡村文化。

二、未来乡村文化与旅游融合发展的趋势

第一，乡村旅游将更加注重对传统文化的保护和传承。在乡村旅游的开发过程中，许多传统文化元素将被挖掘和利用，例如传统手工艺、民间音乐、民俗活动等。这些传统文化元素将与旅游活动相结合，形成独特的乡村旅游体验，吸引更多的游客前来参观和体验。

第二，乡村旅游将更加注重对自然环境的保护和利用。未来的乡村旅游将更加注重生态环保，注重对自然环境的保护和利用。例如，许多乡村旅游项目将采用绿色建筑和可再生能源等技术，减少对自然环境的破坏和污染。同时，乡村旅游项目也将更加注重对当地生态环境的保护和利用，例如野生动植物的保护和生态修复等。

第三，乡村旅游将更加注重对旅游体验的提升和服务质量的提高。例如，许多乡村旅游项目将提供更加多样化的旅游活动和服务，如农家乐、民宿、户外探险等。同时，乡村旅游项目也将更加注重对服务质量的提高，如提高导游素质、加强安全管理等。

第四，乡村旅游将更加注重对社区参与和共享利益的机制建设。例如，许多乡村旅游项目将与当地社区合作，让当地居民参与旅游开发和管理，分享旅游收益。这种机制将有助于促进乡村旅游的可持续发展，提高当地居民的生活质量和生活幸福感。

综上所述，我国乡村文化与旅游融合发展未来将更加注重对传统文化的保护和传承、对自然环境的保护和利用、对旅游体验的提升和服务质量

的提高以及对社区参与和共享利益的机制建设。同时，还需要不断加强政策支持和资金投入，推动乡村旅游产业的转型升级和创新发展。

三、未来乡村文化与旅游融合发展的挑战

一是旅游资源开发不足。乡村旅游资源多样性和独特性不足，缺乏足够的吸引力和竞争力。

二是文化保护与传承困难。乡村文化传统和特色逐渐消失，文化保护与传承面临诸多困难。

三是旅游服务水平低。乡村旅游服务设施较差，服务水平不高，缺乏专业的旅游服务人才。

四是市场营销不足。乡村地区的旅游市场营销能力相对较弱，乡村旅游市场营销渠道不畅，对外宣传和推广力度不够，缺乏有效的宣传和推广手段，导致乡村文化和旅游融合发展的潜力无法得到充分发挥。

五是政策支持不够。乡村旅游发展缺乏政策支持和资金保障，相关法律法规和政策制度不完善，乡村地区往往缺乏政策的支持和指导。

六是资金不足。乡村地区普遍存在资金不足的问题，缺乏足够的资金支持乡村文化和旅游融合发展。

七是人才缺乏。乡村地区往往缺乏专业的管理和服务人才，导致乡村文化和旅游融合发展面临人才瓶颈。

八是基础设施不足。乡村地区的基础设施建设相对落后，缺乏完善的旅游配套设施和服务，这也是制约乡村文化和旅游融合发展的因素之一。

以上是一些可能存在的挑战，当然不同地区可能存在不同的问题和挑战，需要具体情况具体分析，并采取相应的措施和对策来解决。

第二节　推进乡村文化与旅游融合发展的创新策略

一、深化社会主义核心价值观的引领作用，加强顶层设计和战略规划

随着人们生活水平的不断提高和消费观念的不断变化，乡村旅游已成为一种重要的消费方式和经济形式。乡村文化和旅游融合发展已成为促进乡村振兴、推动农村经济发展的重要途径。在乡村文化和旅游融合发展中，顶层设计是至关重要的。顶层设计指在政策制定、规划编制、项目实施等方面所做的总体性、全局性的设计和安排。顶层设计是确保乡村旅游有序、健康、可持续发展的重要保障。然而，如何在乡村文化和旅游融合发展中加强顶层设计和战略规划，是一个需要认真思考和探讨的问题。

（一）乡村文化与旅游融合发展的顶层设计

首先，顶层设计可以明确发展方向和目标。在乡村文化和旅游融合发展过程中，缺乏明确的发展方向和目标，容易导致发展方向不明确、资源浪费、恶性竞争等问题。因此，在制订发展规划和政策时，需要对发展方向和目标进行明确，引导乡村旅游有序发展。

其次，顶层设计可以统筹资源和要素。在乡村文化和旅游融合发展过程中，涉及的资源和要素非常丰富，包括土地、资金、人才、文化等。如果缺乏统筹规划，就容易导致资源和要素的浪费和不合理利用，影响乡村

旅游的可持续发展。因此，在制订发展规划和政策时，需要统筹考虑各种资源和要素，实现资源和要素的合理利用和优化配置。

（二）乡村文化与旅游融合发展规划的编制

乡村文化与旅游融合发展规划指对乡村文化和旅游融合发展的目标、规模、布局、内容、形式、品牌等进行总体设计和安排。编制乡村文化与旅游融合发展规划需要从以下几个方面入手：

第一，调研和分析。对乡村文化和旅游资源进行全面调研和分析，了解其特色和优势，发掘其文化内涵和旅游价值。

第二，确定发展定位。根据乡村文化和旅游资源的特点和优势，确定发展定位和主题，打造特色品牌。

第三，制定发展目标。根据乡村文化和旅游资源的特点和优势，制定发展目标和计划，明确发展重点和方向。

第四，规划空间布局。根据乡村文化和旅游资源的分布情况，规划空间布局，合理利用土地资源，建设旅游基础设施。

第五，开发旅游产品。根据乡村文化和旅游资源的特点和优势，开发旅游产品，包括文化旅游产品和生态旅游产品等。

第六，建设旅游服务体系。建设旅游服务体系，包括旅游接待中心、旅游交通、旅游标识、旅游厕所等设施。

第七，培育文化和旅游人才。培育文化和旅游人才，提高服务水平和管理能力，推动乡村文化和旅游产业可持续发展。

第八，加强宣传推广。加强宣传推广，提高知名度和美誉度，吸引更多的游客前来旅游观光。

第九，做好规划实施和监督。规划要得到有效实施和监督，确保规划目标的实现，同时加强对旅游市场的监管，维护游客的合法权益。

二、重塑社会主义多元生态文化理念，科学制定政策支持体系，发挥政策体系协同作用

生态文化是生态文明的重要组成部分，是一种关于人与自然关系的文化理念。在社会主义多元生态文化理念的指导下，可以将生态保护与文化传承相结合，发掘农村地区的生态价值和文化内涵，推动农村地区的生态文明建设。首先，要从思想上树立生态文明的理念，加强对农村居民的生态文明教育和宣传，使其充分认识到保护生态环境的重要性，提高生态文明素养。其次，要注重农村地区生态环境的保护，制定合理的生态保护政策，以法律手段保护农村地区的自然资源和生态环境。最后，要积极弘扬传统文化，保护和传承民俗文化和乡村文化。

（一）政策支持体系是推动乡村文化与旅游融合发展的关键

科学制定政策支持体系，可以有效地引导和扶持农村地区文化和旅游产业的发展。首先，要加大政策扶持力度，在资金、税收、土地等方面制定优惠政策，鼓励和引导社会资本和各类市场主体参与农村文化和旅游产业发展。其次，要加强规划和指导，制订科学合理的旅游规划和产业发展指导意见，引导农村地区文化和旅游产业健康有序发展。最后，要建立完善的服务体系，提高旅游服务水平和质量，营造良好的旅游环境。

（二）政策体系的协同作用是推动乡村文化与旅游融合发展的保障

在政策体系的制定和实施过程中，应注重各项政策之间的协同作用，形成政策合力，提高政策效能。首先，要加强政策的协调和配合，促进旅

游和文化产业的互动发展，形成良性互动机制。其次，要注重政策的落实和执行，确保政策措施的实施效果，使政策真正成为推动乡村文化和旅游融合发展的有力保障。最后，要加强政策的评估和调整，根据实际情况不断优化政策体系，推动乡村文化和旅游融合发展不断迈上新的台阶。

综上所述，通过重塑社会主义多元生态文化理念、科学制定政策支持体系和发挥政策体系协同作用等三个方面的分析，可以有效推动乡村文化和旅游的融合发展。在实际实施过程中，应根据实际情况制定具体措施，抓好落实，充分发挥政策体系的作用，促进农村地区文化和旅游产业的繁荣发展。

三、建立健全乡村文化产业体系与乡村现代公共文化服务体系，健全市场体系，推进供给侧改革以带动需求扩展

随着经济的不断发展，乡村文化和旅游的融合发展已成为必然趋势。而在乡村文化和旅游融合发展的过程中，如何建立健全乡村文化产业体系和乡村现代公共文化服务体系，如何健全市场体系是关键。

（一）建立健全乡村文化产业体系

乡村文化产业体系指以乡村为主要发展基础，以文化创意为核心，以创造经济价值为目的的产业体系。建立健全乡村文化产业体系，需要从以下几个方面入手：

第一，培育和发展乡村文化企业。乡村文化企业是乡村文化产业的主体，应该通过政策引导和资金支持来培育和发展乡村文化企业。对于发展潜力大、带动能力强的文化企业，可以通过资金和技术等方面的支持，提高其市场竞争力。

第二，拓展乡村文化产业领域。乡村文化产业领域应该不断拓展，不仅包括传统文化产业，如民俗文化、传统手工艺等，还包括现代文化产业，如数字文化、影视文化等。

第三，加强乡村文化产业的营销和宣传。在乡村文化产业的发展过程中，应该加强营销和宣传，提高其知名度和影响力。可以通过各种渠道，如电视、网络、广告等来推广乡村文化产业的优秀产品和服务，提高市场竞争力。

（二）建立健全乡村现代公共文化服务体系

乡村现代公共文化服务体系指以乡村为主要服务对象，以提供公共文化服务为主要职责，以满足乡村居民文化需求为目的的文化服务体系。建立健全乡村现代公共文化服务体系，需要从以下几个方面入手：

第一，完善乡村公共文化设施。乡村公共文化设施是乡村现代公共文化服务体系的基础，应该加强对乡村公共文化设施的建设和完善。对于条件较差的乡村，应该通过政府投入和社会力量的支持，来提高乡村公共文化设施的覆盖面和服务水平。

第二，提供优质的乡村公共文化服务。乡村公共文化服务的核心是提供优质的公共文化服务，包括文艺演出、电影放映、图书阅读、文化讲座等。应该通过政府购买服务等方式，来提高乡村公共文化服务的供给能力和服务质量，满足乡村居民日益增长的文化需求。

第三，引进和培养乡村文化人才。乡村文化人才是乡村文化和旅游融合发展的重要支撑，应该通过政策引导和资金支持来引进和培养乡村文化人才。对于乡村文化人才，应该为其提供更好的创作环境和展示平台，鼓励其创作出更多反映乡村生活和文化特色的优秀作品。

（三）通过健全市场体系，推进供给侧改革，推进乡村文化与旅游融合发展

加强市场监管。建立健全市场监管机制，打击扰乱市场秩序的行为，维护公平竞争环境。

完善市场体系。加快推进市场体系建设，拓展市场发展空间，促进市场充分竞争。

创新市场机制。通过创新市场机制，推进供给侧改革，提高经济效益和社会效益。

整合市场资源。整合市场资源，实现资源的优化配置，推进乡村文化与旅游融合发展。

加强政策支持。政府应该出台相应的政策，包括财政、税收、金融等方面的政策，促进市场发展。

通过以上措施，可以有效推进供给侧改革，加强市场体系建设，促进乡村文化与旅游融合发展。

四、坚持差异化原则，推进乡村文化旅游资源的开发，推进传统文化与现代文化的结合，积极发展乡村特色文化产业

为了适应不同发展水平，因地制宜地搞好乡村文化旅游资源的开发，需要坚持差异化原则，推进传统文化与现代文化的结合，积极发展乡村特色文化产业。

（一）坚持差异化原则

乡村旅游资源具有独特性和多样性，不同的乡村地区拥有不同的文化

遗产、自然景观和民俗风情等。因此，在乡村旅游发展过程中，必须坚持差异化原则，根据不同乡村的实际情况，打造具有独特魅力的旅游产品。首先，要注重传统文化的保护和传承。乡村旅游发展不能忽视传统文化的保护和传承，应该从传统文化中寻找灵感，打造具有乡村特色的旅游产品。其次，要注重发掘乡村地区的特色资源。每个乡村都有自己的特点和独特性，因此，必须充分发掘这些特点和独特性，开发具有差异化的旅游产品。最后，要根据不同游客的需求，提供个性化的旅游产品。不同的游客有不同的旅游需求和喜好，因此，乡村旅游产品应该根据游客的需求和喜好进行个性化设计和制作。

（二）推进传统文化与现代文化的结合

传统文化和现代文化是乡村旅游发展的两个重要方面，两者之间相互影响和作用。因此，在乡村旅游发展过程中，必须推进传统文化与现代文化的结合，实现文化的创新和发展。首先，要注重传统文化的保护和传承。乡村旅游发展不能忽视传统文化的保护和传承，应该从传统文化中寻找灵感，推进传统文化的传承和发展。其次，要注重现代文化的应用。现代文化是现代生活的重要组成部分，应该积极应用现代文化元素，提高乡村旅游的时代感和现代性。最后，要注重文化创新和发展。通过文化创新和发展，提高乡村旅游的品质和效益，推动乡村旅游的可持续发展。

（三）积极发展乡村特色文化产业

乡村特色文化产业指以乡村文化为基础，结合现代科技和市场需求而发展起来的文化产业。乡村特色文化产业是乡村旅游发展的重要内容，是推进乡村文化和旅游融合发展的重要途径。首先，要大力发展乡村文化产业。乡村文化是乡村旅游发展的重要基础，挖掘、保护和传承乡村文化是乡村旅游发展的关键。大力发展乡村文化产业，可以推动乡村文化的保护和传承，提高乡村旅游的文化品质。其次，要积极发展乡村旅游商品产业。乡村旅游商品是乡村旅游发展的重要产品，是游客购买的重要纪念品。通过发展乡村旅游商品产业，可以推动乡村旅游商品的创新和发展，提高乡村旅游的经济效益。

五、依托资源优势，坚持内涵发展，讲好乡村文旅故事，扩大乡村文旅品牌效应

乡村文化是中国传统文化的重要组成部分，而旅游业是现代经济的重要组成部分。如何通过依托资源优势，坚持内涵发展，讲好乡村文旅故事，扩大乡村文旅品牌效应来推动乡村文化和旅游融合发展是一个值得探讨的问题。

（一）资源优势是乡村文旅融合发展的基础

乡村文化和旅游融合发展需要依托乡村的资源优势，如山水风光、民俗文化、特色美食等。因此，要想推动乡村文化和旅游融合发展，首先要充分发掘乡村的资源优势。例如，江南水乡风光、西南少数民族地区的民俗文化和美食等都是乡村文化和旅游融合发展的优势资源。此外，还需要充分利用科技手段，将乡村的资源优势数字化、网络化，并通过网络营销等方式进行宣传推广，吸引更多的游客前来体验乡村文化和旅游。

（二）坚持内涵发展是乡村文旅融合发展的关键

乡村文化和旅游融合发展不能仅停留在表面的形式上，而需要坚持内涵发展，注重提高乡村文化的内在品质和旅游服务质量。具体来说，要加

强对乡村文化的保护和传承，挖掘和弘扬乡村文化中的优秀传统。同时，还要提升旅游服务质量，为游客提供优质的旅游服务。例如，云南丽江古城保护了当地的民族文化和历史文化遗产，提高了当地居民的生活质量，促进了当地旅游业的发展。但是，在旅游业发展的同时，丽江古城并没有放弃对自身内涵的发展，而是注重提高旅游服务质量，让游客在丽江古城感受到独特的文化魅力，获得优质的旅游体验。

（三）讲好乡村文旅故事是乡村文旅融合发展的核心

旅游业是一个感性消费的行业，游客来到乡村文化景区，不仅是为了获得物质上的满足，更是为了获得精神上的愉悦和文化上的享受。因此，讲好乡村文旅故事是乡村文旅融合发展的核心。具体来说，要讲好乡村文旅故事，需要挖掘和提炼乡村文化的独特内涵，寻找和传播有价值的乡村文化信息。同时，要结合现代科技手段，通过多媒体、互联网等渠道将乡村文化故事传播出去，吸引更多的游客前来了解和体验。

（四）扩大乡村文旅品牌效应是乡村文旅融合发展的重要途径

在乡村文化和旅游融合发展的过程中，需要注重扩大乡村文旅品牌效应，提高乡村文化和旅游的知名度和美誉度。具体来说，要打造优质的乡村文化旅游品牌，开展各种文化旅游活动，举办乡村文化旅游节庆等。通过这些途径，可以吸引更多的游客前来体验和了解乡村文化和旅游，提高乡村文旅的品牌价值和品牌竞争力。例如，安徽宏村在发展旅游业的过程中，注重打造优质的旅游品牌，开展各种旅游活动和文化节庆，吸引了大量的游客前来旅游观光。同时，宏村还保护了当地的文化遗产，弘扬了传统文化，提高了当地居民的生活质量，推动了宏村旅游业的快速发展。

综上所述，要想推动乡村文化和旅游融合发展，需要充分利用乡村的资源优势，坚持内涵发展，讲好乡村文旅故事，扩大乡村文旅品牌效应。只有这样，才能实现乡村文化和旅游的互惠共赢，促进乡村经济和社会的发展。

六、完善市场监督管理，提高乡村文旅治理能力，保护生态环境，促进乡村旅游可持续发展

针对乡村旅游中出现的一些问题，如乡村文化的流失、生态环境的破坏等，需要完善市场监督管理，提高乡村文旅治理能力，保护生态环境，促进乡村旅游可持续发展，推动乡村文化和旅游融合发展。

（一）完善市场监督管理

完善市场监督管理，是推动乡村文化和旅游融合发展的重要前提。首先，应加强对乡村旅游市场的监管，严厉打击虚假宣传、欺诈消费者、低价游等不正当竞争行为，维护消费者合法权益。其次，应制定完善的旅游市场监管制度，建立健全旅游市场监管机制，及时发现和解决旅游市场中存在的问题。此外，应加强对乡村旅游经营者的监管，督促其遵守相关法律法规，规范经营行为，提高服务质量。

（二）提高乡村文旅治理能力

提高乡村文旅治理能力，是乡村旅游可持续发展的重要保障。首先，应建立健全乡村旅游管理机制，加强对乡村旅游资源的统一规划、管理和保护。其次，应加强对乡村旅游从业人员的培训，提高其服务质量和管理水平，打造一支高素质的乡村旅游服务团队。此外，应建立健全乡村旅游投诉处理机制，及时解决旅游纠纷，保障游客合法权益。

（三）保护生态环境

保护生态环境，是促进乡村旅游可持续发展的重要任务。首先，应加强环境影响评估，避免对生态环境造成破坏。其次，应建立健全生态保护机制，加强对生态环境的保护和恢复。此外，应加强对乡村旅游的宣传，引导游客文明旅游，保护生态环境。

（四）促进乡村旅游可持续发展

促进乡村旅游可持续发展，是推动乡村文化和旅游融合发展的重要目标。首先，应加强对乡村旅游资源的保护和利用，促进乡村旅游资源的可持续利用。其次，应推进乡村旅游与当地文化的融合，打造具有地方特色的旅游产品，提高旅游的吸引力。此外，应加强对乡村旅游的宣传，扩大乡村旅游的影响力，吸引更多的游客。

七、增强农民的主体地位，引进和培育高素质的文化与旅游综合性人才，提升村民文化素养，健全乡村文化人才发展体制机制

随着我国城乡一体化发展的不断深入，乡村旅游业也得到了快速发展。然而，在这个过程中，农民的主体地位没有得到充分体现，文化和旅游综合性人才匮乏，这些都制约了乡村文化和旅游的融合发展。因此，我们需要充分发挥农民的主体地位，引进和培育高素质的文化与旅游综合性人才，提升村民文化素养，健全乡村文化人才发展体制机制，推动乡村文化和旅游融合发展。

（一）增强农民的主体地位

1.充分发挥农民的主体地位

充分发挥农民的主体地位是推动乡村文化和旅游融合发展的关键。首先，我们需要制定一系列优惠政策，吸引农民参与文化和旅游产业的发展。其次，我们需要建立一个民主、和谐、稳定的管理机制，充分尊重农民的意见和建议，调动他们参与文化和旅游产业发展的积极性。此外，我们还需要提供必要的技术支持和培训，让农民真正成为文化和旅游产业的主体。

2.加强农民教育和培训

通过定期开展关于乡村旅游知识和技能的培训，提高农民的素质和技能，使他们能够更好地适应乡村旅游的发展需求。同时，也可以引导农民树立主人翁意识，增强他们对乡村旅游发展的参与度和认同感。

3.推动农民参与乡村旅游经营

鼓励农民采取自主经营、合作经营、股份经营等多种形式参与乡村旅游经营，提高乡村旅游的组织化程度和市场化水平。同时，政府可以出台一系列优惠政策，扶持农民参与乡村旅游经营，增强其参与的积极性。

4.提高农民的经济利益

要让农民真正成为乡村旅游发展的主体，就必须保障他们的经济利益。政府可以通过土地流转、入股分红等方式，让农民获得更多的经济收益，提高他们参与乡村旅游发展的积极性。

（二）引进和培育高素质的文化与旅游综合性人才

要实现乡村文化和旅游的深度融合，就必须引进和培育一批高素质的文化与旅游综合性人才。具体来说，可以采取以下措施：

第一，加强职业教育。要加强对乡村旅游从业人员的职业教育和培训，提高他们的专业技能和综合素质，增强他们的创新能力和创业精神。

第二，引进人才。政府可以出台一系列优惠政策，吸引文化和旅游综合性人才来进行乡村旅游发展。同时，也可以通过各种方式，吸引外来人才参与乡村旅游的开发和经营。

第三，加强培训和交流。可以定期组织乡村旅游从业人员进行培训和交流，让他们了解国内外乡村旅游的发展动态，增强他们的创新能力和竞争力。

（三）提升村民文化素养

要实现乡村文化和旅游的深度融合，就必须提升村民的文化素养。具体来说，可以采取以下措施。

第一，加强乡村文化建设，通过组织村民开展文化活动、兴建文化设施等，提高村民的文化素养和文化品位。

第二，政府可以出台一系列文化服务政策，为村民提供更多的文化产品和服务，增强他们的文化获得感和幸福感。

第三，组织村民开展各种文化活动，如文艺演出、书画展览、体育比赛等，提高他们的参与度和积极性，增强他们的文化认同感和归属感。

第四，加强文化遗产保护和传承，让村民更好地了解和传承本土文化，增强其文化自信心和自豪感。

第五，组织各种培训和讲座，提升村民的文化素养和综合素质。

（四）健全乡村文化人才发展体制机制

健全乡村文化人才发展体制机制，需要从评价机制、培养机制、使用机制等方面入手。

第一，建立人才评价机制。可以建立科学合理的人才评价机制，评价乡村文化和旅游人才的能力和水平，为人才的培养和使用提供参考。

第二，完善人才培养机制。政府可以出台一系列人才培养政策，支持和鼓励各类院校、培训机构和社会组织开展乡村文化和旅游人才培养，从而提高人才的专业素养和实践能力。

第三，优化人才使用机制。政府可以出台一系列人才使用政策，优化乡村文化和旅游人才的使用机制，为人才的成长和发展提供广阔的空间和舞台。

综上所述，要实现乡村文化和旅游的深度融合，需要发挥农民的主体地位，引进和培育高素质的文化与旅游综合性人才，提升村民文化素养，健全乡村文化人才发展体制机制。只有这样，才能推动乡村文化和旅游产业的可持续发展，为农村经济和社会发展注入新的活力和动力。

八、加大科技赋能力度，推动乡村文旅"智慧化"发展

随着信息技术的发展，智慧旅游已成为现代旅游发展的新趋势。乡村文化旅游作为我国旅游业的重要组成部分，发挥着越来越重要的作用。加大科技赋能力度，推动乡村文旅"智慧化"发展，是推动乡村文化振兴、实现旅游业高质量发展的重要途径。

（一）加大科技赋能力度，推动乡村文旅"智慧化"发展的重要性

第一，提高游客体验感。智慧旅游可以为游客提供更加便捷、高效、智能的旅游服务。通过数字化、智能化等技术手段，乡村文化旅游景区可以提供更加全面、周到、个性化的服务，让游客在旅游过程中享受到更好的体验。

第二，增强景区管理能力。智慧旅游可以帮助景区管理部门实现对景区的全面监控、管理和调度。通过智能化技术，景区管理部门可以实现对景区人流量、车流量、气象等数据的实时监测和分析，为景区管理提供科学依据，提升景区管理效能。

第三，提高景区营销能力。智慧旅游可以帮助景区开展精准营销、定制化营销等活动。通过数据分析和人工智能技术，景区可以了解游客需求，定制个性化的旅游产品和服务，提升景区的吸引力和竞争力。

第四，助力文化保护与传承。乡村文化旅游景区承载着丰富的文化遗产和资源，通过智慧旅游可以更好地保护和传承这些文化遗产。通过数字化、智能化技术手段，可以更好地保护文化遗产、展示文化魅力，增强文化自信。

（二）乡村文化旅游景区智慧化建设面临的问题与挑战

一是资金投入压力大。智慧旅游建设需要大量的资金投入，包括硬件设备购置、软件开发和运营维护等方面。这对于一些中小乡村文化旅游景区来说是一个巨大的经济负担。

二是技术应用水平不足。由于乡村文化旅游景区的特殊性，相关技术应用水平比较低。这就需要景区管理部门加强技术培训和人才引进，提升技术应用水平。

三是数据安全风险增加。智慧旅游建设涉及大量的游客数据和信息，这些数据和信息的安全性问题需要高度重视。如果没有有效的安全保障措施，游客信息泄露和数据被非法获取的风险将增加。

四是游客参与度不高。智慧旅游的最终目的是提升游客的旅游体验。但是，目前很多乡村文化旅游景区的智慧化建设仅仅停留在表面上，缺乏与游客的互动，难以吸引游客的参与。

（三）乡村文化旅游景区智慧化建设的举措

第一，强化科技应用。要加强对智慧旅游的科技应用，引进先进的技术和设备，提高景区的管理和服务水平。同时，还需要注重对技术应用的推广和普及，提高景区工作人员和游客的技术应用能力。

第二，加强数据安全保护。要加强数据安全保护措施，建立完善的数据安全管理制度和技术防范手段，防止游客信息泄露和数据被非法获取。同时，还需要加强对数据的分析和应用，为景区的管理和决策提供科学依据。

第三，增强游客参与度。要增强景区的互动性和参与性，通过智慧旅游建设，为游客提供更加丰富多彩的旅游体验。同时，还需要注重游客反馈和意见，不断优化旅游产品和服务。

第四，提升景区管理水平。要提升景区管理水平，从管理机制、管理制度、管理手段等方面入手，提高管理效能和服务水平。同时，还需要加强对员工的培训和管理，提高员工的服务质量和技能水平。

通过加大科技赋能力度，推动乡村文旅"智慧化"发展，可以提高游客的旅游质量，增强景区的管理和服务能力，提高景区的知名度和美誉度，推动乡村文化和旅游的融合发展。同时，还需要注重旅游产品和服务的创新，注重与游客的互动，增强游客的参与度和满意度，促进乡村文化旅游的可持续发展。

结　语

　　推进乡村文化与旅游融合发展是提升乡村旅游品质，优化乡村文化环境，激发乡村旅游活力，推进乡村振兴的重要举措，是具有重大理论意义和实践价值的研究主题。

　　我国乡村旅游产业的发展，既是国家顶层设计宏观规划推动的结果，也是我国经济、社会、科技发展的客观需求在旅游产业、文化产业上的反映。因此，推进乡村文化与旅游融合发展就应该体现宏观、中观、微观的系统思路，既要充分发挥好乡村旅游各关键要素的潜能，更要通过理论创新和实践探索，引入新的关键要素和运作模式，形成新的系统化动力机制，助力乡村文化与乡村旅游形成合作共生的良性融合机制。

　　本研究通过对乡村文化与旅游主题密切相关的核心概念内涵的追根溯源式的梳理，综合引入关于乡村文化与旅游融合发展的四种代表性理论（文化景观理论、体验经济理论、文化资本理论、创意农业理论），构建了观照乡村文化和旅游资源的理论模型，并在此理论模型的视野中发现和论证了乡村文化与乡村旅游融合发展的十一种耦合维度（乡村振兴、中华文化复兴、建设文化强国、推进城乡一体化、建设中国式现代化、提升文化自信、提升农民幸福感、建设生态文明、建设精神文明、建设社会文明、建设美丽乡村），为乡村文化与旅游融合发展的创新提供了多元和系统的切入视角。

乡村文化与旅游融合发展的价值在于对乡村文化资源和乡村旅游资源价值的再评估，通过资源共享，实现价值再造，为此本研究论述了乡村文化旅游资源的价值评估原则和评估维度。

我国的乡村旅游采用的是政府主导型发展模式，与乡村旅游相关的政策法规的制定和发布，形成了乡村文化与旅游融合发展的核心外部环境，具有顶层设计与战略构建的效应。

在实践层面，近十年来，乡村文化与旅游的融合发展进行了众多尝试和创新，形成了一系列创新模式和理论。本研究以"乡村村晚"和"乡村网红"培育计划作为创新案例，深入分析了适合我国发展特色的乡村文化与旅游融合发展的创新模式和路径。

随着信息化社会、智能社会的来临，中国进入数字经济时代，时代的发展需要乡村文化与旅游融合发展启动"文化＋科技"的引擎，充分激发政府、企业、媒体、农民、艺术家等的创新潜能，探索与数字经济时代相适宜的乡村文化与旅游融合发展的创新策略。

动力机制是一个源自社会学的概念，现被广泛应用在探讨推动事物发展变化的内部动力领域。本研究结合乡村文化与旅游融合发展的语境，对动力机制的多个维度进行了创新演绎，提出了乡村文化与旅游融合发展的四种价值维度（人民性的价值立场、市场性的价值取向、共生性的价值目标、系统性的价值架构）、六种融合维度（理念融合、资源融合、产业融合、市场融合、技术融合、功能融合）和五种构建维度（互动机制、激励机制、管理机制、协同机制、评估机制），形成了独具乡村文化与旅游融合发展特色的动力机制体系。以此动力体系为理论架构，本研究提出了推进乡村文化与旅游融合发展的八种创新策略。

　　乡村文化是中华文脉的根，乡村旅游是现代都市人的"寻根之旅"，因此，乡村文化与旅游的融合发展就成了常论常新的活态化主题，值得理论和实践层面的工作者携手创新、创造、创建出符合中华民族伟大复兴背景的乡村文化和旅游融合新篇章。

参考文献

［1］费孝通.乡土中国［M］.北京：人民出版社，2008.

［2］张岱年，程宜山.中国文化精神［M］.北京：北京大学出版社，2008.

［3］齐勇锋.中国文化的根基：特色文化产业研究　第1辑［M］.北京：光明日报出版社，2014.

［4］齐勇锋，李炎.中国文化的根基：特色文化产业研究　第二辑［M］.北京：光明日报出版社，2016.

［5］齐勇锋，李炎.中国文化的根基：特色文化产业研究　第三辑［M］.北京：光明日报出版社，2017.

［6］齐勇锋，李炎.中国文化的根基：特色文化产业研究　第四辑［M］.北京：光明日报出版社，2018.

［7］齐勇锋，李炎.中国文化的根基：特色文化产业研究　第五辑［M］.北京：光明日报出版社，2019.

［8］齐勇锋，李炎，傅才武.中国文化的根基：特色文化产业研究　第六辑［M］.北京：首都经济贸易大学出版社，2020.

〔9〕齐勇锋，季铁.中国文化的根基：特色文化产业研究　第七辑〔M〕.北京：光明日报出版社，2022.

〔10〕向勇.中国文化产业发展报告（2022—2023）：中国文化产业新变革〔M〕.北京：社会科学文献出版社，2023.

〔11〕吴承忠，鲍新中.中国国家文化公园报告：2022〔M〕.北京：社会科学文献出版社，2022.

〔12〕王立群，王邵军.文化蓝皮书：中国乡村文化发展报告（2018—2021）〔M〕.北京：中国书籍出版社，2021.

〔13〕马亮.乡村旅游产业创新实践与案例分析〔M〕.北京：中国农业出版社，2019.

〔14〕邓爱民，龙安娜.乡村旅游可持续发展路径创新与政策协同研究〔M〕.北京：中国旅游出版社，2021.

〔15〕窦志萍.乡村旅游：从理论到实践〔M〕.北京：中国旅游出版社，2022.

〔16〕四川省旅游培训中心.乡村旅游 多业融合：台湾之"石"与大陆之"玉"〔M〕.北京：中国旅游出版社，2020.

〔17〕李彬.直播赋能乡村旅游：商业逻辑、IP打造和实战方法〔M〕.厦门：厦门大学出版社，2023.

〔18〕刘笑明.民生导向下的乡村旅游转型升级研究：以西部地区为例〔M〕.北京：中国社会科学出版社，2016.

〔19〕沈凤英，秦丽娟.农耕文化与乡村旅游〔M〕.北京：中国农业出版社，2020.

〔20〕龚永标，等.古村落生态文化旅游〔M〕.北京：中国林业出版社，2019.

〔21〕李志飞，夏家豪.乡村旅游研究30年：国内外文献回顾与展望

[J].华中师范大学学报（自然科学版），2024，58（1）：1-12.

[22]唐承财，梅江海，秦珊，等.传统村落文化传承研究评述与展望[J].湖南师范大学自然科学学报，2023，46（3）：1-12.

[23]何玉仙.我国乡村转型的理论内涵与实践模式[J].农业经济，2023（5）：37-39.

[24]张波，丁晓洋.文化产业何以助推乡村振兴：一个分析框架[J].求实，2023（3）：82-94，112.

[25]肖昕，涂紫姝，冯菁.艺术乡建助力乡村文化振兴探析[J].民族艺术研究，2023，36（2）：154-160.

[26]张若星.乡村振兴视角下乡村文化空间重构研究进展与展望[J].人文地理，2023，38（2）：35-43.

[27]罗大蒙，吴理财.文化为魂：乡村文旅融合中的空间重构[J].南京社会科学，2023（3）：143-150，160.

[28]时家贤，赵耀.文化产业赋能乡村振兴的机制与路径[J].社会科学家，2022（12）：65-70.

[29]张凤莲，赵迎芳.文化精准扶贫成果与乡村文化振兴有效衔接的逻辑机理与路径选择[J].山东社会科学，2023（3）：5-13.

[30]孙九霞，张凌媛，罗意林.共同富裕目标下中国乡村旅游资源开发：现状、问题与发展路径[J].自然资源学报，2023，38（2）：318-334.

[31]孙九霞，明庆忠，许春晓，等.共同富裕目标下乡村旅游资源创造性传承与开发[J].自然资源学报，2023，38（2）：271-285.

[32]明庆忠，李志飞，徐虹，等.共同富裕目标下中国乡村旅游资源的理论认知与应用创新[J].自然资源学报，2023，38（2）：286-304.

[33]姜广多.乡村振兴战略中乡村文化建设对策[J].农业经济，2022（7）：52-53.

［34］舒坤尧.以中华优秀传统文化促进乡村文化振兴［J］.人民论坛，2022（3）：123-125.

［35］李重，林中伟.乡村文化振兴的核心内涵、基本矛盾与破解之道［J］.北京工业大学学报（社会科学版），2022，22（6）：39-48.

［36］胡钰，赵平广.文化、人才、资本：乡村振兴的基本要素研究［J］.行政管理改革，2022（11）：34-43.

［37］路鹃，张樱馨，柳佳琳.短视频赋能基层干部推广乡村旅游传播策略探析：基于抖音的田野观察［J］.中国广播电视学刊，2022（12）：121-124.

［38］高宏存.文创赋能乡村振兴的理念革新与思路突破［J］.行政管理改革，2022（11）：23-33.

［39］郭际，易魁，于丽霞.乡村文化与旅游业态的多维耦合互动机制探索［J］.企业经济，2022，41（11）：134-141.

［40］刘斐.艺术介入乡村振兴历史经验的若干思考［J］.艺术百家，2022，38（6）：43-49.

［41］王秋雅."体验式旅游"视角下乡村民俗旅游的开发研究［J］.农业经济，2022（11）：66-68.

［42］陈彪，曹晗.乡村文化振兴的空间与进路：兼谈文旅乡建［J］.社会科学家，2022（8）：52-60.

［43］陈叙.文化自信视域下乡村的文化主体性培育研究［J］.中华文化论坛，2022（6）：133-142，157-158.

［44］王成利，鲁冰，程静静.乡村文化创造性转化创新性发展的建构路径研究［J］.山东社会科学，2022（10）：85-91.

［45］杨明月，戴学锋.乡村振兴视域下全域旅游促进共同富裕研究［J］.当代经济管理，2023，45（3）：11-16.

［46］张春春，孙瑞英.我国乡村文化政策的演进脉络及其主题特征［J］.图书馆论坛，2023，43（4）：57-68.

［47］文华，刘英，陈凯达.乡村文化旅游产业赋能乡村振兴路径研究［J］.草业科学，2022，39（9）：1968-1978.

［48］陈波，刘彤瑶.场景理论下乡村文旅融合的价值表达及其强化路径［J］.南京社会科学，2022（8）：161-168.

［49］胡杨.基于文化治理视角的乡村美育发展：价值、困境与路径［J］.重庆社会科学，2022（6）：47-58.

［50］陆梓欣，齐骥.艺术乡建与乡村文化产业高质量发展［J］.理论月刊，2022（6）：83-91.

［51］王公为，王一丁，乌铁红.景观社会视角下网红村的乡村性生产与重构：以呼和浩特恼包村为例［J］.干旱区资源与环境，2022，36（6）：202-208.

［52］刘轶，华文.乡村振兴视域下乡村文化旅游产业开发［J］.环境工程，2022，40（3）：320.

［53］周锦.数字文化产业赋能乡村振兴战略的机理和路径［J］.农村经济，2021（11）：10-16.

［54］傅才武，程玉梅.文旅融合在乡村振兴中的作用机制与政策路径：一个宏观框架［J］.华中师范大学学报（人文社会科学版），2021，60（6）：69-77.

［55］王颖吉，时伟.类型、美学与模式：乡村短视频内容生产及其创新发展［J］.中国编辑，2021（11）：23-28.

［56］杨丹，张健挺.乡村旅游中的短视频赋能与路径分析［J］.中国广播电视学刊，2021（11）：14-15，56.

［57］金伟，金妮.新时代乡村文化建设中的文化困境及其价值超越

［J］.湖北社会科学，2021（5）：60-65.

　　［58］江凌.艺术介入乡村建设、促进地方创生的理论进路与实践省思［J］.湖南师范大学社会科学学报，2021，50（5）：46-58.

　　［59］黄震方，张圆刚，贾文通，等.中国乡村旅游研究历程与新时代发展趋向［J］.自然资源学报，2021，36（10）：2615-2633.

　　［60］李武玲.论乡村旅游核心竞争力的提升路径：基于文旅融合的视角［J］.农业经济，2021（9）：54-56.

　　［61］吴彦辉.乡村旅游高质量发展：内涵、动力与路径［J］.广西大学学报（哲学社会科学版），2021，43（5）：102-107.

　　［62］邱峙澄.文旅融合理念的价值维度与乡村文化振兴实践［J］.社会科学家，2021（9）：51-55.

　　［63］陈建.契合中的差距：乡村振兴中的文旅融合政策论析［J］.长白学刊，2021（3）：72-79.

　　［64］周雪，龚佳.乡村旅游与文化创意产业融合发展的路径研究［J］.农业经济，2020（7）：59-60.

　　［65］韩鹏云.乡村文化的历史转型与振兴路径［J］.华南农业大学学报（社会科学版），2020，19（4）：1-9.

　　［66］杜慧彬，李梦玲，王国庆，等.新时代宁夏乡村旅游产业发展研究［J］.农业经济，2019（12）：25-26.

　　［67］马勇，童昀.从区域到场域：文化和旅游关系的再认识［J］.旅游学刊，2019，34（4）：7-9.

　　［68］陈怡宁，李刚.空间生产视角下的文化和旅游关系探讨：以英国博物馆为例［J］.旅游学刊，2019，34（4）：11-12.

　　［69］王卫才.中原地区传统乡村文化重构与乡村旅游融合发展研究［J］.农业经济，2018（3）：17-19.

［70］马艳国.体验需求驱动下我国乡村旅游产业升级的发展趋势［J］.农业经济，2017（9）：41-42.

［71］龚有坤，庄惠，范水生.基于共生理论福建省乡村旅游综合体构建研究［J］.科技和产业，2015，15（6）：25-29，36.

［72］杨同卫，苏永刚.论城镇化过程中乡村记忆的保护与保存［J］.山东社会科学，2014（1）：68-71.

［73］黄忠伟.基于共生视角下广西乡村旅游跨行业合作研究［J］.旅游纵览（下半月），2013（22）：40-42.

［74］唐仲霞，马耀峰，肖景义.基于共生理论的青藏地区入境旅游区域合作研究［J］.青海民族研究，2012，23（1）：100-105.

［75］弓志刚，李亚楠.乡村旅游产业链共生系统的特征及模式的演化和构建：以山西省为例［J］.农业现代化研究，2011，32（1）：73-77.

［76］丁培卫.近30年中国乡村旅游产业发展现状与路径选择［J］.东岳论丛，2011，32（7）：114-118.

［77］赵霞.传统乡村文化的秩序危机与价值重建［J］.中国农村观察，2011（3）：80-86.

［78］张中文.我国乡村文化传统的形成、解构与现代复兴问题［J］.理论导刊，2010（1）：31-33.

［79］郭凌，黄国庆，王志章.乡村旅游开发中土地流转问题研究［J］.西北农林科技大学学报（社会科学版），2009，9（5）：85-91.

［80］张艳，张勇.乡村文化与乡村旅游开发［J］.经济地理，2007（3）：509-512.

［81］严志铭.论永定客家土楼利用与保护间的共生关系［J］.龙岩师专学报，2002（4）：66-68.

［82］陈裕鹏.台湾省的观光农业［J］.世界农业，1987（12）：36-37.

图书在版编目（CIP）数据

乡村文化与旅游融合发展创新论 / 赵朝峰著. —北京：中国国际广播出版社，2023.12

ISBN 978-7-5078-5499-2

Ⅰ.①乡… Ⅱ.①赵… Ⅲ.①农村文化－文化事业－研究－中国②乡村旅游－旅游业发展－研究－中国 Ⅳ.①G127②F592.3

中国国家版本馆CIP数据核字（2023）第249426号

乡村文化与旅游融合发展创新论

著　　者	赵朝峰	
策划编辑	刘　丽	
责任编辑	张　玥	
校　　对	张　娜	
版式设计	邢秀娟	
封面设计	赵冰波	

出版发行	中国国际广播出版社有限公司 ［010-89508207（传真）］
社　　址	北京市丰台区榴乡路88号石榴中心2号楼1701
	邮编：100079
印　　刷	环球东方（北京）印务有限公司

开　　本	710×1000　1/16
字　　数	280千字
印　　张	20.25
版　　次	2024 年 3 月 北京第一版
印　　次	2024 年 3 月 第一次印刷
定　　价	58.00 元